令和**6**年度

税制改正早わ

国税・地方税の主要改正事項を分かりやすく解説

中村 慈美・松岡 章夫
秋山 友宏・渡邉 正則 共著

一般財団法人 大蔵財務協会

は じ め に

　令和6年度税制改正である「所得税法等の一部を改正する法律案」及び「地方税法等の一部を改正する法律案」が公表されています。

　本年度の税制改正は、国税に関し、賃金の上昇が物価高に追い付いていない国民の負担を緩和し、物価の上昇を上回る持続的な賃金の上昇が行われる経済の実現を目指す観点からの令和6年分における所得税額の特別控除の実施及び給与等の支給額が増加した場合の税額控除制度の強化等並びに資本の蓄積の推進及び生産性の向上による供給力の強化のための産業競争力基盤強化商品生産用資産を取得した場合の税額控除制度及び特許権等の譲渡等による所得の課税の特例の創設を行うとともに、新たな産業の創出及び育成を推進するための特定の取締役等が受ける新株予約権の行使による株式の取得に係る経済的利益の非課税等の適用要件の見直し並びに経済のグローバル化を踏まえた特定プラットフォーム事業者を介して行う電気通信利用役務の提供に関する消費税の課税の特例の創設を行うほか、納税環境の整備、租税特別措置の見直し等所要の措置が講じられます。また、地方税に関しても現下の経済情勢等を踏まえ、令和6年度分の個人住民税の特別税額控除を実施するとともに、法人事業税の外形標準課税に係る適用対象法人の見直し、令和6年度の評価替えに伴う土地に係る固定資産税及び都市計画税の税負担の調整、森林環境譲与税の譲与基準の見直し等を行うほか、税負担軽減措置等の整理合理化等を行う措置が講じられます。

そこで本書では、国税と地方税の主要な改正項目について、"改正前の制度の概要"、"改正の内容"、"適用時期"という構成を取り、それぞれのポイントについて図表を交えて理解しやすく解説しています。

　また、参考として、令和5年度税制改正等の過年度改正のうち令和6年から適用される主要な項目を一覧的に収載し、令和6年度税制改正とあわせて理解できるよう構成しています。

　令和6年3月

執筆者を代表して

中　村　慈　美

【法人税関係】

＜構造的な賃上げの実現＞

＜生産性向上・供給力強化に向けた国内投資の促進＞

【相続税・贈与税関係】

【登録免許税、印紙税、消費税関係】

本書は、令和5年12月22日閣議決定された『令和6年度税制改正の大綱』並びに第213回国会に令和6年2月2日に提出された『所得税法等の一部を改正する法律案』及び令和6年2月6日に提出された『地方税法等の一部を改正する法律案』等に基づいて作成していますが、今後の改正等の動向にご留意ください。

　本書では、以下の略称を使用しています。

改正法…………………………所得税法等の一部を改正する法律
新所法…………………………所得税法等の一部を改正する法律による
　　　　　　　　　　　　　　改正後の所得税法
改正地法………………………地方税法等の一部を改正する法律
新地法…………………………地方税法等の一部を改正する法律による
　　　　　　　　　　　　　　改正後の地方税法
　他の法律・政令・省令等についても同様です。

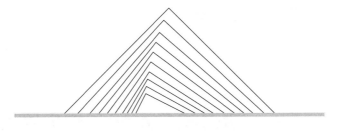

所得税関係

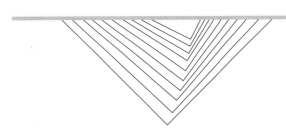

```
┌─────────────────────────────────────────┐
│                                           │
│          所得税の定額減税の実施            │
│                                           │
└─────────────────────────────────────────┘
```

　経済はデフレ脱却の千載一遇のチャンスにありますが、賃金上昇・消費拡大・投資拡大の好循環の実現にはまだ至っていません。そのため、デフレに後戻りさせないための措置の一環として、令和6年の所得税・個人住民税の定額減税が実施されます。この定額減税が、賃金上昇と相まって、国民所得の伸びが物価上昇を上回る状況をつくり、デフレマインドの払拭と好循環の実現につながることが期待されます。

1　実施される定額減税制度の概要

　居住者の令和6年分の所得税について、定額による所得税額の特別控除が次のとおり実施されます。ただし、その者の令和6年分の所得税に係る合計所得金額が1,805万円以下である場合に限られます（新措法41の3の3①）。

(1) 特別控除の額

　特別控除の額は、次の金額の合計額とされます。ただし、その合計額がその居住者の所得税額（所得税法に規定する税額控除、住宅借入金等特別控除などの税額控除適用後のものをいう。）を超える場合には、当該所得税額が限度とされます（新措法41の３の３②④⑦）。

　イ　本人３万円

　ロ　同一生計配偶者又は扶養親族（居住者に該当する者に限る。以下「同一生計配偶者等」という。）１人につき　３万円

　なお、同一生計配偶者等に該当するかどうかは、その年の12月31日（その居住者がその年の中途において死亡し、又は出国をする場合には、その死亡又は出国の時）の現況によることとされます。ただし、その判定に係る者がその当時既に死亡している場合は、その死亡の時の現況によります（新措法41の３の３③）。

所得税の定額減税

○　デフレ脱却のための一時的な措置として、令和６年分所得税の減税を実施
○　減税額は、納税者及び配偶者を含めた扶養家族１人につき３万円（住民税は１万円）
○　合計所得金額1,805万円（給与収入2,000万円相当）超の高額所得者は、減税の対象外

（財務省資料を一部改変）

定額減税の減税額の計算方法（案）

- ・ 預金利子等は対象外とする。
- ・ 住宅ローン控除等の税額控除後の所得税額から減税を実施する。

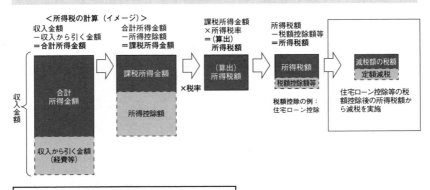

○ 所得税の定額減税となる対象となる所得
確定申告される所得、源泉徴収される給与所得（※）、年金機構が
支給・源泉徴収する公的年金等に係る雑所得
（注）対象外となるのは、利子所得、申告をしないことを選択した
上場株式等の譲渡所得等
（※）主たる給与支払い者によるものに限る

（自民党税制調査会資料より）

(2) 特別控除の実施方法

特別控除の実施方法は、次によることとされます。

イ 給与所得者に係る特別控除の額の控除

(イ) 令和6年6月1日において給与等の支払を受ける者である居
住者の同日以後最初に支払を受ける給与等（賞与を含むものと
し、給与所得者の扶養控除等申告書の提出の際に経由した給与
等の支払者が支払うものに限る。）につき源泉徴収をされるべ
き所得税の額（以下「控除前源泉徴収税額」という。）から特
別控除の額に相当する金額（当該金額が控除前源泉徴収税額を

超える場合には、当該控除前源泉徴収税額に相当する金額）を控除します（新措法41の3の7①）。

(ロ) 特別控除の額に相当する金額のうち、上記(イ)に定めるところにより控除をしてもなお控除しきれない部分の金額は、以後令和6年中に支払われる当該給与等（同年において最後に支払われるものを除く。）に係る控除前源泉徴収税額から、順次控除します（新措法41の3の7②）。

(注)1　上記(イ)及び(ロ)により控除する同一生計配偶者等に係る特別控除の額は、原則として源泉控除対象配偶者で合計所得金額が48万円以下である者又は扶養親族で居住者に該当する者について算出する（新措法41の3の7③）。

　　2　源泉徴収の際の上記(イ)及び(ロ)による控除は、現行の源泉徴収をされるべき額から行う。

　　3　上記(イ)及び(ロ)について、給与所得者の扶養控除等申告書に記載した事項の異動等により特別控除の額に異動が生ずる場合には、年末調整により調整する。

(ハ) 上記(イ)及び(ロ)により控除された後の所得税額をもって、それぞれの給与等につき源泉徴収をされるべき所得税の額とします（新措法41の3の7④）。

(ニ) 令和6年分の年末調整の際に、年税額から特別控除の額を控除します（新措法41の3の8①）。

(ホ) 上記(イ)及び(ニ)による控除について、給与等の支払者が同一生計配偶者等を把握するための措置（（源泉）控除対象配偶者以外の同一生計配偶者又は控除対象扶養親族以外の扶養親族に係る申告書の給与等の支払者への提出）が講じられます（新措法

41の3の7⑤、41の3の8④）。

(ヘ)　上記(イ)の給与等の支払者は、上記(イ)又は(ロ)による控除をした場合には、支払明細書に控除した額を記載することとします（省令改正）。

(ト)　上記(イ)の給与等の支払者は、源泉徴収票の摘要の欄に控除した額等を記載することとします（省令改正）。

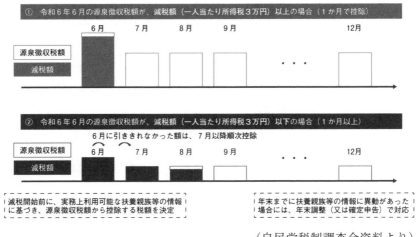

減税の実施方法（給与所得者の場合）（案）

・　賞与を含む給与収入については、主たる給与支払者の6月の源泉徴収税額から減税を実施する。

① 令和6年6月の源泉徴収税額が、減税額（一人当たり所得税3万円）以上の場合（1か月で控除）

② 令和6年6月の源泉徴収税額が、減税額（一人当たり所得税3万円）以下の場合（1か月以上）

6月に引ききれなかった額は、7月以降順次控除

減税開始前に、実務上利用可能な扶養親族等の情報に基づき、源泉徴収税額から控除する税額を決定

年末までに扶養親族等の情報に異動があった場合には、年末調整（又は確定申告）で対応

（自民党税制調査会資料より）

ロ　公的年金等の受給者に係る特別控除の額の控除

(イ)　居住者が令和6年6月1日以後最初に厚生労働大臣等から支払を受ける公的年金等（確定給付企業年金法の規定に基づいて支給を受ける年金等を除く。）につき源泉徴収をされるべき所

得税の額について、上記イ(イ)から(ハ)まで（上記イ(ロ)（注３）を除く。）に準じた取扱いとします（新措法41の３の９①〜④）。

(注)　上記(イ)について、公的年金等の受給者の扶養親族等申告書に記載した事項の異動等により特別控除の額に異動が生ずる場合には、確定申告により調整する。

(ロ)　上記(イ)の公的年金等の支払者は、源泉徴収票の摘要の欄に控除した額等を記載することとします（省令改正）。

減税の実施方法（公的年金所得者の場合）（案）

・　日本年金機構等が支払う公的年金（老齢年金）については、原則として６月以降の支給分に係る源泉徴収税額から減税を行う。

○　公的年金所得者に係る減税の実施方法のイメージ

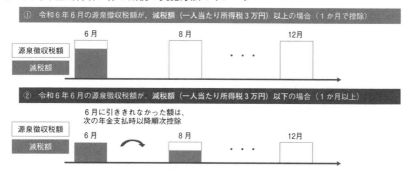

(注)　日本年金機構等に令和５年に提出された令和６年分の扶養親族等申告書に基づき、扶養親族等分も加味した額を、６月以降に支払われる公的年金の源泉徴収税額から控除。提出後に扶養関係の異動等があった場合、確定申告にて対応。

(参考) 公的年金に対する源泉徴収
・　公的年金については、年金支払者が源泉徴収を実施。
・　隔月（偶数月）の年金支給の際に、支給額から源泉徴収額を控除。

（自民党税制調査会資料より）

ハ　事業所得者等に係る特別控除の額の控除

(イ)　予定納税の対象者である居住者は、令和６年分の所得税に係る第１期分予定納税額（特別農業所得者は第２期分予定納税

額）から本人分に係る特別控除の額に相当する金額を控除します（新措法41の3の5①②）。

　(注)　予定納税に係る控除は、現行の納付すべき額から行う。

(ロ)　予定納税額の減額の承認の申請により、第1期分予定納税額及び第2期分予定納税額について、同一生計配偶者等に係る特別控除の額に相当する金額の控除の適用を受けることができることとします（新措法41の3の6）。

(ハ)　上記(ロ)の措置に伴い、令和6年分の所得税に係る第1期分予定納税額の納期が令和6年7月1日から9月30日までの期間（現行：同年7月1日から同月31日までの期間）とするとともに、同年6月30日の現況に係る予定納税額の減額の承認の申請の期限は同年7月31日（現行：同月15日）とします（新措法41の3の4）。

(ニ)　同一生計配偶者等に係る特別控除の額に相当する金額の控除を受けるための予定納税額の減額の承認申請について承認を受けたことにより、特別控除の額に相当する金額のうち第1期分予定納税額から控除をしてもなお控除しきれない部分の金額があるときは、第2期分予定納税額（11月）から控除します（新措法41の3の6③）。

(ホ)　令和6年分の所得税に係る確定申告書を提出する居住者である事業所得者等は、その提出の際に所得税額から特別控除の額を控除します（新措法41の3の3⑤）。

減税の実施方法（不動産所得・事業所得者等の場合）（案）

- ・ 原則として確定申告の機会に減税を行う。
- ・ ただし、予定納税の対象者については、予定納税の機会を通じて減税を実施する。

○ **不動産所得・事業所得者等に係る減税の実施方法**

- ・ 原則として**確定申告の機会**に減税を行う。
- ・ そのうえで、**予定納税の対象者**については、第1回予定納税の際に以下の通り対応する。
  - ・ 予定納税額の通知（6月）の際に、**本人分の減税額（3万円）を控除した額を通知する。**
  - ・ 簡易な手続きによる「減額申請」により、**扶養親族分については通知税額からの控除を可能にする。**
  - ・ **減額申請の期限（7月15日）を7月31日に、納付期限（7月31日）を9月30日に延期する。**
- ・ 第1回予定納税で控除しきれなかった減税額は、第2回予定納税（11月）の予定納税額から控除し、第2回予定納税に控除しきれなかった減税額は、確定申告において減税する。

（参考） 予定納税制度

　前年分の所得金額（事業所得、不動産所得等）や税額などをもとに計算した金額（予定納税基準額）が15万円以上になる場合、その年の所得税の1部をあらかじめ（7月、11月）納付するという制度。予定納税による納税額は、税務署が前年の所得金額等を基に計算し、通知（6月）する。

（自民党税制調査会資料より）

(3) その他の措置

　その他所要の措置が講じられます。

　㊟　今回の特別控除の緊要性に鑑み、これを円滑かつ早急に実施するため財務省・国税庁は直ちに必要な準備作業に着手することとされた。具体的には、源泉徴収義務者が早期に準備に着手できるよう、財務省・国税庁は、法案の国会提出前であっても、制度の詳細についてできる限り早急に公表するとともに、源泉徴収義務者向けのパンフレットの作成等広報活動を開始し、給付金担当を含む関係省庁や地方公共団体ともよく連携しながら、制度の趣旨・内容等について、丁寧な周知広報を行うこととされている（12頁の参考参照）。

定額減税の制度設計に係るその他の事項（案）

○ **定額減税の対象者の範囲**

- 所得税法上の居住者
    ※所得税法上の居住者：国内に「住所」を有し、または、現在まで引き続き1年以上「居所」を有する個人

○ **扶養親族者等の要件該当性の判断時期等**

- 最終的に該当するかは令和6年12月31日時点の状況による
- 源泉徴収時の対応については、減税開始前に利用可能な情報（公的年金の場合は令和6年扶養親族等申告書の提出による情報）に基づき実施し、年末調整又は確定申告において対応する
- 現行制度上、源泉徴収義務者が把握していない情報については、把握する方法を整備する
    - 年少扶養親族：個人住民税のために提出を受けている情報を活用し、6月から減税
    - 合計所得金額900万円超の者の配偶者：新たに提出を求め、年末調整において減税（ただし、減税開始前に提出を受けて6月から減税することも可能とする）
- 減税開始後の異動については、各月の源泉徴収では対応せず、年末調整または確定申告による調整とする

○ **減税額の納税者への通知**

- 給与明細に減税実施額を記載する
- 源泉徴収票に減税実施額及び減税未済額を記載する

（自民党税制調査会資料より）

（参考）定額減税の合計所得金額による制限

区　　分	「合計所得金額1,805万円以下」の要件
所　得　税	令和6年分所得税の合計所得金額(注)で判定
個人住民税	令和6年度分（令和5年分所得による）個人住民税の合計所得金額(注)で判定

(注)　所得税の合計所得金額には退職所得金額が含まれるが、個人住民税の合計所得金額には源泉（特別）徴収の対象となる退職所得金額は含まれない。

2　適用時期

　上記1の制度は、令和6年6月1日から適用されます（改正法附則1二イ、34）。

　なお、同一生計配偶者等を把握するための措置（上記1⑵イ㈭）は、令和6年6月1日前に行うことができることとされており（改正法附則34④）、年末調整における年税額からの特別控除額の控除（上記1⑵イ㈋）は、令和6年分中に支払うべき給与等でその最後に支払をする日が令和6年6月1日以後であるものについて適用されます（改正法附則34⑤）。

（参考）

令和6年分所得税の定額減税の給与収入に係る源泉徴収税額からの控除について

令和6年1月19日
財務省
国税庁

　令和6年分所得税の定額減税については、「令和6年度税制改正の大綱」（令和5年12月22日閣議決定）において税制改正の内容が決定されたところであるが、同閣議決定において、「源泉徴収義務者が早期に準備に着手できるよう、財務省・国税庁は、法案の国会提出前であっても、制度の詳細についてできる限り早急に公表するとともに、源泉徴収義務者向けのパンフレットの作成等広報活動を開始し、給付金担当を含む関係省庁や地方公共団体ともよく連携しながら、制度の趣旨・内容等について、丁寧な周知広報を行うこと」とされたことを踏まえ、令和6年度税制改正のための税制改正法案が成立した場合の令和6年分所得税の定額減税の給与収入に係る源泉徴収税額からの控除について、下記のとおり、政省令に委任される事項等を含めた実施要領の案を、あらかじめ周知・広報する。

　なお、本実施要領案は、あくまでも源泉徴収義務者が早期に準備に着手できるようあらかじめ周知・広報するものであり、令和6年度税制改正のための税制改正法案については、今後国会に法案を提出し、国会審議を経ることが前提となることにご留意いただきたい。

記

1．令和6年分所得税の定額減税の概要（対象者等）

⑴　居住者の所得税額から、定額減税に係る額（以下「特別控除の額」という。）を控除する。ただし、その者の令和6年分の合計所得金額が1,805万円以下である場合に限る。

　（注1−1−1）源泉徴収税額からの特別控除に際しては、年末調整を除き、合計所得金額に関わらず実施し、年末調整時において合計

所得金額が1,805万円超になると見込まれる場合（ただし年末調整
の対象となる者に限る）には控除実施済額について調整する。
（注1−1−2）所得税法上の令和6年分の合計所得金額とし、退職
所得金額を含む。
（注1−1−3）年末調整において合計所得金額が1,805万円超かどう
かを勘案する際には、基礎控除申告書により把握した合計所得
金額を用いる。

(2)　特別控除の額は、次の金額の合計額とする。ただし、その合計額
がその者の所得税額を超える場合には、所得税額を限度とする。
①　本人 3万円
②　同一生計配偶者又は扶養親族（いずれも居住者に該当する者に
限る。以下「同一生計配偶者等」という。）1人につき　3万円

（注1−2−1）「同一生計配偶者」は、現行の所得税法の定義による。
居住者の配偶者でその居住者と生計を一にするもの（青色事業
専従者等を除く。）のうち、合計所得金額が48万円以下である者。
同一生計配偶者には、合計所得金額が900万円超である居住
者の同一生計配偶者（以下「非源泉控除対象同一生計配偶者」
という。）を含む。
また、同一生計配偶者には、源泉控除対象配偶者のうち、合計
所得金額が48万円超95万円以下である配偶者は含まない。合計所
得金額48万円超の配偶者は、配偶者自身が減税の対象となる。
（注1−2−2）「扶養親族」は、現行の所得税法の定義による。以
下のうち、居住者と生計を一にするもの（青色事業専従者等を
除く。）で合計所得金額が48万円以下である者。当該居住者が
提出する扶養控除等申告書に記載された者に限り、他の居住者
が提出する扶養控除等申告書にも記載された場合はいずれかの
居住者の扶養親族となる。
・居住者の親族（その居住者の配偶者を除く。）
・里親に委託された児童
・養護受託者に委託された老人
（注1−2−3）同一生計配偶者等に該当するかどうかの判定は、令
和6年12月31日の現況（居住者が令和6年の中途で死亡・国外
転出する場合は、死亡・国外転出時の現況）による。判定に係
る者が死亡している場合は死亡時の現況による。

2．源泉徴収税額からの控除の実施者

主たる給与等の支払者のみが特別控除を実施することとし、従たる給与等の支払者は行わない。

（注2－1）「主たる給与等の支払者」は現行の所得税法と同様の取扱いであり、給与所得者の扶養控除等申告書の提出の際に経由した給与等の支払者。

（注2－2）今般の定額減税において、退職所得については源泉徴収税額からの控除の対象ではない。また、いわゆる企業年金（確定給付企業年金（DB）や企業型確定拠出年金（企業型DC））により支給される年金等についても、源泉徴収税額からの控除の対象ではない。いずれも確定申告がなされた場合には、定額減税の対象の所得となる。

3．源泉徴収税額からの控除の実施方法

(1) 令和6年6月1日において主たる給与等の支払を受ける者を対象として、令和6年6月1日以後最初の給与等（賞与を含む。以下同じ。）の支払日（以下「給与支払日」という。）までに提出された扶養控除等申告書に記載された情報に基づき、特別控除の額を計算する。

（注3－1－1）注3－1－3の場合を除き、この減税の実施のために改めて扶養控除等申告書の提出を求める必要はなく、源泉徴収義務者はその時点で現に把握している情報に基づき計算する。

（注3－1－2）非源泉控除対象同一生計配偶者については、配偶者控除等申告書で把握可能な者（配偶者控除の対象者のうち源泉控除対象配偶者でない者）を除き新たに「年末調整に係る申告書」の提出を求めることとし、原則として年末調整において控除することとする。ただし、令和6年6月1日以後最初の給与支払日までに「源泉徴収に係る申告書」が提出された場合には、(2)(3)の控除の対象に加えることを可能とする。これらの申告書の保存期間・提出方法等については、扶養控除等申告書に準じた扱いとする。（様式については速やかに公表予定）

（注3－1－3）15歳以下の扶養親族については、令和6年6月1日以後最初の給与支払日までに新たに「源泉徴収に係る申告書」

の提出を求め、(2)(3)の控除の対象に加えることとする。ただし、当該申告書の記載情報に代えて、扶養控除等申告書の「住民税に関する事項」を参照して計算することを可能とする。なお、この場合には他の者の扶養親族として特別控除を受けていないことの確認を要する。

（注3－1－4）(2)(3)について、控除後に扶養控除等申告書や源泉徴収に係る申告書に記載した事項の異動等により特別控除の額に異動が生じた場合及び「同一生計配偶者等」が国外転出した場合には、年末調整により調整する。

(2)　令和6年6月1日以後最初に支払を受ける給与等について源泉徴収をされるべき所得税の額（控除前源泉徴収税額）から特別控除の額を控除する。

(3)　(2)において控除しきれない部分の金額は、以後令和6年中に支払われる当該給与等（同年において最後に支払われるもの（年末調整をする場合）を除く。）に係る控除前源泉徴収税額から、順次控除する。

(4)　年末調整においては、住宅借入金等特別控除後の所得税額から、住宅借入金等特別控除後の所得税額を限度に、特別控除の額を控除する。また、特別控除の額を控除した金額に付加税率を乗じた税額を加えて、復興特別所得税を含めた年税額を計算する。ただし、年末調整を除く給与収入に係る源泉徴収税額からの控除にあたっては、所得税及び復興特別所得税が一体として納税されていることも踏まえ、その合計額から特別控除の額を控除する。

（注3－4－1）令和6年6月1日以後に、国外転出・死亡等により年末調整することとなった場合においても(4)と同様の対応とする。

（注3－4－2）令和6年6月1日以後の最初の給与支払日以後、中途退職（年末調整をする場合を除く）することとなった場合において支払われる給与等については、(3)に準じた扱いとし、(4)に準じた対応は行わない。

（注3－4－3）年末調整において配偶者が定額減税の対象となるか否かは「配偶者控除等申告書」又は「年末調整に係る申告書」の情報によることとする。

(5) 令和6年6月1日より後に雇用されて扶養控除等申告書を提出した者については、特別控除の額について年末調整時に控除することとし、各給与等支払時における控除については行わないこととする。

<hr>

4．源泉徴収票等の記載事項

(1) 主たる給与等の支払者が令和6年6月1日以後に年末調整をして作成する源泉徴収票の摘要欄の記載事項
  ① 所得税の定額減税控除済額、控除しきれなかった額
  ② （該当者のみ）合計所得金額が1,000万円超である居住者の同一生計配偶者（以下「非控除対象配偶者」という。）分の特別控除を実施した場合、その旨

（記載例）
  ① 源泉徴収時所得税減税控除済額●●円、控除外額●●円
  ② 非控除対象配偶者減税有

（注4－1－1）令和6年6月1日以後の退職・国外転出・死亡等により交付する源泉徴収票においても同様。
（注4－1－2）同一生計配偶者（控除対象配偶者を除く。）を有する者で、その同一生計配偶者が障害者、特別障害者又は同居特別障害者に該当し、源泉徴収票の摘要欄に同一生計配偶者の氏名及び同一生計配偶者である旨を記載している場合であって、当該配偶者を特別控除の額の計算に含めた場合には、②については「減税有」の追記で足りることとする。

(2) 令和6年6月1日以後に交付する給与明細等の記載事項
  当該給与明細等に係る控除前源泉徴収税額から控除した定額減税の控除済額

（記載例）
    定額減税額（所得税）●●円、定額減税●●円 等

（注4－2－1）例えば、令和6年8月分の給与明細であれば、令和6年8月分の給与に係る控除前源泉徴収税額（所得税及び復興

特別所得税の合計額）から控除した定額減税の額を記載する。

（注4-2-2）給与明細等の様式に記載することができない場合には、別の方法（別紙等の添付）により交付することも可能とする。

（注4-2-3）年末調整を行って支払う給与等にかかる給与明細等においては、源泉徴収票において減税額を把握することが可能であるため、定額減税の控除済額の記載を要しない。

5．その他

(1) 令和6年6月1日より前に退職・国外転出・死亡している場合には、源泉徴収による対応は不要とする。

（注5）令和6年6月1日より前に国外転出・死亡している者が、それまでの期間において居住者として令和6年分の給与収入を得ている場合には、確定申告により他の所得も含めた令和6年分の所得全体に係る所得税額から減税をする。

(2) 源泉徴収した所得税及び復興特別所得税を納付する場合、所得税徴収高計算書には定額減税の控除後の源泉徴収税額を記載する。なお、本定額減税の実施のための源泉徴収票様式・所得税徴収高計算書様式の改訂は予定していない。

(3) 令和6年分の給与収入に係る源泉徴収税額から控除しきれない額があった場合であっても、令和7年分の給与収入に係る源泉徴収税額から控除はしない。

(4) 所得税及び個人住民税の定額減税の実施と併せ、定額減税しきれないと見込まれる者への給付を含め、市区町村から各種の給付措置が行われる予定であるが、各給与所得者の当該給付措置に係る給付額やその受給状況は、当該給与所得者が令和6年6月1日以後支払を受ける給与等に係る控除前源泉徴収税額からの特別控除に影響を与えるものではない。

以上

（国税庁ホームページより）

金融・証券税制

特定の取締役等が受ける新株予約権の行使による株式の取得に係る経済的利益の非課税（ストックオプション税制）の拡充

1　改正前の制度の概要

　会社法第238条第2項の決議により新株予約権（一定のものに限る。以下この項において「新株予約権」という。）を与えられる者とされた当該決議（以下「付与決議」という。）のあった株式会社若しくは当該株式会社がその発行済株式若しくは出資の総数若しくは総額の50％を超える数若しくは金額の株式若しくは出資を直接若しくは間接に保有する関係その他の一定の関係にある法人の取締役、執行役若しくは使用人である個人（大口株主及び大口株主の特別関係者を除く。以下「取締役等」という。）若しくは当該取締役等の権利承継相続人又は当該株式会社若しくは当該法人の取締役、執行役及び使用人である個人以外の特定従事者が、当該付与決議に基づき当該株式会社と当該取締役等又は当該特定従事者との間に締結された契約により与えられた当該新株予約権（当該新株予約権に係る契約において、次に掲げる要件（当該新株予約権が当該取締役等に対して与えられたものである場合には、①から⑥までに掲げる要件）が定められているものに限る。

以下「特定新株予約権」という。）を当該契約に従って行使することにより当該特定新株予約権に係る株式の取得をした場合には、当該株式の取得に係る経済的利益については、所得税を課さないこととされています。

　ただし、当該取締役等若しくは権利承継相続人又は当該特定従事者（以下「権利者」という。）が、当該特定新株予約権の行使をすることにより、その年における当該行使に際し払い込むべき額（以下「権利行使価額」という。）と当該権利者がその年において既にした当該特定新株予約権及び他の特定新株予約権の行使に係る権利行使価額との合計額が、1,200万円を超えることとなる場合には、当該1,200万円を超えることとなる特定新株予約権の行使による株式の取得に係る経済的利益については、この限りではありません（措法29の2①）。

①　当該新株予約権の行使は、当該新株予約権に係る付与決議の日後2年を経過した日から当該付与決議の日後10年を経過する日（当該付与決議の日において当該新株予約権に係る契約を締結した株式会社がその設立の日以後の期間が5年未満であることその他の一定の要件を満たすものである場合には、当該付与決議の日後15年を経過する日）までの間に行わなければならないこと。

②　当該新株予約権の行使に係る権利行使価額の年間の合計額が、1,200万円を超えないこと。

③　当該新株予約権の行使に係る一株当たりの権利行使価額は、当該新株予約権に係る契約を締結した株式会社の株式の当該契約の締結の時における一株当たりの価額に相当する金額以上であること。

④　当該新株予約権については、譲渡をしてはならないこととされていること。

⑤　当該新株予約権の行使に係る株式の交付が当該交付のために付与決議がされた会社法第238条第1項に定める事項に反しないで行われるものであること。

⑥　当該新株予約権の行使により取得をする株式につき、当該行使に係る株式会社と金融商品取引業者等との間であらかじめ締結される新株予約権の行使により交付をされる当該株式会社の株式の振替口座簿への記載若しくは記録、保管の委託又は管理及び処分に係る信託（以下「管理等信託」という。）に関する取決めに従い、当該取得後直ちに、当該株式会社を通じて、当該金融商品取引業者等の振替口座簿に記載若しくは記録を受け、又は当該金融商品取引業者等の営業所若しくは事務所に保管の委託若しくは管理等信託がされること。

⑦　当該契約により当該新株予約権を与えられた者は、当該契約を締結した日から当該新株予約権の行使の日までの間において国外転出をする場合には、当該国外転出をする時までに当該新株予約権に係る契約を締結した株式会社にその旨を通知しなければならないこと。

⑧　当該契約により当該新株予約権を与えられた者に係る中小企業等経営強化法第9条第2項に規定する認定社外高度人材活用新事業分野開拓計画につき当該新株予約権の行使の日以前に同条第2項の規定による認定の取消しがあった場合には、当該新株予約権に係る契約を締結した株式会社は、速やかに、その者にその旨を

通知しなければならないこと。

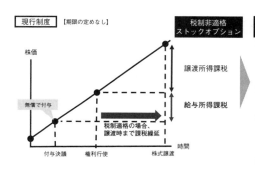

（経済産業省資料を一部改変）

2 改正の内容

　企業買収時において機動的に対応できるよう、株式保管委託要件についてスタートアップ自身による管理方法が新設されるほか、主としてレイター期の人材確保に資するよう、ストックオプション税制の年間の権利行使額の上限について、スタートアップが発行したものについて、最大で現行制度の3倍となる年間3,600万円へと引き上げられるなど、次の措置が講じられます。

⑴ 株式保管委託要件

　適用対象となる新株予約権に係る契約の要件に、「新株予約権を与えられた者と当該新株予約権の行使に係る株式会社との間であらかじめ締結される新株予約権の行使により交付をされる当該株式会社の株

式（譲渡制限株式に限る。）の管理に関する取決め（当該管理に係る契約が権利者の別に締結されるものであることその他一定の要件が定められるものに限る。）に従い、取得後直ちに当該株式会社により管理がされること」が加えられ、現行の「新株予約権の行使により取得をする株式につき金融商品取引業者等の営業所等に保管の委託等がされること」との選択適用とされます（新措法29の2①六、政令改正）。

（参考1） 発行会社自身による株式管理スキームの創設

- 非上場の段階で税制適格ストックオプションを行使し、株式に転換した場合、税制の対象となるには、**証券会社等と契約し、専用の口座を従業員ごとに開設した上で当該株式を保管委託する必要がある。**
- こうした対応には、**金銭コスト・時間・手続負担がかかる**との声がある。特に**M&Aについては短期間での権利行使が必要となる場合もあり、スタートアップの円滑なM&AによるEXITを阻害する**との声もある。
- このような状況を踏まえ、**譲渡制限株式**について、**発行会社による株式の管理等がされる場合**には、**証券会社等による株式の保管委託に代えて発行会社による株式の管理も可能**とする。

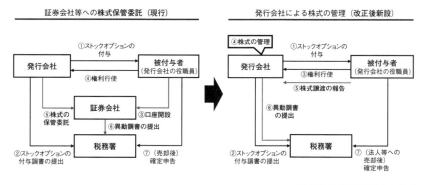

（経済産業省資料より）

(2) 年間の権利行使限度額の引上げ

その年における新株予約権の行使に係る権利行使価額の限度額について、次のとおりとされます（新措法29の2①、省令改正）。

イ　付与決議の日においてその設立の日以後の期間が5年未満の株

式会社が付与する新株予約権については、当該限度額が2,400万

円（現行：1,200万円）に引き上げられます。

ロ　一定の株式会社が付与する新株予約権については、当該限度額

を3,600万円（現行：1,200万円）に引き上げられます。

(注)　上記の「一定の株式会社」とは、付与決議の日においてその設立

の日以後の期間が5年以上20年未満である株式会社で、金融商品取

引所に上場されている株式等の発行者である会社以外の会社又は金

融商品取引所に上場されている株式等の発行者である会社のうち上

場等の日以後の期間が5年未満であるものをいう。

（参考2）年間の権利行使価額の限度額の引上げ

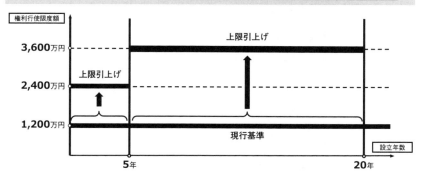

（経済産業省資料より）

(3)　特定従事者等に係る要件

中小企業等経営強化法施行規則の改正を前提に、適用対象となる特

定従事者に係る要件について、次の見直しが行われます（改正中小企業等経営強化法施行規則）。

　イ　認定新規中小企業者等に係る要件のうち「新事業活動に係る投資及び指導を行うことを業とする者が新規中小企業者等の株式を最初に取得する時において、資本金の額が５億円未満かつ常時使用する従業員の数が900人以下の会社であること」との要件が廃止されます。

　ロ　社外高度人材に係る要件について、次の見直しが行われます。

　㈠　「３年以上の実務経験があること」との要件を、金融商品取引所に上場されている株式等の発行者である会社の役員については「１年以上の実務経験があること」とし、国家資格を有する者、博士の学位を有する者及び高度専門職の在留資格をもって在留している者については廃止されます。

　㈡　社外高度人材の範囲に、次に掲げる者が加えられます。

　　a　教授及び准教授

　　b　金融商品取引所に上場されている株式等の発行者である会社の重要な使用人として、１年以上の実務経験がある者

　　c　金融商品取引所に上場されている株式等の発行者である会社以外の一定の会社の役員及び重要な使用人として、１年以上の実務経験がある者

　　d　製品又は役務の開発に２年以上従事した者であって、本邦の公私の機関の従業員として当該製品又は役務の開発に従事していた期間の開始時点に対し、終了時点における当該機関の全ての事業の試験研究費等が40％以上増加し、かつ、終了

時点における当該機関の全ての事業の試験研究費等が2,500万円以上であること等の一定の要件を満たすもの

e 製品又は役務の販売活動に2年以上従事した者であって、本邦の公私の機関の従業員として当該製品又は役務の販売活動に従事していた期間の開始時点に対し、終了時点における当該機関の全ての事業の売上高が100％以上増加し、かつ、終了時点における当該機関の全ての事業の売上高が20億円以上であること等の一定の要件を満たすもの

f 資金調達活動に2年以上従事した者であって、本邦の公私の機関の従業員等として当該資金調達活動に従事していた期間の開始時点に対し、終了時点における当該機関の資本金等の額が100％以上増加し、かつ、終了時点における当該機関の資本金等の額が1,000万円以上であること等の一定の要件を満たすもの

（参考3）社外高度人材に対するストックオプション税制の拡充

● スタートアップが社外人材を円滑に活用できるよう、ストックオプション税制の対象となる**社外高度人材の範囲を拡充**。新たに、**非上場企業の役員経験者**等を追加し、**国家資格保有者等**に求めていた**3年以上の実務経験**の要件を**撤廃**するなど、対象を拡大する。また、計画認定に際して必要な申請書類を簡素化するなど、手続き負担を軽減。

	改正前		改正後	
国家資格（弁護士・会計士等）	国家資格を保有	3年以上の実務経験	国家資格を保有	削除
博士	博士の学位を保有	3年以上の実務経験	博士の学位を保有	削除
高度専門職	高度専門職の在留資格をもって在留	3年以上の実務経験	高度専門職の在留資格をもって在留	削除
教授・准教授	なし		教授及び准教授	
企業の役員経験者	上場企業で	3年以上の役員経験	上場企業又は一定の非上場企業で	役員・執行役員等（重要な使用人）の経験が1年以上
先端人材	将来成長発展が期待される分野の先端的な人材育成事業に選定され従事していた者		将来成長発展が期待される分野の先端的な人材育成事業に選定され従事していた者	
エンジニア・営業担当者・資金調達従事者等	過去10年間	製品又は役務の開発に2年以上従事　一定の売上高要件を満たす	過去10年間	製品又は役務の開発に2年以上従事　一定の売上高要件を満たす／製品又は役務の開発に2年以上従事　一定の支出金要件を満たす／製品又は役務の販売活動に2年以上従事　一定の売上高要件を満たす／資金調達活動に2年以上従事　一定の資本金等要件を満たす

（経済産業省資料より）

(4)　その他の措置

イ　権利者が新株予約権に係る付与決議の日において当該新株予約権の行使に係る株式会社の大口株主等に該当しなかったことを誓約する書面等の提出に代えて、電磁的方法により当該書面等に記載すべき事項を記録した電磁的記録を提供できることとされます（新措法29の2②）。

ロ　この非課税規定の適用を受けて取得した株式（特定株式及び承継特定株式）の範囲に、上記(1)の改正による株式の管理に関する取決めに従い一定の株式会社により管理がされている株式等が加えられるとともに、当該株式会社による管理に係る契約の解約又

は終了等の事由により、当該特定株式又は承継特定株式の全部又は一部の返還又は移転があった場合には、その事由が生じた時に、当該特定株式又は承継特定株式の譲渡等があったものとみなすこととされます（新措法29の2④）。

ハ　株式の管理に関する取決めに従い特定株式又は承継特定株式の管理をしている株式会社は、特定株式等の異動状況に関する調書を毎年1月31日までに税務署長に提出しなければならないこととされます（新措法29の2⑦）。

ニ　その他所要の措置が講じられます。

3　適用時期

(1)　上記2(1)及び(2)の改正は、令和6年分以後の所得税について適用されます（改正法附則31①）。なお、令和6年4月1日（以下「施行日」という。）前に締結された税制適格ストックオプションに係る旧契約（施行日から令和6年12月31日までの間に行われた一定の変更が行われたものを含む。）は、改正後の要件が定められている契約とみなして、改正後の規定が適用されます（改正法附則31②）。

(2)　上記2(3)の改正は、改正中小企業等経営強化法施行規則の施行日から適用されるものと思われます。

(3)　上記2(4)イの改正は、施行日以後に提出する書面に記載すべき事項の提供について適用されます（改正法附則31③）。

(4)　上記2(4)ロの改正は、施行日以後に行われる返還又は譲渡による移転について適用されます（改正法附則31④⑤）。

(5)　上記 2 (4)ハの改正は、施行日以後に提出する調書について適用されます（改正法附則31⑥）。

エンジェル税制

1 改正前の制度の概要

　エンジェル税制は、租税特別措置法第37条の13第1項各号に掲げる会社（「特定中小会社」という。）及び同法第41条の19第1項各号に掲げる会社（「特定新規中小会社」という。）に投資を行った個人に対する優遇措置（課税の特例）を指します。

　特定中小会社が発行した一定の株式（「特定株式」という。）に係る譲渡所得の特例には、①特定株式の取得に要した金額の控除等の特例（措法37の13）（注）、②価値喪失株式に係る損失の金額の特例（措法37の13の3①）、③特定株式に係る譲渡損失の金額の損益通算の特例（措法37の13の3④）、④特定株式に係る譲渡損失の金額の繰越控除の特例（措法37の13の3⑦）及び特定株式に係る譲渡所得等の課税の特例（旧措法37の13の3、平成20年改正法附則48）があります。

　また、特定新規中小会社が発行した一定の株式を取得した場合は、その年の総所得金額から一定額を控除（寄附金控除）する課税の特例があります（措法41の19）。

（注）　特定株式の取得に要した金額を、その年の譲渡益から控除するもの。

〔エンジェル税制の概要（点線内が税制上の優遇措置）〕

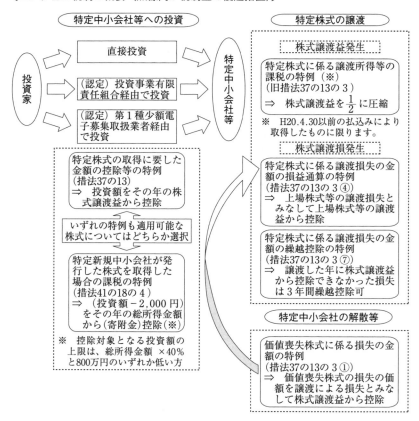

（「令和5年版　図解　譲渡所得」（大蔵財務協会刊）より）

〈特定中小会社の範囲（措法37の13①一～三）〉

　これらの特例の適用対象となる特定中小会社の範囲は次のとおりです。

(イ)　中小企業等経営強化法第6条に規定する特定新規中小企業者に該当する株式会社（措法37の13①一）

(ロ)　内国法人のうち、その設立の日以後10年を経過していない中小

企業基本法第２条第１項に掲げる中小企業者に該当し、租税特別
措置法施行規則第18条の15第５項に定める要件を満たす株式会社
（措法37の13①二）

ハ　内国法人のうち、沖縄振興特別措置法第57条の２第１項に規定
する指定会社で平成26年４月１日から令和７年３月31日までの間
に同項の規定による指定を受けたもの（措法37の13①三）

2　改正の内容

特定中小会社が発行した株式の取得に要した金額の控除等、特定新
規中小企業者がその設立の際に発行した株式の取得に要した金額の控
除等及び特定中小会社が発行した株式に係る譲渡損失の繰越控除等並
びに特定新規中小会社が発行した株式を取得した場合の課税の特例に
ついて、次の措置が講じられます（新措法37の13①②、措令改正）。

(1)　特定中小会社が発行した株式の取得に要した金額の控除等及び特
定中小会社が発行した株式に係る譲渡損失の繰越控除等について、
次の措置が講じられます。

イ　適用対象となる特定新規中小企業者に該当する株式会社等によ
り発行される特定株式の取得に要した金額の範囲に、当該特定株
式が当該株式会社等により発行された一定の新株予約権の行使に
より取得したものである場合における当該新株予約権の取得に要
した金額が加えられます。

ロ　中小企業等経営強化法施行規則の改正を前提に、適用対象に、
特定新規中小企業者に該当する株式会社等により発行される特定

株式を一定の信託を通じて取得した場合が加えられます。

  ハ 本特例の適用を受けた控除対象特定株式に係る同一銘柄株式の取得価額の計算方法について、特定新規中小会社が発行した株式を取得した場合の課税の特例の適用を受けた控除対象特定新規株式に係る同一銘柄株式の取得価額の計算方法と同様とする見直しが行われます。

(2) 特定新規中小会社が発行した株式を取得した場合の課税の特例について、次の措置が講じられます（新措法41の19、省令改正）。

  イ 適用対象となる国家戦略特別区域法に規定する特定事業を行う株式会社に係る確認手続において、次に掲げる書類については、国家戦略特別区域担当大臣へ提出する申請書への添付を要しないこととした上、その株式会社により発行される株式の発行期限が2年延長されます。

    (イ) 株式の発行を決議した株主総会の議事録の写し、取締役の決定があったことを証する書面又は取締役会の議事録の写し

    (ロ) 個人が取得した株式の引受けの申込み又はその総数の引受けを行う契約を証する書面

  ロ 適用対象となる地域再生法に規定する特定地域再生事業を行う株式会社に係る確認手続において、次に掲げる書類については、認定地方公共団体へ提出する申請書への添付を要しないこととした上、その株式会社により発行される株式の発行期限が2年延長されます。

    (イ) 株式の発行を決議した株主総会の議事録の写し、取締役の決定があったことを証する書面又は取締役会の議事録の写し

　　㈹　個人が取得した株式の引受けの申込み又はその総数の引受け

　　　を行う契約を証する書面

　ハ　上記(1)イ及びロと同様の措置が講じられます。

3　適用時期

　上記２(1)の改正は改正政令附則、２(2)の改正は改正省令附則で規定

されます。

子育て支援に関する政策税制

　子育て世帯は、安全・快適な住宅の確保や、こどもを扶養する者に万が一のことがあった際のリスクへの備えなど、様々なニーズを抱えており、子育て支援を進めるためには、税制においてこうしたニーズを踏まえた措置を講じていく必要があります。そうした観点から、以下の①から③について、「扶養控除等の見直し」と併せて行う子育て支援税制として、令和7年度税制改正において検討し、結論を得ることとされています。

　ただし、①及び②については、現下の急激な住宅価格の上昇等の状況を踏まえ、令和6年限りの措置として先行的に対応することとされます。

①　子育て世帯等に対する「住宅借入金等特別控除」の拡充

②　子育て世帯等に対する住宅リフォーム税制（既存住宅に係る特定の改修工事をした場合の特別控除）の拡充

③　子育て世帯に対する「生命保険料控除」の拡充

子育て世帯等に対する「住宅借入金等特別控除」の拡充

1　改正前の制度の概要

　個人が住宅借入金等を利用して、住宅の新築、取得又は増改築等（以下「取得等」という。）をし、令和4年1月1日から令和7年12月31日までの間に自己の居住の用に供したとき（取得等の日から6か月以内に居住の用に供した場合に限る。）で一定の要件を満たすとき、その取得等に係る住宅借入金等の年末残高の合計額（借入限度額の範囲内に限る。）に0.7%を乗じて計算した金額を、居住の用に供した年分以後の各年分の所得税額から控除することができることとされています。ただし、合計所得金額が2,000万円（特例居住用家屋の新築等及び特例認定住宅等の新築等については1,000万円）を超える年分については、適用することができません（措法41）。

　なお、特例居住用家屋とは、床面積が40㎡以上50㎡未満で令和5年12月31日以前に建築基準法第6条第1項の規定による建築確認を受けた居住用家屋をいい、特例認定住宅等とは、床面積が40㎡以上50㎡未満で令和5年12月31日以前に建築基準法第6条第1項の規定による建築確認を受けた認定住宅等をいいます。

　この制度における借入限度額、控除期間等は、住宅等の区分や入居年に応じて、次表のとおりとされています。

			入居年			
			令和4年	令和5年	令和6年	令和7年
借入限度額	新築・買取再販	認定住宅	5,000万円		4,500万円	
		ZEH水準省エネ住宅	4,500万円		3,500万円	
		省エネ基準適合住宅	4,000万円		3,000万円	
		その他の住宅	3,000万円		2,000万円 令和6年以降建築確認 （新築）：対象外	
	既存住宅	認定住宅・ZEH水準省エネ住宅・省エネ基準適合住宅	3,000万円			
		その他の住宅	2,000万円			
控除率			0.7%			
控除期間	新築・買取再販		13年 令和6年・令和7年入居の「その他の住宅」については10年			
	既存住宅		10年			
所得要件			2,000万円			
床面積要件			50㎡ 令和5年以前建築確認（新築）：40㎡（所得要件1,000万円以下）			

2 改正の内容

(1) 特例対象個人に対する借入限度額

　現下の急激な住宅価格の上昇等の状況を踏まえ、子育て世帯及び若者夫婦世帯における借入限度額について、子育て支援の観点から次の

とおり上乗せ措置が講じられます。

　個人で、年齢40歳未満であって配偶者を有する者、年齢40歳以上であって年齢40歳未満の配偶者を有する者又は年齢19歳未満の扶養親族を有する者（以下「特例対象個人」という。）が、認定住宅等の新築若しくは認定住宅等で建築後使用されたことのないものの取得又は買取再販認定住宅等の取得（以下「認定住宅等の新築等」という。）をして令和6年1月1日から同年12月31日までの間に居住の用に供した場合の住宅借入金等の年末残高の限度額（借入限度額）を次表のとおりとして本特例の適用ができることとされます（新措法41⑬）。

住宅の区分	借入限度額
認定住宅	5,000万円
ZEH 水準省エネ住宅	4,500万円
省エネ基準適合住宅	4,000万円

　なお、個人若しくは配偶者の年齢が40歳未満であるかどうか、扶養親族の年齢が19歳未満であるかどうか、又はその者が配偶者又は扶養親族に該当するかどうかの判定は、令和6年12月31日（これらの者が年の中途において死亡した場合には、その死亡の時）の現況によることとされます（新措法41⑭）。

(2)　特例認定住宅等の新築等に係る床面積の緩和措置

　特例認定住宅等の新築等（認定住宅等の新築又は認定住宅等で建築後使用されたことのないものの取得）に係る床面積要件の緩和措置（40㎡以上50㎡未満）について、令和6年12月31日以前に建築確認を受けた家屋についても適用できることとされます（新措法41㉑）。

(3) その他の措置

その他所要の措置が講じられます。

(注)1　「認定住宅等」とは、認定住宅、ZEH 水準省エネ住宅及び省エネ
基準適合住宅をいい、「認定住宅」とは、認定長期優良住宅及び認
定低炭素住宅をいう。以下同じ。

2　「買取再販認定住宅等」とは、認定住宅等である既存住宅のうち
宅地建物取引業者により一定の増改築等が行われたものをいう。

3　上記(1)及び(2)について、その他の要件等は、現行の住宅借入金等
を有する場合の所得税額の特別控除と同様とする。

子育て世帯等に対する住宅ローン控除の拡充（案）
令和6年限りの措置として先行的に対応

○　現下の急激な住宅価格の上昇等の状況を踏まえ、子育て世帯及び若者夫婦世帯における
借入限度額について、子育て支援の観点からの上乗せを行う。
○　新築住宅の床面積要件について合計所得金額1,000万円以下の者に限り40㎡に緩和する。

〔現行（令和6年・7年入居）〕

新築・買取再販住宅	認定	ZEH	省エネ
借入限度額	4,500万円	3,500万円	3,000万円

〔改正案（令和6年入居に限る）〕

新築・買取再販住宅		認定	ZEH	省エネ
借入限度額	**子育て世帯等**	**5,000万円**	**4,500万円**	**4,000万円**
	それ以外	4,500万円	3,500万円	3,000万円

(注)　子育て世帯等：18歳以下の扶養親族を有する者又は自身もしくは配偶者のいずれかが39歳以下
の者
床面積要件について、合計所得金額1,000万円以下の者に限り40㎡に緩和する。

※　被災地向けの措置についても、上記同様に借入限度額の子育て世帯等への上乗せを行うほか、床面積要
件の緩和を継続する。
※　所得税額から控除しきれない額については、現行制度と同じ控除限度額の範囲内で個人住民税額から控
除する。この措置による個人住民税の減収額は、全額国費で補填する。

（自民党税制調査会資料より）

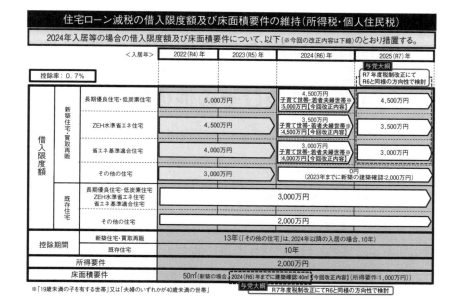

住宅ローン減税の借入限度額及び床面積要件の維持（所得税・個人住民税）

2024年入居等の場合の借入限度額及び床面積要件について、以下（※今回の改正内容は下線）のとおり措置する。

			2022(R4)年	2023(R5)年	2024(R6)年	2025(R7)年
控除率：0.7%						与党大綱 R7年度税制改正にて R6と同様の方向性で検討
借入限度額	新築住宅・買取再販	長期優良住宅・低炭素住宅	5,000万円		4,500万円 子育て世帯・若者夫婦世帯※：5,000万円【今回改正内容】	4,500万円
		ZEH水準省エネ住宅	4,500万円		3,500万円 子育て世帯・若者夫婦世帯※：4,500万円【今回改正内容】	3,500万円
		省エネ基準適合住宅	4,000万円		3,000万円 子育て世帯・若者夫婦世帯※：4,000万円【今回改正内容】	3,000万円
		その他の住宅	3,000万円		0円 (2023年までに新築の建築確認：2,000万円)	
	既存住宅	長期優良住宅・低炭素住宅 ZEH水準省エネ住宅 省エネ基準適合住宅	3,000万円			
		その他の住宅	2,000万円			
控除期間	新築住宅・買取再販		13年（「その他の住宅」は、2024年以降の入居の場合、10年）			
	既存住宅		10年			
所得要件			2,000万円			
床面積要件			50㎡（新築の場合：2024(R6)年までに建築確認：40㎡【今回改正内容】（所得要件：1,000万円））			

※「19歳未満の子を有する世帯」又は「夫婦のいずれかが40歳未満の世帯」　与党大綱 R7年度税制改正にてR6と同様の方向性で検討

（国土交通省資料より）

3　適用時期

(1)　上記2(1)の改正は、特例対象個人が、認定住宅等の新築等をして令和6年1月1日から同年12月31日までの間に自己の居住の用に供した場合について適用されます（新措法41⑬）。

(2)　上記2(2)の改正は、令和6年12月31日以前に建築確認を受けた特例認定住宅等について適用されます（新措法41㉑）。

「既存住宅に係る特定の改修工事をした場合の特別控除」の子育て世帯等に対する拡充及びその他の見直し等

1 改正前の制度の概要

⑴ 基本制度に係る税額控除

　個人（「バリアフリー改修工事等」は特定の個人に限る。）が、その者の所有する家屋で自己の居住の用に供するものについて、「バリアフリー改修工事等」、「省エネ改修工事等」、「多世帯同居改修工事等」、「耐震改修工事又は省エネ改修工事と併せて行う耐久性向上改修工事」又は「耐震改修工事及び省エネ改修工事と併せて行う耐久性向上改修工事」をして、バリアフリー改修工事及び省エネ改修工事は平成26年4月1日から、多世帯同居改修工事等は平成28年4月1日から、前記以外の工事は平成29年4月1日から、それぞれ令和5年12月31日までの間に、その家屋（その家屋の改修工事に係る部分に限る。）をその者の居住の用に供した場合（改修工事の日から6か月以内に限る。）には、その者のその年分の所得税の額から、対象工事に応じた標準的な費用の額に係る控除対象限度額（いずれも次表参照）に控除率10％を乗じた金額を控除することができることとされています（措法41の19の3①〜⑥）。

居住年	対象工事	控除対象限度額	控除率
令和４年・ 令和５年	バリアフリー改修工事	200万円	10%
	省エネ改修工事	250万円 （350万円）	
	多世帯同居改修工事	250万円	
	耐震改修工事又は 省エネ改修工事と併せて行う 耐久性向上改修工事	250万円 （350万円）	
	耐震改修工事及び 省エネ改修工事と併せて行う 耐久性向上改修工事	500万円 （600万円）	

㈱　カッコ内の金額は、省エネ改修工事と併せて太陽光発電装置を設置する場合の控除対象限度額である。

⑵　その他工事に係る税額控除

上記⑴の制度に加え、個人が、当該個人の所有する居住用の家屋について耐震改修工事又は上記⑴の表の対象工事（以下「対象工事」という。）をして、当該家屋を令和４年１月１日から令和５年12月31日までの間にその者の居住の用に供した場合（その工事の日から６か月以内にその者の居住の用に供した場合に限る。）には、一定の要件の下で、当該個人の居住の用に供した日の属する年分の所得税の額から次に掲げる金額の合計額（当該耐震改修工事又は対象工事に係る標準的な工事費用相当額の合計額と1,000万円から当該金額（当該金額が控除対象限度額を超える場合には、当該控除対象限度額）を控除した金額のいずれか低い金額を限度）の５％に相当する金額を控除することとされています（措法41の19の３⑦）。

イ 当該耐震改修工事又は対象工事に係る標準的な工事費用相当額
（控除対象限度額を超える部分に限る。）の合計額

ロ 当該耐震改修工事又は対象工事と併せて行うその他の一定の工
事に要した費用の金額（補助金等の交付がある場合には当該補助
金等の額を控除した後の金額）の合計額

(注) 上記の「標準的な工事費用相当額」とは、耐震改修工事又は対象工
事の種類等ごとに標準的な工事費用の額として定められた金額に当該
耐震改修工事又は対象工事を行った床面積等を乗じて計算した金額
（補助金等の交付がある場合には当該補助金等の額を控除した後の金
額）をいう。

(3) 所得金額要件

上記(1)及び(2)の制度は、合計所得金額が3,000万円を超える年分に
ついては、適用することができません（措法41の19の3⑧）。

2 改正の内容

既存住宅に係る特定の改修工事をした場合の所得税額の特別控除に
ついて、下記(1)及び(2)の措置を講じた上、その適用期限（令和5年12
月31日）が2年延長され令和7年12月31日までとされるとともに、子
育て世帯等に対して新たに(3)の措置が加えられます（新措法41の19の
3①〜⑧）。

(1) 所得金額要件の見直し

本税額控除の適用対象者の合計所得金額要件が2,000万円以下（現

行：3,000万円以下）に引き下げられます（新措法41の19の3⑨）。

(2) 省エネ改修工事に係るエアコンの省エネルギー基準達成率の変更

本税額控除の適用対象となる省エネ改修工事のうち省エネ設備の取替え又は取付け工事について、エアコンディショナーに係る基準エネルギー消費効率の引上げに伴い、当該工事の対象設備となるエアコンディショナーの省エネルギー基準達成率が107％以上（現行：114％以上）に変更されます（経済産業省・国土交通省告示）。

(3) 「子育て対応改修工事」の対象工事への追加

特例対象個人（年齢40歳未満であって配偶者を有する者、年齢40歳以上であって年齢40歳未満の配偶者を有する者又は年齢19歳未満の扶養親族を有する者をいう。）が、その者の所有する居住用の家屋について子育て対応改修工事をして、当該居住用の家屋を令和6年4月1日から同年12月31日までの間に居住の用に供した場合を適用対象に追加し、その子育て対応改修工事に係る標準的な工事費用相当額（250万円を限度）の10％に相当する金額をその年分の所得税の額から控除できることとされます（新措法41の19の3⑦）。

(注)1　上記の「子育て対応改修工事」とは、①住宅内における子どもの事故を防止するための工事、②対面式キッチンへの交換工事、③開口部の防犯性を高める工事、④収納設備を増設する工事、⑤開口部・界壁・床の防音性を高める工事、⑥間取り変更工事（一定のものに限る。）であって、その工事に係る標準的な工事費用相当額（補助金等の交付がある場合には、当該補助金等の額を控除した後の金額）が50

万円を超えること等一定の要件を満たすものをいう（新措法41の19の3⑭、政令改正、国土交通省告示）。

2　上記の「標準的な工事費用相当額」とは、子育て対応改修工事の種類ごとに標準的な工事費用の額として定められた金額に当該子育て対応改修工事を行った箇所数等を乗じて計算した金額をいう（政令改正、国土交通省告示）。

3　上記の税額控除は、その年分の合計所得金額が2,000万円を超える場合には適用しない（新措法41の19の3⑨）。

4　その他の要件等は、既存住宅に係る特定の改修工事をした場合の所得税額の特別控除と同様とする。

既存住宅のリフォームに係る特例措置の拡充・延長（所得税）

既存住宅の耐震・バリアフリー・省エネ・三世代同居・長期優良住宅化リフォームに係る特例措置を2年間延長するとともに、こども・子育て政策の抜本的強化に向けて、「こどもまんなかまちづくり」を推進するため、子育てに対応した住宅へのリフォームに係る所得税の特例措置を新たに講じる。

施策の背景

➤ 2022年の出生数は約77万人と過去最低で、**少子化は危機的状況**。
➤ 子育てに対する不安や負担が大きいことが少子化の要因の一つであることを踏まえ、**住宅のハード面の性能向上により子育ての負担の軽減**を図る必要がある。
⇒ **子育てに対応した住宅へのリフォーム**を支援し、子育て世帯の居住環境を改善

経済財政運営と改革の基本方針2023（令和5年6月16日閣議決定）
➤ こども・子育て政策は**最も有効な未来への投資**であり、「こども未来戦略方針」に沿って、政府を挙げて取組を抜本強化し、少子化傾向を反転させる。
➤ 子育てしやすい地方への移住や子育てを住まいと周辺環境の観点から応援する「**こどもまんなかまちづくり**」を推進する

こども未来戦略方針（令和5年6月13日閣議決定）
➤ …**子育てにやさしい住まいの拡充**を目指し、住宅支援を強化する。具体的には、…**既存の民間住宅ストックの活用**を進める。

要望の結果

① 現行の措置を2年間（令和6年1月1日～令和7年12月31日）延長する。
② 子育て世帯等※1が子育てに対応した住宅へのリフォーム※2を行う場合に、標準的な工事費用相当額の10%等※3を所得税から控除する。（適用期限：令和6年12月31日）

与党大綱　R7年の措置について、R7年度税制改正にて同様の方向性で検討

対象工事		対象工事限度額	最大控除額（対象工事）
耐震		250万円	25万円
バリアフリー		200万円	20万円
省エネ		250万円（350万円）※4	25万円（35万円）※4
三世代同居		250万円	25万円
長期優良住宅化	耐震+省エネ+耐久性	500万円（600万円）※4	50万円（60万円）※4
	耐震or省エネ+耐久性	250万円（350万円）※4	25万円（35万円）※4
子育て［拡充］		250万円	25万円

※1　「19歳未満の子を有する世帯」又は「夫婦のいずれかが40歳未満の世帯」
※2　①住宅内における子どもの事故を防止するための工事、②対面式キッチンへの交換工事、③開口部の防犯性を高める工事、④収納設備を増設する工事、⑤開口部・界壁・床の防音性を高める工事、⑥間取り変更工事（一定のものに限る。）
※3　対象工事の限度額超過分及びその他増改築等工事についても一定の範囲まで5%の税額控除　　※4　カッコ内の金額は、太陽光発電設備を設置する場合

子育てに対応した住宅への主なリフォームイメージ

転落防止の手すりの設置　可動式間仕切り壁の設置
対面式キッチンへの交換　防音性の高い床への交換

（国土交通省資料より）

3　適用時期

(1)　上記 2 (1)の改正は、高齢者等居住改修工事等、一般断熱改修工事
　　等、多世帯同居改修工事等、住宅耐震改修又は耐久性向上改修工事
　　等をして、令和 6 年 1 月 1 日以後に自己の居住の用に供する場合に
　　ついて適用されます（改正法附則35）。

(2)　上記 2 (2)の改正の適用時期は、経済産業省・国土交通省告示の附
　　則において定められます。

(3)　上記 2 (3)の改正は、特例対象個人が、子育て対応改修工事を行っ
　　た家屋を令和 6 年 4 月 1 日から同年12月31日までの間に自己の居住
　　の用に供した場合について適用されます（新措法41の19の 3 ⑦）。

（参考）子育て世帯に対する「生命保険料控除」の拡充

　次に記載する「生命保険料控除の改正」については、後記の「扶養控除等の見直し」（74頁参照）と併せて、令和7年度改正において結論を得ることとされています（令和6年度税制改正大綱「第一　令和6年度税制改正の基本的考え方」、「3. 社会経済の構造変化を踏まえた税制の見直し」、「(1)子育て支援に関する政策税制の③」）（令和5年12月14日　自由民主党・公明党）。

(1)　所得税において、生命保険料控除における新生命保険料に係る一般枠（遺族保障）について、23歳未満の扶養親族を有する場合には、現行の4万円の適用限度額に対して2万円の上乗せ措置を講ずる。

(2)　一般生命保険料控除、介護医療保険料控除及び個人年金保険料控除の合計適用限度額については、実際の適用控除額の平均が限度額を大きく下回っている実態を踏まえ、現行の12万円から変更しない。

(3)　一時払生命保険については、既に資産を一定程度保有している者が利用していると考えられ、万が一のリスクへの備えに対する自助努力への支援という本制度の趣旨と合致しないことから、これを控除の適用対象から除外する。

生命保険料控除の概要

　居住者が新生命保険料、旧生命保険料、介護医療保険料、新個人年金保険料、旧個人年金保険料を支払った場合には、次の各保険料控除の額を控除する（<u>各控除それぞれ最大4万円、合計適用限度額は12万円</u>）。

一般生命保険料控除、介護医療保険料控除、個人年金保険料控除の控除額

年間の支払保険料等		控除額
	20,000 円以下	支払保険料等の全額
20,000 円超	40,000 円以下	支払保険料等×1/2+10,000 円
40,000 円超	80,000 円以下	支払保険料等×1/4+20,000 円
80,000 円超		一律 40,000 円

※　平成24年1月1日以後に締結した保険契約等（新契約）に係るもの。平成23年12月31日以前に締結した保険契約（旧契約）については、一般生命保険料控除、個人年金保険料控除についてそれぞれ控除額が5万円となる。

（自民党税制調査会資料より）

適用者の割合

○　生命保険料控除の適用者の割合は、収入600万円程度以上で約8割～9割に達しているが、低所得者層では比較的低くなる傾向。
○　個人年金枠の適用割合は、一般枠・介護医療枠と比べて相当程度低く、収入の増加に応じて上昇する傾向がより明確。

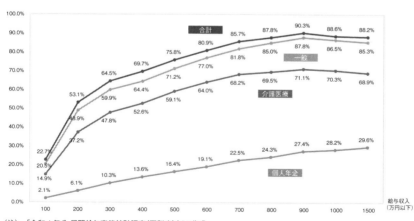

（注）　「令和4年分 民間給与実態統計調査（国税庁）」より作成。

（自民党税制調査会資料より）

土地・住宅税制

既存住宅の耐震改修をした場合の
特別控除の延長

1 改正前の制度の概要

(1) 耐震改修をした年分の税額控除

　個人が、平成26年4月1日から令和5年12月31日までの間に、その者の居住の用に供する家屋（昭和56年5月31日以前に建築された一定のものに限る。）について耐震改修（地震に対する安全性の向上を目的とした増築、改築、模様替をいう。）として一定の証明がされたものをした場合には、下記の算式により計算した金額をその者のその年分の所得税額から控除できることとされています（措法41の19の2①）。

＜算式＞

令和4年及び5年に住宅耐震改修を行った場合

$$\left(\begin{array}{c}\text{控除額}\\\text{最高25万円}\end{array}\right)\left(\begin{array}{c}\text{100円未満}\\\text{切捨て}\end{array}\right)=\left(\begin{array}{c}\text{住宅耐震改修に係る耐震工事の標}\\\text{準的な費用の額（補助金控除後）}\end{array}\right)\times10\%$$

※　令和3年以前に耐震改修を行った場合の控除額は20万円（消費税等の税率が8%又は10%の場合は25万円）が限度となる。

⑵　住宅耐震改修と併せて一定の増改築を行った場合

　上記⑴の住宅耐震改修と併せて一定の増改築等を行った場合で、住宅耐震改修をした家屋を令和4年及び令和5年に居住の用に供した場合には、上記⑴の算式による控除額と前記「既存住宅に係る特定の改修工事をした場合の特別控除」の「1⑵その他工事に係る控除」（41頁）による控除額との合計額を控除することができることとされています（措法41の19の3⑦）。ただし、この場合には、「既存住宅に係る特定の改修工事をした場合の特別控除」に係る合計所得金額要件を満たす必要があります（措法41の19の3⑧）。

2　改正の内容

　既存住宅の耐震改修をした場合の所得税額の特別控除について、適用期限（令和5年12月31日）が令和7年12月31日まで2年延長されます（新措法41の19の2①）。

認定住宅等の新築等をした場合の特別控除の見直しと延長

1 改正前の制度の概要

⑴ 居住の用に供した年分の税額控除

　個人が、認定長期優良住宅、認定低炭素住宅（低炭素建築物とみなされる特定建築物で一定のものを含む。）又は特定消費性能向上住宅（ZEH 水準省エネ住宅）（以下これらを「認定住宅等」という。）の新築又は認定住宅等で建築後使用されたことのないもの取得をして、これらの認定住宅等を長期優良住宅の普及の促進に関する法律の施行の日から令和 5 年12月31日までの間にその者の居住の用に供した場合（認定住宅等の新築等の日から 6 か月以内に居住の用に供した場合に限る。）には、下記の算式により計算した金額をその者のその年分の所得税額から控除できることとされています（措法41の19の 4 ①）。

＜算式＞

　令和 4 年及び 5 年に居住の用に供した場合

$$
\left(\begin{array}{c} 控\ 除\ 額 \\ 最高65万円 \end{array} \right) \left(\begin{array}{c} 100円未満 \\ 切捨て \end{array} \right) = \left\{ \begin{array}{c} 認定住宅等について講じられた \\ 標準的な性能強化費用の額（注） \end{array} \right\} \times 10\%
$$
$$
（最高650万円）
$$

※　令和 3 年以前に居住の用に供した場合は、認定長期優良住宅及び

認定低炭素住宅に限られ、控除額は50万円（消費税等の税率が8％又は10％の場合は65万円）が限度となる。

㊟　1㎡当たりの金額45,300円（令和元年以前は43,800円）に床面積を乗じて計算した金額。

(2)　控除未済税額控除額の繰越控除

　個人がその年において、その年の前年における税額控除限度額のうち前年において控除してもなお控除しきれない金額を有する場合、又はその年の前年分の所得税につきその確定申告書を提出すべき場合又は提出することができる場合のいずれにも該当しない場合には、その控除しきれない金額相当額又はその年の前年における税額控除限度額をその者のその年分の所得税から控除できることとされています（措法41の19の4②）。

(3)　合計所得金額要件

　上記(1)及び(2)の制度は、居住年の合計所得金額が3,000万円を超える場合（居住年の翌年の所得税額から控除未済税額控除額を控除する場合は、居住年の翌年の合計所得金額が3,000万円を超える場合）、その他一定要件に該当する年分は、当該控除を適用することはできません（措法41の19の4③④⑪⑫）。

2　改正の内容

　認定住宅等の新築等をした場合の所得税額の特別控除について、上

記1(3)の適用対象者の合計所得金額要件が2,000万円以下（現行：3,000万円以下）に引き下げられた上、適用期限（令和5年12月31日）が令和7年12月31日まで2年延長されます(新措法41の19の4①③④)。

3　適用時期

上記2の改正は、認定住宅等の新築等をして、令和6年1月1日以後に自己の居住の用に供する場合について適用されます（改正法附則36)。

（参考）住宅税制に係る税額控除の合計所得金額による制限

住宅税制に係る税額控除制度		合計所得金額要件
住宅ローン要件あり	①　住宅借入金等特別控除（措法41）	令和4年以後居住分から2,000万円以下(注)
	②　特定増改築等住宅借入金等特別控除（措法41の3の2）（令和3年居住分で終了）	3,000万円以下
住宅ローン要件なし	③　既存住宅の耐震改修をした場合の特別控除（措法41の19の2）	所得制限なし
	④　既存住宅に係る特定の改修工事をした場合の特別控除（措法41の19の3）	令和6年以後居住分から2,000万円以下
	⑤　認定住宅等の新築等をした場合の特別控除（措法41の19の4）	令和6年以後居住分から2,000万円以下

(注)　特例居住用家屋・特例認定住宅等については1,000万円以下

特定の居住用財産の買換え
及び交換の特例

1　改正前の制度の概要

　個人が令和5年12月31日までの間に、自己の居住用財産を譲渡した場合、下記の要件を満たすときは、3,000万円の特別控除等との選択により、取得価額の引継ぎによる課税の繰り延べが認められています（措法36の2①③、措令24の2③）。

【譲渡資産の要件】

①　譲渡の年の1月1日における所有期間が10年超の国内にある居住用財産であること。

②　譲渡者の居住の用に供している期間が10年以上の居住用財産であること。

③　平成5年4月1日から令和5年12月31日までの間に行われる譲渡であること。

④　譲渡資産の譲渡対価の額（その年以前3年以内又はその翌年若しくは翌々年に、譲渡資産と一体利用していた家屋又は土地等の譲渡がある場合それらの譲渡対価の額との合計額）が1億円以下であること。

【買換資産の要件】

① 居住用部分の床面積が50㎡以上である個人の居住の用に供する家屋であること(注)。

(注) (i) 建築後使用されたことのある耐火建築物の場合には、その取得の日以前25年以内に建築されたもの又は建築基準法施行令第3章及び第5章の4の規定若しくは国土交通大臣が財務大臣と協議して定める地震に関する安全性に係る基準(建築基準等)に適合することが証明されたものに限られます。

(ii) 建築後使用されたことのある耐火建築物でない場合には、その取得の日以前25年以内に建築されたもの又は取得期限までに建築基準等に適合することが証明されたものに限られます。

② ①に掲げる家屋の敷地の用に供する土地若しくは土地の上に存する権利(その面積が500㎡以下であるもの)で国内にあるもの。

③ 譲渡の日の属する年の前年1月1日からその譲渡の日の属する年の12月31日まで又は譲渡の年の翌年中に取得すること。

④ 買換資産を一定の期限までに自己の居住の用に供すること。

2 改正の内容

適用期限が2年延長(令和7年12月31日まで)されます(新措法36の2)。

居住用財産の買換え等の場合の譲渡損失の繰越控除

1 改正前の制度の概要

　個人が、令和5年12月31日までの間に行われる譲渡について生じた一定の居住用財産の譲渡損失の金額については、土地、建物等の譲渡による所得以外の所得との損益通算が認められるとともに、通算後譲渡損失の金額がある場合には、一定の要件の下でその通算後譲渡損失の金額についてその譲渡の年の翌年以後3年以内の各年分の総所得金額等からの繰越控除が認められます。

　なお、本特例は買換えを行い買換資産に係る住宅借入金等を有することが要件となっています（措法41の5）。

【譲渡資産及び買換資産の主な要件】

（譲渡資産）

① 譲渡の年の1月1日における所有期間が5年超の国内にある居住用の家屋及びその敷地であること㊟。

　㊟　その個人の居住の用に供されなくなった日から同日以後3年を経過する日の属する年の12月31日までの間に譲渡されたものを含みます。

② 親族等に対しての譲渡でないこと。

③　譲渡をした年の前年若しくは前々年に居住用財産の譲渡に係る特例（措法31の３、35①(注)、36の２、36の５）の適用を受けていないこと。同様に、譲渡の年の前年以前３年以内に特定居住用財産の譲渡損失の損益通算の特例（措法41の５の２①）の適用を受けていないこと。

(注)　租税特別措置法第35条第３項の規定を適用する場合を除く。

（買換資産）

①　１棟の家屋の床面積の内その個人が居住の用に供する部分の床面積が50㎡以上であるもの。

②　１棟の家屋のうちその構造上区分された数個の部分を独立して居住その他の用途に供することができるものにつきその各部分（独立部分）を区分所有する場合には、その独立部分の床面積のうちその個人が居住の用に供する床面積が50㎡以上であるもの。

③　譲渡の日の属する年の前年１月１日からその譲渡の日の属する年の12月31日まで又は譲渡の年の翌年中に取得をし、かつ、その取得の日からその取得の日の属する年の翌年12月31日までの間にその個人の居住の用に供すること、又は供する見込みであること。

【譲渡損失の繰越控除のイメージ】

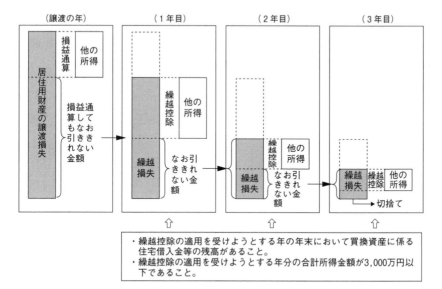

（「令和5年版　図解　譲渡所得」（大蔵財務協会刊）より）

2　改正の内容

　居住用財産の買換え等の場合の譲渡損失の繰越控除等について、次の措置が講じられます。

(1)　本特例の適用期限が2年延長されます（新措法41の5⑦）。

(2)　所要の経過措置を講じた上、本特例の適用を受けようとする個人が買換資産の住宅借入金等に係る債権者に対して住宅取得資金に係る借入金等の年末残高等調書制度の適用申請書の提出をしている場合には、住宅借入金等の残高証明書の確定申告書等への添付が不要とされます（省令改正）。

3 適用時期

　上記2(2)の改正は、令和6年1月1日以後に行う譲渡資産の譲渡について適用されます（改正省令附則）。

特定居住用財産の譲渡損失の繰越控除

1 改正前の制度の概要

　個人が令和5年12月31日までの間に、その有する家屋又は土地等でその年の1月1日において所有期間が5年を超えるもののうち居住の用に供しているものの譲渡をした場合（注1）において、その譲渡の日の属する年に特定居住用財産の譲渡損失の金額があるときは、その特定居住用財産の譲渡損失の金額のうち一定額の損益通算及び繰越控除が認められます（措法41の5の2）。

　ただし、その年の前年以前3年以内における資産の譲渡につき居住用財産の買換え等の場合の譲渡損失の損益通算の特例（措法41の5①）の適用を受け若しくは適用を受けている場合を除きます。

　なお、損益通算後譲渡損失の金額がある場合には、その通算後譲渡損失の金額についてその譲渡の年の翌年以後3年以内の各年分（注2）の総所得金額から控除することができます（措法41の5の2④⑦）。

（注1）　その譲渡に係る契約を締結した日の前日においてその譲渡資産に係る一定の住宅借入等の金額を有する場合に限る。

（注2）　合計所得金額が3,000万円以下である年分に限る。

【損益通算及び繰越控除可能額のイメージ】

○　譲渡損失の金額と譲渡価額の合計が住宅借入金等の残高を上回る場合

○　譲渡損失の金額と譲渡価額の合計が住宅借入金等の残高を下回る場合

（「令和５年版　図解　譲渡所得」（大蔵財務協会刊）より）

2　改正の内容

　適用期限が２年延長（令和７年12月31日まで）されます（新措法41
の５の２⑦）。

租税特別措置等

給与等の支給額が増加した場合の
特別控除（所得拡大税制）の見直し

1　改正前の制度の概要

⑴　新規雇用者給与等支給額が増加した場合の税額控除制度

　青色申告書を提出する個人が、令和5年及び令和6年の各年（事業開始日の属する年及び事業廃止日の属する年を除く。）において国内雇用者に対して給与等を支給する場合において、その年において当該個人の継続雇用者給与等支給額からその継続雇用者比較給与等支給額を控除した金額の当該継続雇用者比較給与等支給額に対する割合（下記イにおいて「継続雇用者給与等支給増加割合」という。）が3％以上であるときは、当該個人のその年分の総所得金額に係る所得税の額から、当該個人のその年の控除対象雇用者給与等支給増加額（その年において地方活力向上地域等において雇用者の数が増加した場合の特別控除（措法10の5）の規定の適用を受ける場合には、当該控除を受ける金額の計算の基礎となった者に対する給与等の支給額として一定の計算した金額を控除した残額）に15％（その年において次のイ又はロに掲げる要件を満たす場合には、15％にイ又はロに定める割合（そ

の年において次のイ及びロに掲げる要件の全てを満たす場合には、イ及びロに定める割合を合計した割合）を加算した割合）を乗じて計算した金額（以下「税額控除限度額」という。）を控除することとされています。

　この場合において、当該税額控除限度額が、当該個人のその年分の調整前事業所得税額の20％相当額を超えるときは、その控除を受ける金額は、当該20％相当額が限度とされています（措法10の5の4①）。

　　イ　継続雇用者給与等支給増加割合が4％以上であること …10％
　　ロ　当該個人のその年分の事業所得の金額の計算上必要経費に算入される教育訓練費の額からその比較教育訓練費の額を控除した金額の当該比較教育訓練費の額に対する割合が20％以上であること …5％

⑵　中小事業者の雇用者給与等支給額が増加した場合の税額控除制度

　常時使用する従業員の数が1,000人以下の個人で青色申告書を提出するもの（以下「中小事業者」という。）が、令和元年から令和6年までの各年（上記⑴の適用を受ける年、事業開始日の属する年及び事業廃止日の属する年を除く。）において国内雇用者に対して給与等を支給する場合において、その年において当該中小事業者の雇用者給与等支給額からその比較雇用者給与等支給額を控除した金額の当該比較雇用者給与等支給額に対する割合（下記イにおいて「雇用者給与等支給増加割合」という。）が1.5％以上であるときは、当該中小事業者のその年分の総所得金額に係る所得税の額から、当該中小事業者のその年の控除対象雇用者給与等支給増加額（その年において地方活力向上

地域等において雇用者の数が増加した場合の特別控除（措法10の5）の規定の適用を受ける場合には、当該控除を受ける金額の計算の基礎となった者に対する給与等の支給額として一定の計算した金額を控除した残額）に15％（その年において次のイ又はロに掲げる要件を満たす場合には、15％にイ又はロに定める割合（その年においてイ及びロに掲げる要件の全てを満たす場合には、イ及びロに定める割合を合計した割合）を加算した割合）を乗じて計算した金額（以下「中小事業者税額控除限度額」という。）を控除することとされています。

この場合において、当該中小事業者税額控除限度額が、当該中小事業者のその年分の調整前事業所得税額の20％相当額を超えるときは、その控除を受ける金額は、当該20％相当額が限度とされています（措法10の5の4②）。

イ　雇用者給与等支給増加割合が2.5％以上であること …15％

ロ　当該中小事業者のその年分の事業所得の金額の計算上必要経費に算入される教育訓練費の額からその比較教育訓練費の額を控除した金額の当該比較教育訓練費の額に対する割合が10％以上であること …10％

2　改正の内容

(1)　上記1(1)について

所得拡大促進税制について、次の見直しが行われた上、その適用期限（令和6年分）が令和9年分まで3年延長されます（新措法10の5の4①、政令改正）。

イ　原則の税額控除率が10％（現行：15％）に引き下げられます。

ロ　税額控除率の上乗せ措置について、次の場合の区分に応じそれぞれ次のとおりとされます。

　㋑　継続雇用者給与等支給額の継続雇用者比較給与等支給額に対する増加割合が４％以上である場合は、税額控除率に５％（その増加割合が５％以上である場合には10％とし、その増加割合が７％以上である場合には15％とする。）を加算する。

　㋺　教育訓練費の額の比較教育訓練費の額に対する増加割合が10％以上であり、かつ、教育訓練費の額が雇用者給与等支給額の0.05％以上である場合は、税額控除率に５％を加算する。

　㋩　その年12月31日において、プラチナくるみん認定又はプラチナえるぼし認定を受けている場合は、税額控除率に５％を加算する。

ハ　本措置の適用を受けるために「給与等の支給額の引上げの方針、取引先との適切な関係の構築の方針その他の事項」を公表しなければならない者に、常時使用する従業員の数が2,000人を超えるものが加えられます。

ニ　本措置の適用を受けるために公表すべき「給与等の支給額の引上げの方針、取引先との適切な関係の構築の方針その他の事項」における取引先に消費税の免税事業者が含まれることが明確化されます。

(2)　**新たに加えられる措置**

青色申告書を提出する個人で常時使用する従業員の数が2,000人以

下であるものが、令和７年から令和９年までの各年（上記(1)の適用を受ける年、事業開始日の属する年及び事業廃止日の属する年を除く。）において国内雇用者に対して給与等を支給する場合において、継続雇用者給与等支給額の継続雇用者比較給与等支給額に対する増加割合が３％以上であるときは、控除対象雇用者給与等支給増加額（その年において地方活力向上地域等において雇用者の数が増加した場合の特別控除（新措法10の５）の規定の適用を受ける場合には、当該控除を受ける金額の計算の基礎となった者に対する給与等の支給額として一定の計算した金額を控除した残額）の10％の税額控除ができる措置が加えられます。

この場合において、継続雇用者給与等支給額の継続雇用者比較給与等支給額に対する増加割合が４％以上であるときは、税額控除率に15％が加算され、教育訓練費の額の比較教育訓練費の額に対する増加割合が10％以上であり、かつ、教育訓練費の額が雇用者給与等支給額の0.05％以上であるときは、税額控除率に５％が加算され、当年がプラチナくるみん認定若しくはプラチナえるぼし認定を受けている年又はえるぼし認定（３段階目）を受けた年であるときは、税額控除率に５％が加算されます。ただし、控除税額は、調整前事業所得税額の20％相当額が限度とされます（新措法10の５の４②、政省令改正）。

(3)　上記１(2)について

中小事業者における所得拡大促進税制について、次の見直しが行われ、控除限度超過額は５年間の繰越しができることとされた上、その適用期限（令和６年分）を令和９年分まで３年延長されます（新措法

10の5の4③④、政省令改正)。

　　イ　教育訓練費に係る税額控除率の上乗せ措置について、教育訓練
　　　費の額の比較教育訓練費の額に対する増加割合が5％以上であり、
　　　かつ、教育訓練費の額が雇用者給与等支給額の0.05％以上である
　　　場合に税額控除率に10％を加算する措置とされます。

　　ロ　当年がプラチナくるみん認定若しくはプラチナえるぼし認定を
　　　受けている年分又はくるみん認定若しくはえるぼし認定（2段階
　　　目以上）を受けた年分である場合に税額控除率に5％を加算する
　　　措置が加えられます。

　　なお、控除限度超過額については、繰越控除を受ける年分（事業廃
　止日の属する年を除く。）において雇用者給与等支給額がその比較雇
　用者給与等支給額を超える場合に、調整前事業所得税額の20％相当額
　を限度として控除することができます（新措法10の5の4④）。その
　手続としては、控除限度超過額を繰り越す年以後の各年分の確定申告
　書に繰越税額控除限度超過額の明細書を添付し、かつ、繰越控除を受
　けようとする年分の確定申告書に控除対象となる繰越税額控除限度超
　過額、控除を受ける金額及びその金額の計算に関する明細を記載した
　書類を添付する必要があります（新措法10の5の4⑧）。

(4)　給与等の支給額から控除する「給与等に充てるため他の者
　　から支払を受ける金額」

　　給与等の支給額から控除する「給与等に充てるため他の者から支払
　を受ける金額」に、看護職員処遇改善評価料及び介護職員処遇改善加
　算その他の役務の提供の対価の額が含まれないこととされます（新措

法10の5の4⑤三、政令改正）。

賃上げ促進税制の適用要件（案）

従業員数の要件なし（見直し後）

	継続雇用者給与総額	基本控除率	教育訓練費 +20%⇒+10%【要件緩和】	女性活躍子育て支援*【新設】	合計控除率 最大35%		賃上げ要件	控除率	教育訓練 +20%	合計 最大30%
	+3%	10%			20%	←	+3%	15%		20%
	+4%	15%	+ 5%	+ 5%	25%	←	+4%	25%	+ 5%	30%
	+5%	20%			30%	←	－	－		－
	+7%	25%			35%	←	－	－		－

* プラチナくるみん or プラチナえるぼし

従業員数2,000人以下

	継続雇用者給与総額	基本控除率	教育訓練費 +20%⇒+10%【要件緩和】	女性活躍子育て支援*【新設】	合計控除率 最大35%		賃上げ要件	控除率	教育訓練 +20%	合計 最大30%
	+3%	10%	+ 5%	+ 5%	20%	←	+3%	15%	+ 5%	20%
	+4%	25%			35%	←	+4%	25%		30%

* プラチナくるみん or えるぼし三段階目以上

従業員数1,000人以下

	全雇用者給与総額	基本控除率	教育訓練費 +10%⇒+5%【要件緩和】	女性活躍子育て支援*【新設】	合計控除率 最大45%		賃上げ要件	控除率	教育訓練 +10%	合計 最大40%
	+1.5%	15%	+10%	+5%	30%	←	+1.5%	15%	+10%	25%
	+2.5%	30%			45%	←	+2.5%	30%		40%

* くるみん or えるぼし二段階目以上

中小事業者（従業員数1,000人以下）の繰越控除新設：5年間（繰越控除する年は全雇用者給与総額対前年増が要件）

※ 控除上限：調整前事業所得税額の20%
※ 教育訓練費の上乗せ要件について、当年の給与総額の0.05%以上との要件を追加。

3年間の措置（現行：2年間）

（自民党税制調査会資料を一部改変）

・ **仕事と子育ての両立や女性の活躍促進に積極的な企業へのインセンティブ**をどうすべきか。

○くるみん
(概要)仕事と子育ての両立サポートや、多様な労働条件・環境整備等に積極的に取り組む企業に対する認定

	認定基準（一部抜粋）	
	男性育休取得率	女性育休取得率
トライくるみん	7%	75%
くるみん	10%	75%
プラチナくるみん	30%	75%

○えるぼし
(概要)女性の活躍推進に関する状況や取組等が優良な企業に対する認定

	基本の5つの基準	認定基準（一部抜粋）
えるぼし（1段階目）	1.採用 （男女の競争倍率が同程度・正社員に占める女性比率が産業平均以上）	5基準のうち1つ又は2つを充足
えるぼし（2段階目）	2.継続就業 （女性の平均勤続年数が男性の7割以上等）	5基準のうち3つ又は4つを充足
えるぼし（3段階目）	3.労働時間等の働き方 （平均残業45h/月未満等）	5基準全て充足
プラチナえるぼし	4.管理職比率 （女性の管理職比率が産業平均以上） 5.多様なキャリアコース （正社員への転換、子育て世代女性の正社員採用）	5基準全て充足（通常のえるぼし基準よりも厳しい基準＝女性の平均勤続年数が男性の8割以上、女性の管理職比率が産業平均の1.5倍以上等）かつ行動計画の目標の達成が義務

（自民党税制調査会資料より）

3　適用時期

　上記2(1)ないし(3)の改正は、いずれも令和7年分以後の所得税について適用されます（改正法附則26①）。

　ただし、上記2(3)の改正における控除限度超過額の5年間の繰越しについては、令和7年分以後において生ずる控除しきれない金額について適用されます（改正法附則26②）。

公益社団法人等に寄附をした場合の 所得税額の特別控除

1 改正前の制度の概要

　個人が支出した特定寄附金のうち、次の(1)から(3)に掲げるもの（寄附金控除の適用を受けるものを除く。以下「税額控除対象寄附金」という。）については、その年中に支出した税額控除対象寄附金の額の合計額（その年中に支出した特定寄附金等の金額が、当該個人のその年分の総所得金額、退職所得金額及び山林所得金額の合計額の40％相当額を超える場合には、当該40％相当額から所得控除対象寄附金の額を控除した残額）が2,000円を超える場合には、その年分の所得税の額から、その超える金額の40％相当額を控除することとされています。

　この場合において、当該控除する金額が、当該個人のその年分の所得税額の25％相当額を超えるときは、当該控除する金額は、当該25％相当額が限度とされています（措法41の18の3①）。

(1)　次に掲げる法人（その運営組織及び事業活動が適正であること並びに市民から支援を受けていることにつき一定の要件を満たすものに限る。）に対する寄附金

　なお、下記ロの学校法人又は準学校法人に係る一定の要件（いわゆるパブリック・サポート・テストの絶対値要件）については、実質判定期間は5年とされ、判定基準寄附者数及びその判定基準寄附

者に係る寄附金の額の要件は、年平均の判定基準寄附者数が100人以上であること及び当該寄附金の額の年平均の金額が30万円以上であることとされています（措令26の28の2①二イ、⑥一）。

イ　公益社団法人及び公益財団法人

ロ　学校法人（私立学校法3）及び準学校法人（専修学校又は各種学校）（同法64④）

ハ　社会福祉法人

ニ　更生保護法人

(2)　次に掲げる法人（その運営組織及び事業活動が適正であること並びに市民から支援を受けていることにつき一定の要件を満たすものに限る。）に対する寄附金のうち、学生等に対する修学の支援のための事業に充てられることが確実であるもの

イ　国立大学法人

ロ　公立大学法人

ハ　独立行政法人国立高等専門学校機構及び独立行政法人日本学生支援機構

(3)　次に掲げる法人（その運営組織及び事業活動が適正であること並びに市民から支援を受けていることにつき一定の要件を満たすものに限る。）に対する寄附金のうち、学生又は不安定な雇用状態にある研究者に対するこれらの者が行う研究への助成又は研究者としての能力の向上のための事業に充てられることが確実であるもの

イ　国立大学法人及び大学共同利用機関法人

ロ　公立大学法人

ハ　独立行政法人国立高等専門学校機構

2 改正の内容

　公益法人等に寄附をした場合の所得税額の特別控除制度について、
次の措置が講じられます。

(1)　適用対象となる学校法人又は準学校法人（以下「学校法人等」と
　　いう。）の年平均の判定基準寄附者数等により判定する要件（いわ
　　ゆるパブリック・サポート・テストの絶対値要件）について、学校
　　法人等が次に掲げる要件を満たす場合には、その直前に終了した事
　　業年度が令和6年4月1日から令和11年4月1日までの間に開始し
　　た事業年度である場合の実績判定期間が2年（現行：5年）とされ
　　るとともに、判定基準寄附者数及びその判定基準寄附者に係る寄附
　　金の額の要件を、各事業年度（現行：年平均）の判定基準寄附者数
　　が100人以上であること及び当該寄附金の額の各事業年度（現行：
　　年平均）の金額が30万円以上であることとされます（政令改正）。

　　イ　当該学校法人等の直前に終了した事業年度終了の日以前2年内
　　　　に終了した各事業年度のうち最も古い事業年度開始の日から起算
　　　　して5年前の日以後に、所轄庁から特例の適用対象であることを
　　　　証する書類が発行されていないこと。

　　ロ　私立学校法に規定する事業に関する中期的な計画その他これに
　　　　準ずる計画であって、当該学校法人等の経営改善に資するものを
　　　　作成していること。

　　(注)　上記の各事業年度の判定基準寄附者数に係る要件については、現行
　　　　の学校法人等の設置する学校等の定員の合計数が5,000人に満たない事
　　　　業年度に係る緩和措置及び学校法人等の公益目的事業費用等の額の合

計額が1億円に満たない事業年度に係る緩和措置と同様の措置を講ずる。

(2) 国立大学法人、公立大学法人又は独立行政法人国立高等専門学校機構に対する寄附金のうち、適用対象となるその寄附金が学生等に対する修学の支援のための事業に充てられることが確実であるものの寄附金の使途に係る要件について、その使途の対象となる各法人の行う事業の範囲に、次に掲げる事業が加えられます（政令改正）。

イ 障害のある学生等に対して、個々の学生等の障害の状態に応じた合理的な配慮を提供するために必要な事業

ロ 外国人留学生と日本人学生が共同生活を営む寄宿舎の寄宿料減額を目的として次に掲げる費用の一部を負担する事業

(イ) 当該寄宿舎の整備を行う場合における施設整備費

(ロ) 民間賃貸住宅等を借り上げて当該寄宿舎として運営を行う場合における賃料

(注) 上記イの事業については、経済的理由により修学が困難な学生等を対象とする事業であることとの要件を適用しない。

3 適用時期

上記2の改正の適用時期は、いずれも改正政令附則において定められます。

適用期限が延長される措置

1　改正の内容

(1)　中小事業者の少額減価償却資産の取得価額の必要経費算入の特例

　中小事業者の少額減価償却資産の取得価額の必要経費算入の特例制度の適用期限（令和6年3月31日）が、令和8年3月31日まで2年延長されます（新措法28の2①）。

(2)　山林所得に係る森林計画特別控除

　山林所得に係る森林計画特別控除制度の適用期限（令和6年分）が、令和8年分まで2年延長されます（新措法30の2①）。

(3)　政治活動に関する寄附をした場合の寄附金控除の特例又は所得税額の特別控除

　政治活動に関する寄附をした場合の寄附金控除の特例又は所得税額の特別控除制度の適用期限（令和6年12月31日）が、令和11年12月31日まで5年延長されます（新措法41の18①②）。

（参考）令和7年度改正で結論を得る項目

「扶養控除」及び「ひとり親控除」の見直しについて、税制改正大綱では、令和7年度税制改正において結論を得るとして、下記の内容が記載されています。

（令和6年度税制改正大綱「第一　令和6年度税制改正の基本的考え方」、「6．扶養控除等の見直し」）（令和5年12月14日　自由民主党・公明党）

1　扶養控除の見直し

児童手当については、所得制限が撤廃されるとともに、支給期間について高校生年代まで延長されることとなる。

これを踏まえ、16歳から18歳までの扶養控除について、15歳以下の取扱いとのバランスを踏まえつつ、高校生年代は子育て世帯において教育費等の支出がかさむ時期であることに鑑み、現行の一般部分（国税38万円、地方税33万円）に代えて、かつて高校実質無償化に伴い廃止された特定扶養親族に対する控除の上乗せ部分（国税25万円、地方税12万円）を復元し、高校生年代に支給される児童手当と合わせ、全ての子育て世帯に対する実質的な支援を拡充しつつ、所得階層間の支援の平準化を図ることを目指す。

さらに、扶養控除の見直しにより、課税総所得金額や税額等が変化することで、所得税又は個人住民税におけるこれらの金額等を活用している社会保障制度や教育等の給付や負担の水準に関して不利益が生じないよう、当該制度等の所管府省において適切な措置を講じるとともに、独自に事業を実施している地方公共団体においても適切な措置が講じられるようにする必要がある。

具体的には、各府省庁において、今回の扶養控除の見直しにより影響を受ける所管制度等を網羅的に把握し、課税総所得金額や税額等が変化することによる各制度上の不利益が生じないよう適切な対応を行うとともに、各地方公共団体において独自に実施している事業につい

ても同様に適切な対応を行うよう周知するなど所要の対応を行う必要がある。

　扶養控除の見直しについては、令和7年度税制改正において、これらの状況等を確認することを前提に、令和6年10月からの児童手当の支給期間の延長が満年度化した後の令和8年分以降の所得税と令和9年度分以降の個人住民税の適用について結論を得る。

2　ひとり親控除の見直し

　ひとり親控除について、とりわけ困難な境遇に置かれているひとり親の自立支援を進める観点から、対象となるひとり親の所得要件について、現行の合計所得金額500万円以下を1,000万円以下に引き上げる。

　また、ひとり親の子育てにかかる負担の状況を踏まえ、ひとり親控除の所得税の控除額について、現行の35万円を38万円に引き上げる。合わせて、個人住民税の控除額について、現行の30万円を33万円に引き上げる。

　こうした見直しについて、令和8年分以降の所得税と令和9年度分以降の個人住民税の適用について扶養控除の見直しと合わせて結論を得る。

「扶養控除」の見直しのイメージ〔令和7年度税制改正において結論を得る〕

○ 16歳から18歳までの扶養控除について、15歳以下の取扱いとのバランスを踏まえつつ、高校生年代は子育て世帯において教育費等の支出がかさむ時期であることに鑑み、現行の一般部分（国税38万円、地方税33万円）に代えて、かつて高校実質無償化に伴い廃止された特定扶養親族に対する控除の上乗せ部分（国税25万円、地方税12万円）を復元する。

○ 高校生年代に支給される児童手当と合わせ、全ての子育て世帯に対する実質的な支援を拡充しつつ、所得階層間の支援の平準化を図る。 〔令和8年分から適用開始〕

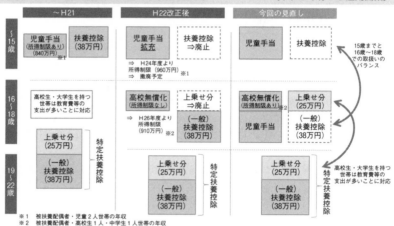

※1 被扶養配偶者・児童2人世帯の年収
※2 被扶養配偶者・高校生1人・中学生1人世帯の年収

（財務省資料より）

「ひとり親控除」の拡充〔令和7年度税制改正において結論を得る〕

○　ひとり親の子育てにかかる負担の状況を踏まえ、配偶者控除と同様の負担軽減を図る観点から、ひとり親控除の所得税の控除額について、現行の35万円を38万円に引き上げる。

○　同時に、ひとり親の就労や収入増加に対する税制の中立性を確保する観点から、ひとり親控除の所得要件について、現行の合計所得金額500万円以下を1,000万円以下に引き上げる。　　　　　　　　　　　　　　　　　　　　　　　　　　　〔令和8年分から適用開始〕

【制度の概要】

　納税者が「ひとり親」に該当する場合には、「ひとり親控除」として所得控除ができる。

【控除額】

　（現行）35万円⇒　（拡充案）38万円

【「ひとり親」の要件】

① 次のいずれかに該当すること
　・現に婚姻をしていない者
　・配偶者の生死の明らかでない者
② 生計を一にする子(注1)を有すること
③ （現行）合計所得金額500万円以下　⇒　（拡充案）合計所得金額1,000万円以下
④ 事実上婚姻関係と同様の事情にあると認められる者(注2)がいないこと
（注1）　総所得金額等が48万円以下であり、他の者の扶養親族又は同一生計配偶者とされていない子
（注2）　住民票の続柄の「夫（未届）」「妻（未届）」の記載で判別

（財務省資料より）

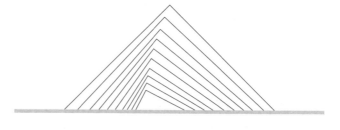

法人税関係

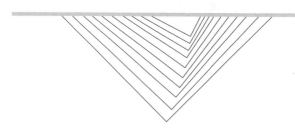

構造的な賃上げの実現

給与等の支給額が増加した場合の特別税額控除制度（賃上げ促進税制）

1 改正前の制度の概要

⑴ 大企業向け措置

　青色申告書を提出する法人が、令和４年４月１日から令和６年３月31日までの間に開始する各事業年度（設立事業年度（設立の日その他一定の日を含む事業年度をいう。）、解散（合併による解散を除く。）の日を含む事業年度及び清算中の各事業年度を除く。以下同じ。）において国内雇用者（注１）に対して給与等を支給する場合において、その事業年度においてその法人の継続雇用者給与等支給額（注２）から継続雇用者比較給与等支給額（注３）を控除した金額のその継続雇用者比較給与等支給額に対する割合（以下「継続雇用者給与等支給増加割合」という。）が３％以上であるとき（注４）は、控除対象雇用者給与等支給増加額（注５、６）の15％（その事業年度において次の①に掲げる要件を満たす場合には25％、②に掲げる要件を満たす場合には20％、いずれの要件も満たす場合には30％）相当額の特別税額控除（その事業年度の所得に対する法人税の額の20％相当額を限度とす

る。）ができることとされています（措法42の12の5①③一）。

① 継続雇用者給与等支給増加割合が４％以上であること

② その事業年度の所得の金額の計算上損金の額に算入される教育訓練費（注7）の額から比較教育訓練費の額（注8）を控除した金額のその比較教育訓練費の額に対する割合が20％以上であること

㊟1 国内雇用者とは、法人の使用人（その法人の役員と一定の特殊の関係がある者及びその法人の使用人としての職務を有する役員を除く。）のうち、その法人の有する国内の事業所に勤務する雇用者として一定のものをいう（措法42の12の5③二）。

2 継続雇用者給与等支給額とは、継続雇用者（法人の各事業年度（以下「適用年度」という。）及びその適用年度開始の日の前日を含む事業年度（以下「前事業年度」という。）の期間内の各月分のその法人の給与等の支給を受けた国内雇用者として一定のものをいう。）に対するその適用年度の給与等の支給額（その給与等に充てるため他の者から支払を受ける金額（雇用安定助成金額（国又は地方公共団体から受ける雇用保険法第62条第1項第1号に掲げる事業として支給が行われる助成金その他これに類するものの額をいう。）を除く。）がある場合には、その金額を控除した金額。以下同じ。）として一定の金額をいう（措法42の12の5③四）。

3 継続雇用者比較給与等支給額とは、法人の継続雇用者に対する前事業年度の給与等の支給額として一定の金額をいう（措法42の12の5③五）。

4 その事業年度終了の時において、その法人の資本金の額又は出資金の額が10億円以上であり、かつ、その法人の常時使用する従業員の数が1,000人以上である場合には、「給与等の支給額の引上げ及び教育訓練等の実施の方針及び下請事業者その他の取引先との適切な関係の構築の方針並びにその他の事業上の関係者との関係の構築の方針」を定

めているときは、その内容を公表している場合として一定の場合に限る（措法42の12の5①、措令27の12の5①、令和4年厚生労働省・経済産業省・国土交通省告示第1号）。

5　控除対象雇用者給与等支給増加額とは、法人の雇用者給与等支給額からその比較雇用者給与等支給額を控除した金額（その金額がその法人の調整雇用者給与等支給増加額（次の①に掲げる金額から②に掲げる金額を控除した金額をいう。）を超える場合には、その調整雇用者給与等支給増加額）をいう（措法42の12の5③六）。

①　雇用者給与等支給額（その雇用者給与等支給額の計算の基礎となる給与等に充てるための雇用安定助成金額がある場合には、その雇用安定助成金額を控除した金額）

②　比較雇用者給与等支給額（その比較雇用者給与等支給額の計算の基礎となる給与等に充てるための雇用安定助成金額がある場合には、その雇用安定助成金額を控除した金額）

　なお、雇用者給与等支給額とは、適用年度の所得の金額の計算上損金の額に算入される国内雇用者に対する給与等の支給額をいい（措法42の12の5③九）、比較雇用者給与等支給額とは、前事業年度の所得の金額の計算上損金の額に算入される国内雇用者に対する給与等の支給額（その事業年度の月数と適用年度の月数とが異なる場合には、その月数に応じて計算した一定の金額）をいう（措法42の12の5③十）。

6　適用年度において「地方活力向上地域等において雇用者の数が増加した場合の特別税額控除制度（雇用促進税制）」（措法42の12）の適用を受ける場合には、その規定による控除を受ける金額の計算の基礎となった者に対する給与等の支給額として一定の方法により計算した金額を控除する（措法42の12の5①）。

7　教育訓練費とは、法人が国内雇用者の職務に必要な技術又は知識を習得させ、又は向上させるために支出する一定の費用をいう（措法42の12の5③七）。

8 比較教育訓練費の額とは、法人の適用年度開始の日前1年以内に開始した各事業年度の所得の金額の計算上損金の額に算入される教育訓練費の額（その各事業年度の月数と適用年度の月数とが異なる場合には、教育訓練費の額に適用年度の月数を乗じてこれを各事業年度の月数で除して計算した金額）の合計額をその1年以内に開始した各事業年度の数で除して計算した金額をいう（措法42の12の5③八）。

(2) 中小企業向け措置

中小企業者（注9）（適用除外事業者（注10）又は通算適用除外事業者（注11）に該当するものを除く。）又は農業協同組合等（注12）で、青色申告書を提出するもの（以下「中小企業者等」という。）が、平成30年4月1日から令和6年3月31日までの間に開始する各事業年度（上記(1)の規定の適用を受ける事業年度を除く。）において国内雇用者に対して給与等を支給する場合において、その事業年度においてその中小企業者等の雇用者給与等支給額から比較雇用者給与等支給額を控除した金額のその比較雇用者給与等支給額に対する割合（以下「雇用者給与等支給増加割合」という。）が1.5％以上であるときは、控除対象雇用者給与等支給増加額（注13）の15％（その事業年度において次の①に掲げる要件を満たす場合には30％、②に掲げる要件を満たす場合には25％、いずれの要件も満たす場合には40％）相当額の特別税額控除（その事業年度の所得に対する法人税の額の20％相当額を限度とする。）ができることとされています（措法42の12の5②）。

① 雇用者給与等支給増加割合が2.5％以上であること

② その事業年度の所得の金額の計算上損金の額に算入される教育訓練費の額から比較教育訓練費の額を控除した金額のその比較教育訓練費の額に対する割合が10％以上であること

（注）9　中小企業者とは、資本金の額若しくは出資金の額が1億円以下の法人のうち、次に掲げる法人以外の法人又は資本若しくは出資を有しない法人のうち、常時使用する従業員の数が1,000人以下の法人（その法人がグループ通算制度に係る通算親法人である場合には、③に掲げるものを除く。）をいう（措法42の4⑲七、措令27の4⑰）。

① 同一の大規模法人（次のいずれかの法人をいう。）に発行済株式又は出資（自己の株式又は出資を除く。以下同じ。）の総数又は総額の2分の1以上を所有されている法人

　i　資本金の額又は出資金の額が1億円を超える法人

　ii　資本又は出資を有しない法人で常時使用する従業員の数が1,000人を超える法人

　iii　大法人（資本金の額又は出資金の額が5億円以上である法人等をいう。）との間に大法人による完全支配関係がある法人

　iv　普通法人との間に完全支配関係がある全ての大法人に発行済株式及び出資の全部を保有されている法人

② 2以上の大規模法人にその発行済株式又は出資の総数又は総額の3分の2以上を所有されている法人

③ グループ通算制度の適用を受ける法人（以下「通算法人」という。）である他の法人のうちいずれかの法人が、次に掲げるものに該当しない場合における通算法人

　i　資本金の額又は出資金の額が1億円以下の法人のうち、上記①又は②に掲げる法人以外の法人

　ii　資本又は出資を有しない法人のうち、常時使用する従業員の数が1,000人以下の法人

10　適用除外事業者とは、その事業年度開始の日前3年以内に終了した各事業年度の所得の金額の合計額をその各事業年度の月数の合計数で除し、これに12を乗じて計算した金額（設立後3年を経過していないことその他一定の事由がある場合には、その事由の内容に応じ一定の調整を加えた金額）が15億円を超える法人をいう（措法42の4⑲八）。

11　通算適用除外事業者とは、通算法人である法人の各事業年度終了の日においてその通算法人である法人との間に一定の完全支配関係がある他の通算法人のうちいずれかの法人が適用除外事業者（一定のものを除く。）に該当する場合におけるその通算法人である法人をいう（措法42の4⑲八の二）。

12　農業協同組合等とは、農業協同組合、農業協同組合連合会、中小企業等協同組合、出資組合である商工組合及び特定の組合並びに連合会をいう（措法42の4⑲九）。

13　上記（注5）と同じ。

2　改正の内容

　賃上げ促進税制について、次の見直しが行われた上、その適用期限が3年延長されます（新措法42の12の5①）。

(1)　大企業向け措置

イ　税額控除率の引下げ及び上乗せ措置の拡充

　　原則の税額控除率が10％（現行15％）に引き下げられた上で、税額控除率の上乗せ措置が次の要件に応じそれぞれに掲げるとおりとされます（次の①、②及び③のうち2以上の要件を満たす場合にはその要件に係る割合の合計を税額控除率に加算することになり、全ての要件を満たす場合の税額控除率は35％となる（新措法42の12の5①）。

①　継続雇用者給与等支給増加割合が4％以上であること

　　税額控除率に5％（継続雇用者給与等支給増加割合が5％以上である場合には10％、7％以上である場合には15％とされ

る。）を加算

② その事業年度の所得の金額の計算上損金の額に算入される教育訓練費の額から比較教育訓練費の額を控除した金額のその比較教育訓練費の額に対する割合が10％以上であり、かつ、その教育訓練費の額の雇用者給与等支給額に対する割合が0.05％以上であること

税額控除率に５％を加算

③ その事業年度終了の時においてプラチナくるみん認定を受けていること又はプラチナえるぼし認定を受けていること（注１）

税額控除率に５％を加算

(注)１ プラチナくるみん認定を受けていることとは、次世代育成支援対策推進法第15条の３第１項に規定する特例認定一般事業主に該当することをいい、プラチナえるぼし認定を受けていることとは、「女性の職業生活における活躍の推進に関する法律」第13条第１項に規定する特例認定一般事業主に該当することをいう（新措法42の12の５①三）。

ロ　マルチステークホルダー方針の公表等

(イ) 公表しなければならない者

本措置の適用を受けるために「給与等の支給額の引上げ及び教育訓練等の実施の方針及び下請事業者その他の取引先との適切な関係の構築の方針並びにその他の事業上の関係者との関係の構築の方針」を公表しなければならない者に、その事業年度終了の時において、その法人の常時使用する従業員の数が2,000人を超えるものが加えられます（新措法42の12の５①）。

㈹　方針

本措置の適用を受けるために公表すべき「給与等の支給額の引上げ及び教育訓練等の実施の方針及び下請事業者その他の取引先との適切な関係の構築の方針並びにその他の事業上の関係者との関係の構築の方針」における取引先に消費税の免税事業者が含まれることが明確化されます（令和6年度税制改正大綱三1（国税）⑴①ニ）。

⑵　中堅企業向け措置（創設）

イ　特別税額控除制度

青色申告書を提出する法人で、その事業年度終了の時において特定法人（常時使用する従業員の数が2,000人以下である法人（その法人及びその法人との間にその法人による支配関係がある法人の常時使用する従業員の数の合計数が1万人を超えるものを除く。）をいう。）に該当するものが、令和6年4月1日から令和9年3月31日までの間に開始する各事業年度（上記⑴の適用を受ける事業年度を除く。）において国内雇用者に対して給与等を支給する場合において、継続雇用者給与等支給増加割合が3％以上であるときは、控除対象雇用者給与等支給増加額の10％相当額の特別税額控除（その事業年度の所得に対する法人税の額の20％相当額を限度とする。）ができることとされます（新措法42の12の5②⑤十二）。

ロ　税額控除率の上乗せ措置

税額控除率は、次の要件に該当する場合には、それぞれに掲げ

法人税

るとおりとされます（次の①、②及び③のうち2以上の要件を満たす場合にはその要件に係る割合の合計を税額控除率に加算することになり、全ての要件を満たす場合の税額控除率は35％となる（新措法42の12の5②）。

① 継続雇用者給与等支給増加割合が4％以上であること

税額控除率に15％を加算

② その事業年度の所得の金額の計算上損金の額に算入される教育訓練費の額から比較教育訓練費の額を控除した金額のその比較教育訓練費の額に対する割合が10％以上であり、かつ、その教育訓練費の額の雇用者給与等支給額に対する割合が0.05％以上であること

税額控除率に5％を加算

③ その事業年度終了の時においてプラチナくるみん認定若しくはプラチナえるぼし認定を受けていること、又はその事業年度においてえるぼし認定（3段階目）を受けていること（注2）

税額控除率に5％を加算

（注）2 えるぼし認定（3段階目）を受けていることとは、「女性の職業生活における活躍の推進に関する法律」第9条の認定を受けていること（同法第4条の女性労働者に対する職業生活に関する機会の提供及び雇用環境の整備の状況が特に良好な場合として一定の場合に限る。）をいう（新措法42の12の5②三）。

ハ　マルチステークホルダー方針の公表等

上記イの規定は、その事業年度終了の時において、その法人の資本金の額又は出資金の額が10億円以上であり、かつ、その法人の常時使用する従業員の数が1,000人以上である場合には、「給与

等の支給額の引上げ及び教育訓練等の実施の方針及び下請事業者
その他の取引先との適切な関係の構築の方針並びにその他の事業
上の関係者との関係の構築の方針」を定めているときは、その内
容をインターネットを利用する方法により公表したことを経済産
業大臣に届け出ている場合に限り、適用があるものとされます
（新措法42の12の15②、政令改正）。

(3) 中小企業向け措置

イ 5年間の繰越控除措置（創設）

　青色申告書を提出する中小企業者の各事業年度において雇用者
給与等支給額が比較雇用者給与等支給額を超える場合において、
その法人が繰越税額控除限度超過額（中小企業者等がその事業年
度開始の日前5年以内に開始した各事業年度（その事業年度まで
連続して青色申告書の提出をしている場合の各事業年度に限る。）
における特別税額控除の金額のうち、その事業年度の所得に対す
る法人税額から控除してもなお控除しきれない金額の合計額をい
う。）を有するときは、その繰越税額控除限度超過額の特別税額
控除（その事業年度の所得に対する法人税の額の20％相当額（そ
の事業年度における特別税額控除の金額がある場合にはその金額
を控除した残額）を限度とする。）ができることとされます（新
措法42の12の5③④⑤十二）。

ロ 税額控除率の上のせ措置の拡充

　税額控除率の上乗せ措置が次の要件に応じてそれぞれに掲げる
とおりとされます（次の①②及び③のうち2以上の要件を満たす

場合にはその要件に係る割合の合計を税額控除率に加算すること
になり、全ての要件を満たす場合の税額控除率は45％となる。）。

① 雇用者給与等支給増加割合が2.5％以上であること

税額控除率に15％を加算

② その事業年度の所得の金額の計算上損金の額に算入される教育
訓練費の額から比較教育訓練費の額を控除した金額のその比較教
育訓練費の額に対する割合が5％以上であり、かつ、その教育訓
練費の額の雇用者給与等支給額に対する割合が0.05％以上である
こと

税額控除率に10％を加算

③ その事業年度終了の時においてプラチナくるみん認定若しくは
プラチナえるぼし認定を受けていること又はその事業年度におい
てくるみん認定若しくはえるぼし認定（2段階目以上）を受けて
いること（注3）

税額控除率に5％を加算

㊟3 くるみん認定を受けていることとは、次世代育成支援対策推進
法第13条の認定を受けていること（同法第2条に規定する次世代
育成支援対策の実施の状況が良好な場合として一定の場合に限
る。）をいい、えるぼし認定（2段階目以上）を受けていること
とは、「女性の職業生活における活躍の推進に関する法律」第9
条の認定を受けていること（同法第4条の女性労働者に対する職
業生活に関する機会の提供及び雇用環境の整備の状況が良好な場
合として一定の場合に限る。）をいう（新措法42の12の5②三）。

⑷ 給与等に充てるため他の者から支払を受ける金額の範囲

給与等の支給額から控除する「給与等に充てるため他の者から支払を受ける金額」に看護職員処遇改善評価料及び介護職員処遇改善加算その他の役務の提供の対価の額が含まれないこととされることとされます（新措法42の12の5⑤四、政令改正）。

上記の他、所要の措置が講じられます。

○ 30年ぶりの高い水準の賃上げ率を一過性のものとせず、**構造的・持続的な賃上げを実現**することを目指す。

改正後【措置期間：3年間】

	継続雇用者※4 給与等支給額 (前年度比)	税額控除率※6	教育訓練費※7 (前年度比)	税額控除率	両立支援 女性活躍	税額控除率	最大控除率
大企業※1	＋3％	10％	＋10％	5％上乗せ	プラチナくるみん or プラチナえるぼし	5％上乗せ	35％
	＋4％	15％					
	＋5％	20％					
	＋7％	25％					
中堅企業※2	＋3％	10％	＋10％	5％上乗せ	プラチナくるみん or えるぼし三段階以上	5％上乗せ	35％
	＋4％	25％					
中小企業※3	＋1.5％	10％	＋5％	10％上乗せ	くるみん or えるぼし二段階目以上	5％上乗せ	45％
	＋2.5％	30％					

中小企業は、賃上げを実施した年度に控除しきれなかった金額の5年間の繰越しが可能※8。

改正前【措置期間：2年間】

	継続雇用者 給与等支給額 (前年度比)	税額控除率	教育訓練費 (前年度比)	税額控除率	最大控除率
大企業	＋3％	15％	＋20％	5％上乗せ	30％
	＋4％	25％			
	－	－			
中小企業	＋1.5％	15％	＋10％	10％上乗せ	40％
	＋2.5％	30％			

※1 「資本金10億円以上かつ従業員数1,000人以上」又は「従業員数2,000人超」のいずれかに当てはまる企業は、マルチステークホルダー方針の公表及びその旨の届出を行うことが適用の条件。それ以外の企業は不要。
※2 従業員数2,000人以下の企業（その法人及びその法人との間にその法人による支配関係がある法人の従業員数の合計が1万人を超えるものを除く。）が適用可能。ただし、資本金10億円以上かつ従業員数1,000人以上の企業は、マルチステークホルダー方針の公表及びその旨の届出が必要。
※3 中小企業者等（資本金1億円以下の法人、農業協同組合等）又は従業員数1,000人以下の個人事業主が適用可能。
※4 継続雇用者とは、適用事業年度及び前事業年度の全月分の給与等の支給を受けた国内雇用者（雇用保険の一般被保険者に限る）。
※5 全雇用者とは、雇用保険の一般被保険者に限られない全ての国内雇用者。
※6 税額控除率の計算は、全雇用者の前事業年度から適用事業年度の給与等支給増加額に税額控除率を乗じて計算。ただし、控除上限額は法人税額等の20％。
※7 教育訓練費の上乗せ要件は、適用事業年度の教育訓練費の額が適用事業年度の全雇用者に対する給与等支給額の0.05％以上である場合に限り、適用可能。
※8 繰越税額控除をする事業年度において、全雇用者の給与支給額が前年度より増加している場合に限り、適用可能。

（経済産業省資料より）

○くるみん
(概要)仕事と子育ての両立サポートや、多様な労働条件・環境整備等に積極的に取り組む企業に対する認定

	認定基準(一部抜粋)	
	男性育休取得率	女性育休取得率
トライくるみん	7%	75%
くるみん	10%	75%
プラチナくるみん	30%	75%

○えるぼし
(概要)女性の活躍推進に関する状況や取組等が優良な企業に対する認定

	基本の5つの基準	認定基準(一部抜粋)
えるぼし(1段階目)	1.採用 (男女の競争倍率が同程度・正社員に占める女性比率が産業平均以上)	5基準のうち1つ又は2つを充足
えるぼし(2段階目)	2.継続就業 (女性の平均勤続年数が男性の7割以上等)	5基準のうち3つ又は4つを充足
えるぼし(3段階目)	3.労働時間等の働き方 (平均残業45h/月未満等)	5基準全て充足
プラチナえるぼし	4.管理職比率 (女性の管理職比率が産業平均以上) 5.多様なキャリアコース (正社員への転換、子育て世代女性の正社員採用)	5基準全て充足(通常のえるぼし基準よりも厳しい基準:女性の平均勤続年数が男性の8割以上、女性の管理職比率が産業平均の1.5倍以上等)かつ行動計画の目標の達成が義務

（自民党税制調査会資料を一部修正）

3 適用時期

　上記の改正は、令和6年4月1日以後に開始する事業年度分の法人税について適用されます（改正法附則38）。

（参考資料）　令和6年度税制改正大綱「第一　令和6年度税制改正の基本的考え方」（令和5年12月14日自由民主党・公明党）（抜粋）

> 　1．構造的な賃上げの実現
> 　…（略）…
> (2)　賃上げ促進税制の強化
> 　物価高に負けない構造的・持続的な賃上げの動きをより多くの国民に拡げ、効果を深めるため、賃上げ促進税制を強化する。

　具体的には、従来の大企業のうち、物価高に負けない賃上げの牽引役として期待される常時使用従業員数2,000人超の大企業については、より高い賃上げへのインセンティブを強化する観点から、継続雇用者の給与等支給額の３％以上増加との現行の賃上げ率の要件は維持しつつ、継続雇用者の給与等支給額の増加に応じた控除率の上乗せについて、さらに高い賃上げ率の要件を創設し、従来の４％に加え、５％、さらには７％の賃上げを促していく。

　また、従来の大企業のうち、地域における賃上げと経済の好循環の担い手として期待される常時使用従業員数2,000人以下の企業については、新たに「中堅企業」と位置付けた上で、従来の賃上げ率の要件を維持しつつ、控除率を見直し、より高い賃上げを行いやすい環境を整備する。

　一方で、中小企業においては、未だその６割が欠損法人となっており、税制措置のインセンティブが必ずしも効かない構造となっている。しかし、わが国の雇用の７割は中小企業が担っており、広く国民の構造的・持続的な賃上げを果たしていくためには、こうした企業に賃上げの裾野を拡大していくことは極めて重要な課題である。こうした観点から、本税制をより使いやすいものとしていくため、従来の賃上げ要件・控除率を維持しつつ、新たに繰越控除制度を創設し、これまで本税制を活用できなかった赤字企業に対しても賃上げにチャレンジいただく後押しをする。具体的には、賃上げ促進税制の税額控除の額について、当期の税額から控除できなかった分を５年間という前例のない期間にわたって繰り越すことを可能とする。また、持続的な賃上げを実現する観点から、繰越控除する年度については、全雇用者の給与等支給額が対前年度から増加していることを要件とすることとする。

　これらの措置に加え、雇用の環境を改善するため、人材投資や働きやすい職場づくりへのインセンティブも付与することとする。具体的には、教育訓練費を増加させた場合の上乗せ要件については、令和４年度の適用実態等を踏まえ、その適用に当たって一定程度の教育訓練費を確保するための措置を講じた上で、適用要件の緩和を行い、活用を促進することとする。併せて、子育てと仕事の両立支援や女性活躍の推進の取組みを後押しする観点から、こうした取組みに積極的な企業に対する厚生労働省による認定制度（「くるみん」、「えるぼし」）を活用し、控除率の上乗せ措置を講ずる。…（略）…

法人税額から控除される特別控除額の特例（大企業に係る特定税額控除規定の不適用措置）

1　改正前の制度の概要

　大企業（中小企業者（注1）（適用除外事業者（注1）又は通算適用除外事業者（注1）に該当するものを除く。）又は農業協同組合等（注1）以外の法人をいう。）が、平成30年4月1日から令和6年3月31日までの間に開始する各事業年度（以下「対象年度」という。）において特定税額控除規定（注2）の適用を受けようとする場合において、対象年度において次に掲げる要件のいずれにも該当しないときには、特定税額控除規定が適用できないこととされる特例があります（措法42の13⑤）。ただし、対象年度（設立事業年度（設立の日その他一定の日を含む事業年度をいう。）及び合併等事業年度（合併の日を含む事業年度その他一定の事業年度をいう。）を除く。）の所得の金額がその前事業年度の所得の金額以下の一定の場合にあっては、この特例の対象外とされています（措法42の13⑤）。

① 　次に掲げる場合の区分に応じてそれぞれに掲げる要件に該当すること

　　i 　次に掲げる場合のいずれにも該当する場合において、継続雇用者給与等支給額（注1）から継続雇用者比較給与等支給額（注1）を控除した金額の継続雇用者比較給与等支給額に対する割合が1

％（対象年度が令和4年4月1日から令和5年3月31日までの間に開始する事業年度である場合には、0.5％）以上であること

（i）　対象年度終了の時において、資本金の額又は出資金の額が10億円以上であり、かつ、常時使用する従業員の数が1,000人以上である場合

（ii）　対象年度が設立事業年度及び合併等事業年度のいずれにも該当しない場合であって対象年度の前事業年度の所得の金額が0を超える一定の場合又は対象年度が設立事業年度若しくは合併等事業年度に該当する場合

ii　i に掲げる場合以外の場合において、継続雇用者給与等支給額が継続雇用者比較給与等支給額を超えること

②　国内設備投資額（注3）が当期償却総額（注4）の30％相当額を超えること

（注）1　中小企業者、適用除外事業者、通算適用除外事業者、農業協同組合等、継続雇用者給与等支給額及び継続雇用者比較給与等支給額の定義は、「給与等の支給額が増加した場合の特別税額控除制度（賃上げ促進税制）」（80頁）を参照されたい。

2　特定税額控除規定とは、次の規定をいう（措法42の13⑤）。

①　試験研究を行った場合の特別税額控除制度（研究開発税制）

②　地域経済牽引事業の促進区域内において特定事業用機械等を取得した場合の特別税額控除制度（地域未来投資促進税制）

③　認定特定高度情報通信技術活用設備を取得した場合の特別税額控除制度（5G投資促進税制）

④　情報技術事業適応設備を取得した場合等の特別税額控除制度（デジタルトランスフォーメーション投資促進税制）

⑤　生産工程効率化等設備等を取得した場合の特別税額控除制度（カーボンニュートラルに向けた投資促進税制）

3　法人が対象年度において取得等（取得又は製作若しくは建設をいい、合併、分割、贈与、交換、現物出資又は現物分配による取得その他一定の取得を除く。）をした国内資産（国内にあるその法人の事業の用に供する機械及び装置その他の一定の資産をいう。）で対象年度終了の日において有するものの取得価額の合計額をいう。

4　法人がその有する減価償却資産につき対象年度においてその償却費として損金経理をした金額（損金経理の方法又は対象年度の決算の確定の日までに剰余金の処分により積立金として積み立てる方法により特別償却準備金として積み立てた金額を含み、法人税法第31条第4項の規定により損金経理額に含むものとされる繰越償却限度超過額を除く。）の合計額をいう。

2　改正の内容

　大企業に係る特定税額控除規定の不適用措置について、次の見直しが行われた上、その適用期限が3年延長されます（新措法42の13⑤）。

(1)　適用要件の見直し

イ　上記1①i(i)の要件が、対象年度終了の時において、資本金の額又は出資金の額が10億円以上であり、かつ、常時使用する従業員の数が1,000人以上である場合又は対象年度終了の時において常時使用する従業員の数が2,000人超である場合とされます。

ロ　上記1②の要件について、上記1①i(i)（上記イの改正後のもの）及び(ii)に掲げる場合のいずれにも該当する場合には、国内設備投資額が当期償却総額の40％相当額を超えることとされます。

(2)　給与等に充てるため他の者から支払を受ける金額の範囲

継続雇用者給与等支給額に係る要件を判定する場合に給与等の支給額から控除する「給与等に充てるため他の者から支払を受ける金額」に看護職員処遇改善評価料及び介護職員処遇改善加算その他の役務の提供の対価の額が含まれないこととされます（新措法42の12の5⑤四、政令改正）。

・収益が拡大しているにもかかわらず、賃上げや国内設備投資に消極的な企業に対する働きかけを強化する観点から、**特定税額控除規定の不適用措置について、適用期限を3年間延長するとともに、要件を見直し。**

○　特定税額控除規定の不適用措置（税制措置）　適用期限：令和5年度末➡令和8年度末

収益が拡大しているにもかかわらず、賃上げ・投資に消極的な大企業（下記①～③の全てを満たす大企業）

①所得金額：対前年度比で増加

②継続雇用者の給与等支給額
・大企業（下記以外の場合）：対前年度以下
・大企業（資本金10億円以上かつ常時使用従業員数1,000人以上で、前年度が黒字の場合）：対前年度増加率1％未満
・大企業（常時使用従業員数2,000人超で、前年度が黒字の場合）：対前年度増加率1％未満　【追加】

③国内設備投資額
・当期の減価償却費の3割以下
・大企業（資本金10億円以上かつ常時使用従業員数1,000人以上、または常時使用従業員数2,000人超で、前年度が黒字の場合）：当期の減価償却費の4割以下　【追加】

不適用

租税特別措置
（以下の税額控除）

・研究開発税制
・地域経済牽引事業の促進区域内における投資促進税制
・5G導入促進税制
・デジタルトランスフォーメーション投資促進税制
・カーボンニュートラル投資促進税制

（税制調査会資料を一部修正）

3　適用時期

上記の改正は、令和6年4月1日以後に開始する事業年度の法人税について適用されます（改正法附則38）。

（参考資料）　令和6年度税制改正大綱「第一　令和6年度税制改正の基本的考え方」（令和5年12月14日自由民主党・公明党）（抜粋）

1．構造的な賃上げの実現
…（略）…
(2)　賃上げ促進税制の強化
…（略）…
　また、多額の内部留保を抱えながら賃上げや国内投資に消極的な企業に対し、その活用を促す等の観点から、特定税額控除規定の不適用措置について、要件を強化する。

生産性向上・供給力強化に向けた国内投資の促進

産業競争力基盤強化商品生産用資産を取得した場合の特別税額控除制度（戦略分野国内生産促進税制）（創設）

産業競争力強化法の改正を前提に次の措置が講じられます。

1 新制度の内容

(1) 半導体に係る措置

　青色申告書を提出する法人で「新たな事業の創出及び産業への投資を促進するための産業競争力強化法等の一部を改正する法律」の施行の日から令和9年3月31日までの間にされた産業競争力強化法に規定する事業適用計画の認定に係る同法に規定する認定事業適応事業者（以下「認定産業競争力基盤強化商品生産販売事業者」という。）であるものが、同法に規定する認定事業計画（同法に規定するエネルギー利用環境負荷低減事業適応に関すものに限る。以下「認定エネルギー利用環境負荷低減事業適応計画」という。）に記載された同法に規定する産業競争力基盤強化商品のうち同法第2条第14項（注1）に規定する半導体の生産をするための設備の新設又は増設をする場合におい

て、その新設若しくは増設に係る機械その他の減価償却資産（以下
「半導体生産用資産」という。）でその製作若しくは建設の後事業の用
に供されたことのないものを取得等して、これを国内にあるその法人
の事業の用に供したときは、その半導体生産用資産につき「情報技術
事業適応設備を取得した場合等の特別償却又は特別税額控除制度（デ
ジタルトランスフォーメーション投資促進税制）」（新措法42の12の7
①④）及び「生産工程効率化等設備等を取得した場合の特別償却又は
特別税額控除制度（カーボンニュートラルに向けた投資促進税制）」
（新措法42の12の7③⑥）（193頁参照）の適用を受ける場合を除き、
その事業の用に供した日（以下(1)において「供用日」という。）から
その認定の日以後10年を経過する日まで（同日までに同法の規定によ
りその認定を取り消されたときは、その取り消された日の前日まで）
の期間（以下(1)において「対象期間」という。）内の日を含む各事業
年度（解散（合併による解散を除く。）の日を含む事業年度及び清算
中の各事業年度を除く。以下(1)において「供用中年度」という。）に
おいて、その半導体生産用資産により生産された次に掲げる半導体の
区分に応じた金額と、その事業の用に供したその半導体生産用資産及
びこれとともにその半導体を生産するために直接又は間接に使用する
減価償却資産に対して投資した金額の合計額として一定の金額に相当
する金額（その半導体生産用資産について既にこの規定によりその供
用中年度前の各事業年度において控除された金額その他一定の金額が
ある場合には、これらの金額を控除した残額）とのうちいずれか少な
い金額の合計額（以下「半導体税額控除限度額」という。）の特別税
額控除（その供用中年度の所得に対する法人税の額の20％相当額（注

2）を限度とし、限度を超える部分の金額については3年間の繰越しが認められる。）ができることとされます（新措法42の12の7⑦〜⑨、政令改正）。

① **演算を行う半導体**（以下「演算半導体」という。）

次の演算半導体の区分に応じた金額に、演算半導体のうち供用中年度において販売されたものの直径200ミリメートルのウエハーで換算した枚数を特定の期間（注3）ごとに区分した枚数として一定の証明がされた数にその特定の期間ごとにそれぞれ定められている割合（注4）を乗じて計算した数の合計を乗じて計算した金額

i テクノロジーノード28ナノメートルから45ナノメートルまで相当のもの

1万6,000円

ii テクノロジーノード45ナノメートルから65ナノメートルまで相当のもの

1万3,000円

iii テクノロジーノード65ナノメートルから90ナノメートルまで相当のもの

1万1,000円

iv テクノロジーノード90ナノメートル以上相当のもの

7,000円

② **上記①以外の半導体**（以下「その他半導体」という。）

次のその他半導体の区分に応じた金額に、その他半導体のうち供用中年度において販売されたものの直径200ミリメートルのウ

エハーで換算した枚数を特定の期間（注3）ごとに区分した枚数
として一定の証明がされた数にその特定の期間ごとにそれぞれ定
められている割合（注4）を乗じて計算した数の合計を乗じて計
算した金額

i　パワー半導体のうちウエハーが主としてけい素で構成される
もの

6,000円

ii　パワー半導体のうちウエハーが主として炭化けい素又は窒化
ガリウムで構成されるもの

2万9,000円

iii　アナログ半導体のうちイメージセンサー

1万8,000円

iv　その他のアナログ半導体

4,000円

(注)1　産業競争力強化法第2条第14項

この法律において「産業競争力基盤強化商品」とは、エネルギーの
利用による環境への負荷の低減に特に資する半導体、自動車（専ら化
石燃料を内燃機関の燃料として用いるものを除く。）、鉄鋼、基礎化学
品（化学製品の原材料である化学品（化石燃料に由来するものを除
く。）をいう。）、燃料その他事業適応（産業競争力強化法第2条第12
項第2号に該当するものに限る。）に資する商品として政令で定める
商品であって、今後の我が国産業の基盤となることが見込まれ、かつ、
国際競争に対応して事業者が市場を獲得することが特に求められるも
のとして主務省令で定める要件に該当するものをいう。

2　「情報技術事業適応設備を取得した場合等の特別償却又は特別税額
控除制度（デジタルトランスフォーメーション投資促進税制）」及び

「生産工程効率化等設備等を取得した場合の特別償却又は特別税額控除制度（カーボンニュートラルに向けた投資促進税制）」によりその供用中年度において控除される金額がある場合には、その金額を控除した残額となる。

3　特定の期間とは、次の期間をいう。

① 供用日から供用日以後7年を経過する日までの期間

② 供用日以後7年を経過する日の翌日から供用日以後8年を経過する日までの期間

③ 供用日以後8年を経過する日の翌日から供用日以後9年を経過する日までの期間

④ 供用日以後9年を経過する日の翌日以後の期間

4　特定の期間ごとにそれぞれ定められている割合とはそれぞれ次の割合をいう。

① 上記（注3）①の期間　100%

② 上記（注3）②の期間　75%

③ 上記（注3）③の期間　50%

④ 上記（注3）④の期間　25%

(2)　特定産業競争力基盤強化商品に係る措置

　青色申告書を提出する法人で認定産業競争力基盤強化商品生産販売事業者であるものが、その認定エネルギー利用環境負荷低減事業適応計画に記載された産業競争力基盤強化商品（半導体を除く。以下「特定産業競争力基盤強化商品」という。）の生産をするための設備の新設又は増設をする場合において、その新設若しくは増設に係る機械その他の減価償却資産（以下「特定商品生産用資産」という。）でその製作若しくは建設の後事業の用に供されたことのないものを取得等して、これを国内にあるその法人の事業の用に供したときは、その特定

商品生産用資産につき「情報技術事業適応設備を取得した場合等の特別償却又は特別税額控除制度（デジタルトランスフォーメーション投資促進税制）」（新措法42の12の7①④）、「生産工程効率化等設備等を取得した場合の特別償却又は特別税額控除制度（カーボンニュートラルに向けた投資促進税制）」（新措法42の12の7③⑥）（193頁参照）及び上記(1)の制度の適用を受ける場合を除き、その事業の用に供した日（以下(2)において「供用日」という。）からその認定の日以後10年を経過する日まで（同日までに同法の規定によりその認定を取り消されたときは、その取り消された日の前日まで）の期間（以下(2)において「対象期間」という。）内の日を含む各事業年度（解散（合併による解散を除く。）の日を含む事業年度及び清算中の各事業年度を除く。以下(2)において「供用中年度」という。）において、その特定商品生産用資産により生産された次に掲げる特定産業競争力基盤強化商品の区分に応じた金額と、その事業の用に供したその特定商品生産用資産及びこれとともにその特定産業競争力基盤強化商品を生産するために直接又は間接に使用する減価償却資産に対して投資した金額の合計額として一定の金額に相当する金額（その特定商品生産用資産について既にこの規定によりその供用中年度前の各事業年度において控除された金額その他一定の金額がある場合には、これらの金額を控除した残額）とのうちいずれか少ない金額の合計額（以下「特定商品税額控除限度額」という。）の特別税額控除（その供用中年度の所得に対する法人税の額の40％相当額（注5）を限度とし、限度を超える部分の金額については4年間の繰越しが認められる。）ができることとされます（新措法42の12の7⑩〜⑫）。

① 　産業競争力強化法第２条第14項に規定する自動車

　　20万円（内燃機関を有しないもの（道路運送車両法に規定する軽自動車を除く。）にあっては、40万円）に、供用中年度において販売された自動車の台数を特定の期間（注６）ごとに区分した台数として一定の証明がされた数にその特定の期間ごとにそれぞれ定められている割合（注７）を乗じて計算した数の合計を乗じて計算した金額

② 　産業競争力強化法第２条第14項の鉄鋼

　　２万円に、供用中年度において販売された鉄鋼のトンで表した重量を特定の期間（注６）ごとに区分した数値として一定の証明がされた数にその特定の期間ごとにそれぞれ定められている割合（注７）を乗じて計算した数の合計を乗じて計算した金額

③ 　産業競争力強化法第２条第14項に規定する基礎化学品

　　５万円に、供用中年度において販売された基礎化学品のトンで表した重量として特定の期間（注６）ごとに区分した数値として一定の証明がされた数にその特定の期間ごとにそれぞれ定められている割合（注７）を乗じて計算した数の合計を乗じて計算した金額

④ 　産業競争力強化法第２条第14項の燃料

　　30円に、供用中年度において販売された燃料のリットルで表した体積として特定の期間（注６）ごとに区分した数値として一定の証明がされた数にその特定の期間ごとにそれぞれ定められている割合（注７）を乗じて計算した数の合計を乗じて計算した金額

(注)5 「情報技術事業適応設備を取得した場合等の特別償却又は特別税額

控除制度（デジタルトランスフォーメーション投資促進税制）」、「生産工程効率化等設備等を取得した場合の特別償却又は特別税額控除制度（カーボンニュートラルに向けた投資促進税制）」及び上記(1)の制度によりその供用中年度において控除される金額がある場合には、その金額を控除した残額となる。

6　上記（注3）と同様である。

7　上記（注4）と同様である。

(3)　適用除外

上記(1)及び(2)の規定（繰越しに係るものを除く。）は、法人の次に掲げる要件のいずれにも該当しない事業年度（設立事業年度（設立の日その他一定の日を含む事業年度をいう。）及び合併等事業年度（合併の日を含む事業年度その他一定の事業年度をいう。）のいずれにも該当しない場合であって、その事業年度の所得の金額がその事業年度の前事業年度の所得の金額以下である場合として一定の場合におけるその事業年度を除く。）については、適用しないこととされます（新措法42の12の7⑱）。

①　継続雇用者給与等支給額（注8）から継続雇用者比較給与等支給額（注8）を控除した金額の継続雇用者比較給与等支給額に対する割合が1％以上であること

②　国内設備投資額（注9）が当期償却総額（注9）の40％に相当する金額を超えること

(注)8　継続雇用者給与等支給額及び継続雇用者比較給与等支給額の定義は、「給与等の支給額が増加した場合の特別税額控除制度（賃上げ促進税制）」（80頁）を参照されたい。

9　国内設備投資額及び当期償却総額の定義は、「法人税額から控除される特別控除額の特例（大企業に係る特定税額控除規定の不適用措置）」（94頁）を参照されたい。

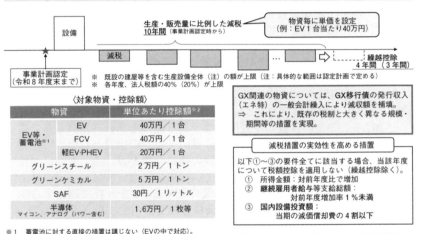

・民間として事業採算性に乗りにくいが、国として特段に戦略的な長期投資が不可欠となるGX・DX・経済安全保障の戦略分野における国内投資を促進するため、生産・販売量に応じて減税を行う戦略分野国内生産促進税制を創設。

設備

生産・販売量に比例した減税
10年間（事業計画認定時から）

物資毎に単価を設定
（例：EV1台当たり40万円）

減税

……

繰越控除
4年間（3年間）

事業計画認定
（令和8年度末まで）

※　既設の建屋等を含む生産設備全体（注）の額が上限（注：具体的な範囲は認定計画で定める）
※　各年度、法人税額の40%（20%）が上限

〈対象物資・控除額〉

物資		単位あたり控除額※2
EV等・蓄電池※1	EV	40万円／1台
	FCV	40万円／1台
	軽EV・PHEV	20万円／1台
グリーンスチール		2万円／1トン
グリーンケミカル		5万円／1トン
SAF		30円／1リットル
半導体 マイコン、アナログ（パワー含む）		1.6万円／1枚等

GX関連の物資については、GX移行債の発行収入（エネ特）の一般会計繰入により減収額を補填。
⇒　これにより、既存の税制と大きく異なる規模・期間等の措置を実現。

減税措置の実効性を高める措置

以下①〜③の要件全てに該当する場合、当該年度について税額控除を適用しない（繰越控除除く）。
①　所得金額：対前年度比で増加
②　継続雇用者給与等支給総額：対前年度増加率1%未満
③　国内設備投資額：当期の減価償却費の4割以下

※1　蓄電池に対する直接の措置は講じない（EVの中で対応）。
※2　競争力強化が見込まれる後半年度においては、控除額を段階的に引き下げる（8年目：75%、9年目：50%、10年目：25%）。
※3　半導体以外の物資は、GX移行債の発行収入の一般会計繰入により減収額を補填。（法改正が必要）

（財務省資料より）

2　適用時期

　上記の規定は、「新たな事業の創出及び産業への投資を促進するための産業競争力強化法等の一部を改正する法律」の施行の日以後に取得等をする半導体生産用資産及び特定商品生産用資産について適用されます（改正法附則45②）。

（参考資料）　令和6年度税制改正大綱「第一　令和6年度税制改正の基本的考え方」（令和5年12月14日自由民主党・公明党）（抜粋）

2　生産性向上・供給力強化に向けた国内投資の促進
(1)　戦略分野国内生産促進税制の創設
　生産性向上・供給力強化を通じて潜在成長率を引き上げるため、中長期的な経済成長を牽引し、真にわが国の供給力強化につながる分野については、集中的に国内投資を促していくことが重要となる。そのための手段として、GX、DX、経済安全保障という戦略分野において、民間として事業採算性に乗りにくいが、国として特段に戦略的な長期投資が不可欠となる投資を選定し、それらを対象として生産・販売量に比例して法人税額を控除する戦略分野国内生産促進税制を創設する。具体的な対象物資は、電気自動車等（蓄電池）、グリーンスチール、グリーンケミカル、SAF（持続可能な航空燃料）、半導体とし、物資毎に単価を設定する。措置期間を通じた控除上限は、既設の建屋等を含む生産設備全体の額とするほか、各年度の控除上限として、当期の法人税額の40％（半導体については当期の法人税額の20％）との上限を設ける。企業の投資の中長期的な予見可能性を高める観点から、措置期間を計画認定から10年間という極めて長期の措置とした上で、4年間（半導体は3年間）の税額控除の繰越期間を設ける。なお、本税制の効果を高めるための措置として、適用に当たっては、一定の賃上げ・設備投資を行っていることを要件とする。GX分野に該当する物資に係る措置については、GX経済移行債を活用して財源を確保し、確保された財源の範囲内で税額控除を行う。本税制は、GX経済移行債という税制以外の枠組みの中で財源を確保するとの特殊な性格を持つものであるため、こうした特殊性を踏まえ、控除上限、措置年数、繰越年数等についても、これまでの投資減税の考え方からは一線を画した措置を講ずるものである。

特許権等の譲渡等による所得の課税の特例（イノベーションボックス税制）（創設）

1　新制度の内容

(1)　内容

　青色申告書を提出する法人が、令和7年4月1日から令和14年3月31日までの間に開始する各事業年度（以下「対象事業年度」という。）において、特許権譲渡等取引（居住者若しくは内国法人（関連者（注1）であるものを除く。）に対する特定特許権等（注2）の譲渡又は他の者（関連者であるものを除く。）に対する特定特許権等の貸付け（特定特許権等に係る権利の設定その他他の者に特定特許権等を使用させる行為を含む。）をいう。）を行った場合には、次に掲げる金額のうちいずれか少ない金額の30％相当額は、その対象事業年度の所得の金額の計算上、損金の額に算入することとされます（新措法59の3①）。

① 　次に掲げる場合の区分に応じそれぞれ次に掲げる金額

　　i 　その法人がその対象事業年度において行った特許権譲渡等取引（特許権譲渡等取引以外の取引とあわせて行った特許権譲渡等取引にあっては、その契約において特許権譲渡等取引の対価の額が明らかにされている場合におけるその特許権譲渡等取引に限る。）に係る特定特許権等のいずれについてもその特定特許権等に直接

関連する研究開発（注3）に係る研究開発費の額（注4）として一定の金額がその法人の令和7年4月1日前に開始した事業年度において生じていない場合又はその対象事業年度が令和9年4月1日以後に開始する事業年度である場合

　その対象事業年度において行った特許権譲渡等取引ごとに、次の(i)の金額に(ii)の金額のうちに(iii)の金額の占める割合（(ii)に掲げる金額が0である場合には、0）を乗じた金額を合計した金額

(i)　その特許権譲渡等取引に係る所得の金額として一定の金額

(ii)　その対象事業年度及びその対象事業年度前の各事業年度（令和7年4月1日以後に開始する事業年度に限る。）において生じた研究開発費の額のうち、その特許権譲渡等取引に係る特定特許権等に直接関連する研究開発に係る金額として一定の金額の合計額

(iii)　(ii)に掲げる金額に含まれる適格研究開発費の額の合計額

ⅱ　上記ⅰに掲げる場合以外の場合

　次の(i)の金額に(ii)の金額のうちに(iii)の金額の占める割合（(ii)に掲げる金額が0である場合には、0）を乗じた金額を合計した金額

(i)　その対象事業年度において行った特許権譲渡等取引に係る所得の金額として一定の金額の合計額

(ii)　その対象事業年度及びその対象事業年度開始の日2年以内に開始した各事業年度において生じた研究開発費の額の合計額

(iii)　上記(ii)に掲げる金額に含まれる適格研究開発費の額（注5）の合計額

② その対象事業年度の所得の金額として一定の方法により計算した
金額

(注)1 関連者とは、その法人との間にいずれか一方の法人が他方の法人の
発行済株式又は出資（当該他方の法人が有する自己の株式又は出資を
除く。）の総数又は総額の50％以上の数又は金額の株式又は出資を直
接又は間接に保有する関係その他の一定の関係のある法人をいう（新
措法59の3②一）。
2 特定特許権等とは、次に掲げるもののうち我が国の国際競争力の強
化に資するものとして一定のもの（以下「適格特許権等」という。）
であって、その法人が令和6年4月1日以後に取得又は製作をしたも
のをいう（新措法59の3②二）。
① 特許権
② 官民データ活用推進基本法第2条第2項に規定する人工知能関連
技術を活用した著作権法第2条第1項第10号の2に規定するプログ
ラムの同項第1号に規定する著作物
3 研究開発とは、次に掲げる行為をいう（新措法59の3②三）。
① 新たな知識の発見を目的とした計画的な調査及び探求（以下「研
究」という。）
② 新たな製品若しくは役務若しくは製品の新たな生産の方式につい
ての計画若しくは設計又は既存の製品若しくは役務若しくは製品の
既存の生産の方式を著しく改良するための計画若しくは設計として
研究の成果その他の知識を具体化する行為
4 研究開発費の額とは、次に掲げる金額の合計額（その金額に係る費
用に充てるため他の者から支払を受ける金額がある場合には、その金
額を控除した金額）をいう（新措法59の3②四）。
① 研究開発に要した費用の額（次に掲げる金額を除く。）のうち各
事業年度において研究開発費として損金経理をした金額
i 資産の償却費、除却による損失及び譲渡による損失の額
ii 負債の利子の額その他これに類するものとして一定の金額

② 各事業年度において事業の用に供した資産につきその取得をするため及びその事実の用に供するために支出した金額（上記①に掲げる金額を除く。）のうち研究開発に関連する部分の金額として一定の金額

5 適格研究開発の額とは、研究開発費の額のうち、次に掲げる金額以外の金額をいう（新措法59の3②五）。

① 特許権譲受等取引（他の者からの適格特許権等の譲受け又は借受け（適格特許権等に該当する特許権に係る専用実施権の他の者による設定、特許を受ける権利に基づいて取得すべき適格特許権等に該当する特許権に係る仮専用実施権の他の者による設定その他他の者がその法人に適格特許権等を独占的に使用させる行為を含む。）をいう。）によって生じた研究開発費の額（特許権譲受等取引以外の取引とあわせて特許権譲受等取引を行った場合において、その契約において特許権譲受等取引の対価の額が明らかにされていないときは、これらの取引によって生じた研究開発費の額）

② その法人に係る関連者（外国法人に限る。）に委託する研究開発（委任契約その他の一定ものに該当する契約又は協定により委託する研究開発で、その委託に基づき行われる業務が研究開発に該当するものに限る。）に係る研究開発費の額として一定の金額

③ その法人が内国法人である場合のその法人の法人税法第69条第4項第1号に規定する国外事業所等を通じて行う事業に係る研究開発費の額（上記①及び②に掲げる金額を除く。）

(2) 特許権譲受等取引を行った場合

上記(1)の法人が、各事業年度において、その法人に係る関連者との間で特許権譲受等取引を行った場合において、その特許権譲受等取引につきその法人がその関連者に支払う対価の額が租税特別措置法第66条の4第2項に規定する独立企業間価格に満たないときは、その法人

のその事業年度以後の各事業年度における本制度の適用については、その特許権譲受等取引は、独立企業間価格で行われたものとみなすこととされます（新措法59の3④）。

　また、その法人は、その特許権譲受等取引（租税特別措置法第66条第4項1号に規定する国外関連取引に該当するものを除く。）に係る独立企業間価格を算定するために必要と認められる書類として一定の書類を、その事業年度（その特許権譲受等取引を行った事業年度が令和7年4月1日前に開始した事業年度である場合には、同日以後最初に開始する事業年度）の確定申告書の提出期限までに作成し、又は取得し、一定の方法により保存しなければならないこととされます（新措法59の3⑦）。

　ただし、その法人がその事業年度の前事業年度においてその法人に係る一の関連者との間で行った特許権譲受等取引（前事業年度がない場合その他の一定の場合には、その事業年度においてその法人とその関連者との間で行った特許権譲受等取引）につきその関連者に支払う対価の額の合計額が3億円未満である場合又はその法人が前事業年度においてその関連者との間で行った特許権譲受等取引がない場合として一定の場合におけるその法人がその事業年度においてその関連者との間で行った特許権譲受等取引に係る独立企業間価格を算定するために必要と認められる書類及びその法人がその事業年度においてその法人に係る関連者との間で行った特許権譲受等取引により研究開発費の額が生じない場合又はその特許権譲受等取引により生ずる研究開発費の額が本制度により損金の額に算入される金額の計算の基礎となることが見込まれない場合におけるその特許権譲受等取引に係る独立企業

間価格を算定するために必要と認められる書類については、上記の保存は不要とされます（新措法59の3⑧）。

(3) 適用要件

この特例は、原則として、その適用を受けようとする事業年度の確定申告書等に損金の額に算入される金額の損金算入に関する申告の記載があり、かつ、確定申告書等にその損金の額に算入される金額の計算に関する明細書、その損金の額に算入される金額の計算の基礎となった取引にその法人に係る関連者との間で行った特許権譲受等取引がある場合におけるその関連者の名称及び本店又は主たる事務所の所在地その一定事項を記載した書類その他一定の書類の添付がある場合に限り、適用されます。この場合において、この特例により損金の額に算入される金額は、その申告に係るその損金の額に算入されるべき金額に限るものとされます（新措法59の3⑮）。

(4) その他

更正期限を延長する特例、同業者に対する質問検査権、書類の提示又は提出がない場合の推定課税その他所要の措置が講じられます（新措法59の3⑨他）。

○　イノベーションの国際競争が激化する中、**研究開発拠点としての立地競争力を強化し、民間による無形資産投資を後押し**することを目的として、**特許やソフトウェア等の知財から生じる所得に減税措置を適用するイノベーション拠点税制（イノベーションボックス税制）を創設する。**

○　2000年代から欧州各国で導入が始まり、直近では**シンガポールやインド、香港といったアジア諸国でも導入・検討**が進展。

イノベーション拠点税制（イノベーションボックス税制）のイメージ

（※1）産業競争力強化法において新設する規定により確認。

　　▨　：　課税所得全体
　┈┈　：　本税制の対象となる所得

企業が主に「国内で」、「自ら」開発した知財に限る（※1）

特許権等

ライセンス所得　　譲渡所得

所得控除
30％圧縮

対象所得について、
29.74％から約20％相当まで引下げ
（法人実効税率ベース）

＜各国の導入状況（※2）（括弧内は導入年数）＞

フランス（2001）、ベルギー（2007）、オランダ（2007）、中国（2008）、スイス（2011）、イギリス（2013）、韓国（※3）（2014）、アイルランド（2016）、インド（2017）、イスラエル（2017）、シンガポール（2018）、香港（2024目標）、オーストラリア（検討中）

（※2）米国には、無形資産由来の所得に係る制度として、FDII、GILTIが存在　　（※3）韓国では中小企業を対象とした制度

（経済産業省資料より）

☐　措置期間：7年間（令和7年4月1日施行）
☐　所得控除率：30％
☐　所得控除額算定式

制度対象所得

所得控除額　＝　知財由来の所得　×　$\dfrac{知財開発のための適格支出}{知財開発のための支出総額}$　×　所得控除率（30％）

①対象となる知的財産の範囲	②対象となる所得の範囲	③自己創出比率の計算方法
● 特許権 ● AI関連のソフトウェアの著作権 （令和6年4月1日以降に取得したもの）	● 知財のライセンス所得 ● 知財の譲渡所得 （海外への知財の譲渡所得及び子会社等からのライセンス所得等を除く）	● 企業が主に「国内で」、「自ら」行った研究開発の割合

※ 本税制の対象範囲については、制度の執行状況や効果を十分に検証した上で、国際ルールとの整合性、官民の事務負担の検証、立証責任の所在等諸外国との違いや体制面を含めた税務当局の執行可能性等の観点から、財源確保の状況も踏まえ、状況に応じ、見直しを検討する。

（経済産業省資料より）

2　適用時期

　上記の規定は、令和7年4月1日から適用されます（改正法附則1五）。

（参考資料）　令和6年度税制改正大綱「第一　令和6年度税制改正の基本的考え方」（令和5年12月14日自由民主党・公明党）（抜粋）

> 　2．生産性向上・供給力強化に向けた国内投資の促進
> 　…（略）…
> (2)　イノベーションボックス税制の創設
> 　利益の源泉たるイノベーションについても国際競争が進んでおり、わが国においても、研究開発拠点としての立地競争力を強化し、民間による無形資産投資を後押しすることが喫緊の課題となっている。こうした観点から、国内で自ら行う研究開発の成果として生まれた知的財産から生じる所得に対して優遇するイノベーションボックス税制を創設する。
> 　具体的には、企業が国内で自ら研究開発を行った特許権又はAI分野のソフトウェアに係る著作権について、当該知的財産の国内への譲渡所得又は国内外からのライセンス所得に対して、所得の30％の所得控除を認める制度を設けることとする。これにより、対象所得については、法人税率約7％相当の税制優遇（法人実効税率ベースで見ると現在の29.74％から約20％相当まで引き下がる税制優遇）が行われることとなる。本税制は、所得全体から、知的財産から生じる所得のみを切り出して税制優遇を行うという、わが国で初の税制である。国際的に見ても、イノベーションボックス税制の創設は、G7ではフランス、イギリスに次ぐ3番目であり、海外に遜色ない制度で無形資産投資を後押ししていく。
> 　イノベーションボックス税制の対象範囲については、制度の執行状況や効果を十分に検証した上で、国際ルールとの整合性、官民の事務負担の検証、立証責任の所在等諸外国との違いや体制面を含めた税務当局の執行可能性等の観点から、財源確保の状況も踏まえ、状況に応じ、見直しを検討する。

試験研究を行った場合の 特別税額控除制度（研究開発税制）

1 改正前の制度の概要

(1) 一般試験研究費の額に係る特別税額控除制度（一般型）

イ 原則

(イ) 内容

　　青色申告書を提出する法人の各事業年度（解散（合併による解散を除く。）の日を含む事業年度及び清算中の各事業年度を除く。以下同じ。）において、試験研究費の額（下記(ロ)参照）がある場合には、その法人のその事業年度の所得に対する法人税の額から、その試験研究費の額に次の区分に応じてそれぞれに掲げる割合（特別税額控除率）（小数点以下3位未満切捨て。10%が上限で1%が下限）を乗じて計算した金額相当額の特別税額控除（その事業年度の所得に対する法人税の額の25%相当額を限度とする。）ができることとされています（措法42の4①）。

① その事業年度が設立事業年度（注1）の場合又は比較試験研究費の額（注2）が0の場合

　8.5%

② 上記①以外の場合

11.5% － （12% － 増減試験研究費割合（注3）） × 0.25

　㈲1　設立事業年度とは、設立の日を含む事業年度（合併法人の合併の日を含む事業年度その他の一定の事業年度を除く。）をいう（措法42の4⑲四）。

　　2　比較試験研究費の額とは、その事業年度開始の日前3年以内に開始した各事業年度の試験研究費の額の合計額をその各事業年度の数で除して計算した金額をいう（措法42の4⑲五）。

　　3　増減試験研究費割合とは、試験研究費の額から比較試験研究費の額を減算した金額のその比較試験研究費の額に対する割合をいう（措法42の4⑲三）。

㈑　試験研究費の額

　　試験研究費の額とは、次に掲げる金額の合計額（その金額に係る費用に充てるため他の者から支払を受ける金額がある場合には、その金額を控除した金額）をいう（措法42の4⑲一、措令27の4⑥、措規20①）。

①　次に掲げる費用の額（その事業年度の収益に係る売上原価、完成工事原価その他これらに準ずる原価の額を除く。）で各事業年度の所得の金額の計算上損金の額に算入されるもの

　　i　製品の製造又は技術の改良、考案若しくは発明に係る試験研究（新たな知見を得るため又は利用可能な知見の新たな応用を考案するために行うものに限る。）のために要する費用（研究開発費として損金経理をした金額のうち、一定の固定資産又は繰延資産の償却費、除却損及び譲渡損を除く。）で一定のもの

　　ii　対価を得て提供する新たな役務の開発を目的として次に

掲げる試験研究の全てが行われる場合におけるそれぞれの
試験研究のために要する費用で一定のもの

(i)　次に掲げる情報について、一定の法則を発見するため
　　に行われる分析として、その情報の解析に必要な確率論
　　及び統計学に関する知識並びに情報処理に関して必要な
　　知識を有すると認められる者により情報の解析を行う専
　　用のソフトウエアを用いて行われるもの

　　　a　大量の情報を収集する機能を有し、その機能の全部
　　　　又は主要な部分が自動化されている機器又は技術を用
　　　　いる方法によって収集された情報

　　　b　上記aに掲げるもののほか、その法人が有する情報
　　　　で、その法則の発見が十分見込まれる量のもの

(ii)　上記(i)の分析により発見された法則を利用した役務の
　　設計

(iii)　上記(ii)の設計に係る法則が予測と結果とが一致するこ
　　との蓋然性が高いものであることその他妥当であると認
　　められるものであること及びその法則を利用した役務が
　　その目的に照らして適当であると認められるものである
　　ことの確認

②　上記①i又はiiに掲げる費用の額で各事業年度において研
　究開発費として損金経理をした金額のうち、棚卸資産若しく
　は固定資産（一定のものを除く。）の取得に要した金額とさ
　れるべき費用の額又は繰延資産（一定のものを除く。）とな
　る費用の額

ロ　特別税額控除額等に係る特例

(イ)　特別控除率の上限の特例

令和3年4月1日から令和8年3月31日までの間に開始する各事業年度の場合には、上記イ(イ)の特別税額控除率は、上限を14％にすることとされています（措法42の4②一）。

また、増減試験研究費割合が12％超の場合（その事業年度が設立事業年度の場合又は比較試験研究費の額が0の場合を除く。）には、上記イ(イ)の特別税額控除率は、次の割合（小数点以下3位未満切捨て）にすることとされています（下記(ロ)の規定の適用がある場合における特別税額控除率は、下記(ロ)①及び（注5）を参照されたい。）（措法42の4②一イ）。

11.5％ ＋（増減試験研究費割合 － 12％）× 0.375

(ロ)　試験研究費割合が10％を超える場合の特例

令和3年4月1日から令和8年3月31日までの間に開始する各事業年度において、試験研究費割合（注4）が10％を超える場合には、上記イ(イ)の特別税額控除率及び特別税額控除の上限は、それぞれ次の割合（小数点以下3位未満切捨て。14％が上限）及び金額にすることとされています（措法42の4②二③二ハ）。

①　特別税額控除率

上記イ(イ)の特別税額控除率（注5）×〔1 ＋ ｛(試験研究費割合－10％)× 0.5〔10％が上限)｝〕

②　特別税額控除の上限

その事業年度の所得に対する法人税の額×〔25％（注6）

— 120 —

　　　　＋　｛(試験研究費割合－10％)　×２　(小数点以下３位未満
　　　切捨て。10％が上限)｝〕（注７）

㈳４　試験研究費割合とは、その事業年度の試験研究費の額の平均売
　　　上金額（その事業年度及びその事業年度開始の日前３年以内に開
　　　始した各事業年度の売上金額の平均額として一定の方法により計
　　　算した金額をいう。）に対する割合をいう（措法42の４⑲六・十
　　　三）。
　　５　増減試験研究費割合が12％超の場合（その事業年度が設立事業
　　　年度の場合又は比較試験研究費の額が０の場合を除く。）には、
　　　上記(イ)の割合となる（措法42の４②二）。
　　６　下記(ニ)の適用がある場合には、40％となる（措法42の４③）。
　　７　増減試験研究費割合が４％を超える事業年度（設立事業年度及
　　　び比較試験研究費の額が０である事業年度を除く。）の場合には、
　　　下記ハ①における特別税額控除の上限と比較して、いずれか高い
　　　金額となる（措法42の４③二）。

(ハ)　増減試験研究費割合が４％超又はマイナス４％未満の場合の
　　変動措置
　　　令和５年４月１日から令和８年３月31日までの間に開始する
　　各事業年度が次に掲げる事業年度に該当する場合には、特別税
　　額控除の上限は、その事業年度の区分に応じそれぞれに掲げる
　　金額とされています（措法42の４③二イ・ロ）。
　①　増減試験研究費割合が４％を超える事業年度（設立事業年
　　度及び比較試験研究費の額が０である事業年度を除く。）
　　　その事業年度の所得に対する法人税の額×〔25％（注８）
　　＋　｛(増減試験研究費割合－４％)　×0.625（小数点以下３位
　　未満切捨て。５％が上限)｝〕（注９）

② 増減試験研究費割合が0に満たない場合のその満たない部分の割合が4％を超える事業年度（設立事業年度、比較試験研究費の額が0である事業年度及び試験研究費割合が10％を超える事業年度を除く。）

その事業年度の所得に対する法人税の額×〔25％（注8）－｛（－増減試験研究費割合－4％）×0.625（小数点以下3位未満切捨て。5％が上限)｝〕

(注)8 下記㈡の適用がある場合には、40％となる（措法42の4③）。
　　9 試験研究費割合が10％を超える事業年度の場合には、上記�_②における特別税額控除の上限と比較して、いずれか高い金額となる（措法42の4③二）。

㈡ 研究開発を行う一定のベンチャー企業に該当する場合の特例

法人が次に掲げる要件を満たす場合には、その事業年度における特別税額控除の上限は、その事業年度の所得に対する法人税の額の40％相当額にすることとされています（上記㈑又は㈜の規定の適用がある場合における特別税額控除の上限は、上記㈑②又は㈜を参照されたい。）（措法42の4③一）。

① その事業年度がその法人の設立の日（合併法人等の場合には、一定の日）から同日以後10年を経過する日までの期間内の日を含む事業年度に該当すること

② その法人がその事業年度終了の時において大法人（資本金の額又は出資金の額が5億円以上である法人等をいう。）との間に大法人による完全支配関係がある法人又は普通法人との間に完全支配関係がある全ての大法人に発行済株式又は出

資の全部を保有されている法人及び株式移転完全親法人のいずれにも該当しないこと

③　その事業年度終了の時において繰越欠損金額があること

(2)　中小企業技術基盤強化税制

イ　原則

中小企業者（注10）（一定の適用除外事業者（注10）又は通算適用除外事業者（注10）に該当するものを除く。）又は農業協同組合等（注10）で、青色申告書を提出するもの（以下「中小企業者等」という。）の各事業年度（上記(1)の適用を受ける事業年度を除く。）において、試験研究費の額がある場合には、その中小企業者等のその事業年度の所得に対する法人税の額から、その試験研究費の額に12％（特別税額控除率）を乗じて計算した金額相当額の特別税額控除（その事業年度の所得に対する法人税の額の25％相当額を限度とする。）ができることとされています（措法42の4④）。

(注)10　中小企業者、適用除外事業者、通算適用除外事業者及び農業協同組合等の定義は、「給与等の支給額が増加した場合の特別税額控除制度（賃上げ促進税制）」（80頁）を参照されたい。

ロ　特別税額控除率等に係る特例

(イ)　増減試験研究費割合が12％を超える場合の特例

令和3年4月1日から令和8年3月31日までの間に開始する各事業年度（設立事業年度及び比較試験研究費の額が0である事業年度を除く。）において、増減試験研究費割合が12％を超

える場合には、特別税額控除率及び特別税額控除の上限は、そ
れぞれ次の割合（小数点以下3位未満切捨て。17％が上限）及
び金額にすることとされています（下記(ロ)の規定の適用がある
場合における特別税額控除率は、下記(ロ)①及び（注11）を参照
されたい。）（措法42の4⑤一⑥一）。

① 特別税額控除率

12％ ＋（増減試験研究費割合 － 12％）× 0.375

② 特別税額控除の上限

その事業年度の所得に対する法人税の額×35％

(ロ) 試験研究費割合が10％を超える場合の特例

令和3年4月1日から令和8年3月31日までの間に開始する
各事業年度において、試験研究費割合が10％を超える場合には、
特別税額控除率及び特別税額控除の上限（上記(イ)の適用がある
場合における特別税額控除の上限を除く。）については、それ
ぞれ次の割合（小数点以下3位未満切捨て。17％が上限。）及
び金額にすることとされています（措法42の4⑤二⑥二）。

① 特別税額控除率

12％（注11）×〔1＋{(試験研究費割合－10％）×0.5（10
％が上限)}〕

② 特別税額控除の上限

その事業年度の所得に対する法人税の額×〔25％＋{(試
験研究費割合－10％）×2（小数点以下3位未満切捨て。10
％が上限)}〕

(注)11　上記(イ)の適用がある場合には、上記(イ)①の割合となる（措法42
の4⑤三）。

(3) 特別試験研究費の額に係る特別税額控除制度

　青色申告書を提出する法人の各事業年度において、特別試験研究費
の額（試験研究費の額のうち、特別研究機関等（注12）、大学等（注
13）、特定新事業開拓事業者（注14）、成果活用促進事業者（注15）又
はその他の者と共同して行う試験研究、特別研究機関等、大学等、特
定新事業開発事業者、成果活用促進事業者又はその他の者に委託する
試験研究等をいい、上記(1)又は(2)の規定の適用を受けたものを除く。）
がある場合には、その法人のその事業年度の所得に対する法人税の額
から、次に掲げる金額の合計額の特別税額控除（その事業年度の所得
に対する法人税の額の10％相当額を限度とする。）ができることとさ
れています（措法42の4⑦、⑲十、措令27の4③㉔）。

① その特別試験研究費の額のうち特別研究機関等及び大学等（以
　下「特別試験研究機関等」という。）と共同して行う試験研究又
　は特別研究機関等及び大学等に委託する試験研究で一定のものに
　係る特別試験研究費の額の30％相当額

② その特別試験研究費の額のうち、特定新事業開拓事業者及び成
　果活用促進事業者と共同して行う試験研究又は特定新事業開拓事
　業者及び成果活用促進事業者に委託する試験研究で一定のものに
　係る特別試験研究費の額の25％相当額

③ その特別試験研究費の額のうち、上記①又は②の特別試験研究
　費の額以外の金額の20％相当額

(注)12　特別研究機関等とは、「科学技術・イノベーション創出の活性化に関する法律」に規定する試験研究機関等、国立研究開発法人及び福島国際研究教育機構をいう（措令27の4㉔一）。

13　大学等とは、学校教育法に規定する大学若しくは高等専門学校（一定の会社が設置するものを除く。）又は国立大学法人法に規定する大学共同利用機関をいう（措令27の4㉔二）。

14　特定新事業開拓事業者等とは、産業競争力強化法に規定する新事業開拓事業者のうち、一定の要件を満たすものをいう（措令27の4㉔三）。

15　成果活用促進事業者とは、「科学技術・イノベーション創出の活性化に関する法律」第34条の6第1項の規定により出資を受ける同項第3号に掲げる者その他これに準ずる者で一定のものをいう（措令27の4㉔四）。

⑷　大企業に係る特定税額控除規定の不適用措置

中小企業者等以外の法人につき、一定の要件を満たさない場合には、上記⑴及び⑶の規定を含む特定の特別税額控除規定は、その適用ができないこととされています（「法人税額から控除される特別控除額の特例（大企業に係る特定税額控除規定の不適用措置）」（94頁）参照）（措法42の13⑤）。

2　改正の内容

試験研究を行った場合の特別税額控除制度（研究開発税制）について、次の見直しが行われます。

(1) 試験研究費の額

制度の対象となる試験研究費の額から、内国法人の国外事業所等（国外にある恒久的施設に相当するものその他一定のものをいう。）を通じて行う事業に係る費用の額が除外されます（新措法42の4⑭一）。

(2) 一般試験研究費の額に係る特別税額控除制度（一般型）

一般試験研究費の額に係る特別税額控除制度（一般型）の原則（上記1(1)イ）について、特別税額控除率の下限（現行：1％）が撤廃されるとともに、増減試験研究費割合が0に満たない事業年度（設立事業年度の場合又は比較試験研究費の額が0の場合を除く。）につき、特別税額控除率が次のとおり見直されます（新措法42の4①）。

① 令和8年4月1日から令和11年3月31日までの間に開始する事業年度

$$8.5\% + 増減試験研究費割合 \times \frac{8.5}{30}$$

② 令和11年4月1日から令和13年3月31日までの間に開始する事業年度

$$8.5\% + 増減試験研究費割合 \times \frac{8.5}{27.5}$$

③ 令和13年4月1日以後に開始する事業年度

$$8.5\% + 増減試験研究費割合 \times \frac{8.5}{25}$$

(3) 大企業に係る特定税額控除規定の不適用措置

中小企業者等以外の法人につき、一定の要件を満たさない場合には、上記1(1)及び(3)の規定を含む特定の特別税額控除規定を適用できないこととする措置につき、その要件の見直しが行われるとともに、その

適用期限が３年延長されます（「法人税額から控除される特別控除額の特例（大企業に係る特定税額控除規定の不適用措置）」（94頁）参照）（新措法42の13⑤）。

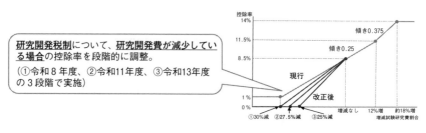

研究開発税制について、**研究開発費が減少している場合**の控除率を段階的に調整。
（①令和８年度、②令和11年度、③令和13年度の３段階で実施）

（経済産業省資料より）

3　適用時期

(1)　上記２(1)の改正は、令和７年４月１日以後に開始する事業年度分の法人税について適用されます（改正法附則39③）。

(2)　上記２(2)の改正は、令和８年４月１日以後に開始する事業年度分の法人税について適用されます（改正法附則39①）。

(3)　上記２(3)の改正は、令和６年４月１日以後に開始する事業年度分の法人税について適用されます（改正法附則38）。

（参考資料）　令和６年度税制改正大綱「第一　令和６年度税制改正の基本的考え方」（令和５年12月14日自由民主党・公明党）（抜粋）

　２．生産性向上・供給力強化に向けた国内投資の促進
　　…（略）…
　(2)　イノベーションボックス税制の創設
　　…（略）…

他方、本税制と一部目的が重複する研究開発税制については、試験研究費が減少した場合の控除率の引下げを行うことにより、投資を増加させるインセンティブをさらに強化するためのメリハリ付けを行う。

暗号資産の時価評価損益

1　改正前の制度の概要

　内国法人が事業年度終了の時において有する暗号資産のうち、市場暗号資産（注1）（特定自己発行暗号資産（注2）を除く。）については、時価法（事業年度終了の時において有する暗号資産をその種類又は銘柄の異なるごとに区別し、その種類又は銘柄の同じものについて、その時における価額として一定の方法により計算した金額をもってその暗号資産の評価額とする方法をいう。）により評価した金額がその事業年度終了の時の評価額とされ、その暗号資産を自己の計算において有する場合には、その評価額とその時における帳簿価額との差額は、その事業年度の益金の額又は損金の額に算入することとされています（法法61②③）。

(注)1　市場暗号資産とは、活発な市場が存在する暗号資産として、次の要件の全てに該当するものをいう（法令118の7①）。

　　①　継続的に売買の価格（他の暗号資産との交換の比率を含む。以下「売買価格等」という。）の公表がされ、かつ、その公表がされる売買価格等がその暗号資産の売買の価格又は交換の比率の決定に重要な影響を与えているものであること

　　②　継続的に上記①の売買価格等の公表がされるために十分な数量及び頻度で取引が行われていること

③　次に掲げる要件のいずれかに該当すること
　　　ⅰ　上記①の売買価格等の公表がその内国法人以外の者によりされていること
　　　ⅱ　上記②の取引が主としてその内国法人により自己の計算において行われた取引でないこと
　2　特定自己発行暗号資産とは、その内国法人が発行し、かつ、その発行の時から継続して有する暗号資産（以下「自己発行暗号資産」という。）であって、その時から継続して次に掲げる要件のいずれかに該当するものをいう（法法61②、法令118の7②）。
　①　その暗号資産につき、他の者に移転することができないようにする技術的措置として一定の措置がとられていること
　②　その暗号資産が一定の信託財産とされていること

2　改正の内容

　内国法人が有する市場暗号資産に該当する特定譲渡制限付暗号資産（譲渡についての制限その他の条件が付されている暗号資産(注)をいう。）の事業年度終了の時における評価額は、次のいずれかの評価方法のうちその内国法人が選定した評価方法（自己発行暗号資産にあっては、次の①の評価方法）により計算した金額とされます（新法法61②）。
　①　原価法（事業年度終了の時において有する暗号資産について、その時における帳簿価額をもってその暗号資産の評価額とする方法をいう。）
　②　時価法
　なお、上記の評価方法は、特定譲渡制限付暗号資産の種類ごとに選定し、その暗号資産を取得した日の属する事業年度に係る確定申告書

の提出期限までに納税地の所轄税務署長に届け出なければならないこととされます（新法法61⑩、政令改正）。

　また、評価方法を選定しなかった場合には、原価法により計算した金額がその暗号資産の事業年度終了の時における評価額とされます（新法法61②）。

㊟　譲渡についての制限その他の条件が付されている暗号資産とは、次の要件に該当する暗号資産をいう（政令改正）。
　①　他の者に移転できないようにする技術的措置がとられていること等その暗号資産の譲渡についての一定の制限が付されていること
　②　上記①の制限が付されていることを認定資金決済事業者協会において公表させるため、その暗号資産を有する者等が上記①の制限が付されている旨の暗号資産交換業者に対する通知等をしていること

　上記の他、所要の措置が講じられます。

【現状及び問題点】
○ 内国法人が有する暗号資産（活発な市場が存在するもの）^(注1)については、税制上、期末に時価評価し、評価損益（キャッシュフローを伴わない未実現の損益）は、課税の対象とされている。
○ こうした取扱いは、ブロックチェーン技術を用いたサービスの普及やこれを活用した事業開発等のために、暗号資産を継続的に保有するような内国法人に対して課税がなされるものとなっている。

【大綱の概要】
　法人が事業年度末に有する暗号資産のうち、
①譲渡についての一定の制限が付され、②その旨を暗号資産交換業者に対し通知等しているもの^(注2)については、期末時価評価課税の対象外^(注3)とする。
(注1) 一定の自己発行の暗号資産を除く（令和5年度税制改正により措置）。
(注2) ①他の者に移転できないようにする技術的措置がとられていること等その暗号資産の譲渡についての一定の制限が付されていること。
　　　②上記①の制限が付されていることを認定資金決済事業者協会に公表させるため、その保有者等が上記①の制限が付されている旨の暗号資産交換業者に対する通知等をしていること。
(注3) 期末における評価額は、原価法と時価法のいずれかの評価方法を選択できる。

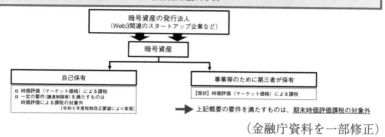

（金融庁資料を一部修正）

3　適用時期

　上記の改正は、令和6年4月1日以後に終了する事業年度の法人税について適用されます（改正法附則9①）。

（参考資料）　令和6年度税制改正大綱「第一　令和6年度税制改正の基本的考え方」（令和5年12月14日自由民主党・公明党）（抜粋）

　2．生産性向上・供給力強化に向けた国内投資の促進
　　…（略）…
（3）スタートアップ・エコシステムの抜本的強化
　　…（略）…
　　発行者以外の第三者が継続的に保有する暗号資産については、一定

の要件の下、期末時価評価課税の対象外とする見直しを行う。これにより、Web3.0の推進に向けた環境整備が進み、ブロックチェーン技術を活用した起業等が促進されることが期待される。

特定事業活動として特別新事業開拓事業者の株式の取得をした場合の課税の特例（オープンイノベーション促進税制）

1　改正前の制度の概要

(1)　特別勘定の繰入れ

　適用対象法人（下記(2)参照）が、令和2年4月1日から令和6年3月31日までの期間（以下「指定期間」という。）内の日を含む各事業年度（解散の日を含む事業年度及び清算中の各事業年度並びに被合併法人の合併（適格合併を除く。）の日の前日を含む事業年度を除く。）のその指定期間内において特定株式（下記(3)参照）を取得し、かつ、これをその取得した日を含む事業年度終了の日まで引き続き有している場合において、その特定株式の取得価額（その取得価額が次に掲げる特定株式の区分に応じてそれぞれの金額を超える場合には、その金額）の25％相当額（その事業年度においてその特定株式の帳簿価額を減額した場合には、その減額した金額のうちその事業年度の損金の額に算入された金額に係る部分の一定の金額を控除した金額）以下の金額をその事業年度の確定した決算において各特別新事業開拓事業者別及び次に掲げる特定株式の種類別に特別勘定を設ける方法（決算の確定の日までに剰余金の処分により積立金として積み立てる方法を含む。）により経理したときは、その経理した金額相当額は、その事業年度の所得の金額として一定の金額（125億円を超える場合には125億

円）を上限にその事業年度の損金の額に算入されます（措法66の13①）。

① 資本金の額の増加に伴う払込みにより交付された特定株式（以下「増資特定株式」という。）

50億円

② ①以外の特定株式

200億円

(2) 適用対象法人

適用対象法人とは、青色申告法人で産業競争力強化法に規定する新事業開拓事業者と共同して同法に規定する特定事業活動（自らの経営資源以外の経営資源を活用し、高い生産性が見込まれる事業を行うこと又は新たな事業の開拓を行うことを目指した事業活動をいう。）を行う法人をいい、具体的には、「国内外における経営資源活用の共同化に関する調査に関する省令」（以下「共同化調査省令」という。）に規定する経営資源活用共同化推進事業者（注1）に該当する法人をいいます（措規22の13①）。

(注)1 経営資源活用共同化推進事業者とは、特定事業活動を行う株式会社、相互会社、中小企業等協同組合、農林中央金庫、信用金庫及び信用金庫連合会をいう（共同化調査省令2①、「国内外における経営資源活用の共同化に関する調査に関する省令の規定に基づく経済産業大臣の証明に係る基準等」（以下「経済産業大臣証明基準」という。）第3①）。

(3) 特定株式

共同化調査省令に規定する特別新事業開拓事業者の株式のうち、次に掲げる要件の全てを満たすことにつき産業競争力強化法の規定に基

づく調査により明らかにされたものとして、共同化調査省令の規定による経済産業大臣の証明に係る書類（一定の基準に適合するものとして、経済産業大臣の証明を受けた書類をいう。）に記載された特別新事業開拓事業者の株式をいいます（措法66の13①、措令39の24の2①、措規22の13③、共同化調査省令4①）。

① その株式がその特別新事業開拓事業者の資本金の額の増加に伴う払込みにより交付されるものであること又はその株式がその取得（購入による取得に限る。）によりその特別新事業開拓事業者の総株主の議決権の50％を超える議決権を有することとなるものであること

② その株式の保有が、資本金の額の増加に伴う払込みにより交付されるものである場合にはその取得の日から3年を超える期間、それ以外のものである場合にはその取得の日から5年を超える期間、それぞれ継続する見込みであること

③ その株式の取得が適用対象法人及びその特別新事業開拓事業者の特定事業活動に特に有効なものとなると認められるものであること

(4) 特別勘定の取崩し

イ 取崩し事由

上記(1)により設けられた特別勘定の金額は、次の①から⑬事由に該当することとなった場合その他一定の場合には、その事由に応じた一定の金額を取り崩して、その該当することとなった日を含む事業年度の益金の額に算入されます（措法66の13⑨⑩⑪、措

令39の24の2⑨〜⑪、措規22の13⑥〜⑨、経済産業大臣証明基準第5②一）。

① 特定株式につき共同化継続証明書（注2）による経済産業大臣の証明がされなかった場合

② 特定株式（増資特定株式を除く。）の取得から5年を経過した場合（その取得の日から5年以内の、いずれかの事業年度において、売上高が1.7倍かつ33億円以上となったこと等一定の要件に該当することとなった場合を除く。）

③ 特定株式の全部又は一部を有しなくなった場合（④に該当する場合を除く。）

④ 特定株式の一部を有しなくなった場合で共同化継続証明書に特別勘定の金額のうち取り崩すべきこととなった金額として記載された金額がある場合

⑤ 合併（適格合併を除く。）により特定株式を移転した場合

⑥ 特定株式を組合財産とする投資事業有限責任組合又は民法組合の出資額割合の変更があった場合

⑦ 特定株式に係る特別新事業開拓事業者が解散した場合

⑧ 特定株式につき剰余金の配当（分割型分割によるもの及び株式分配を除く。）で資本剰余金の額の減少に伴うものを受けた場合（⑨に該当する場合を除く。）

⑨ 共同化継続証明書に特別勘定の金額のうち剰余金の配当を受けたことにより取り崩すべき金額の計算の基礎となる金額として記載された金額がある場合

⑩ 特定株式の帳簿価額を減額した場合

⑪　特別勘定を設定している法人が解散した場合（合併により解
　　散した場合を除く。）

⑫　適用対象法人が特定株式（増資特定株式を除く。）に係る特
　　別新事業開拓事業者の総株主の議決権の50％を超える議決権を
　　有しないこととなった場合

⑬　①から⑫以外の場合で特別勘定の金額を任意に取り崩した場
　　合（特別勘定を設定している法人を合併法人とする合併により
　　その特定株式を発行した法人が解散した場合を除く。）

（注）2　共同化継続証明書とは、特定株式を1年以上継続して保有する
　　　場合において、その保有が上記(3)の一定の基準に適合することに
　　　ついての経済産業大臣の証明に係る書類をいう（共同化調査省令
　　　4①②)。

ロ　一定期間経過後の取扱い

　　特別勘定に係る増資特定株式のうちその取得の日から3年（令
　和4年3月31日以前に取得をした特定株式にあっては、5年）を
　経過した増資特定株式であることにつき共同化継続証明書に記載
　されたものに係る特別勘定の金額については、上記イの規定は適
　用しないこととされています（措法66の13⑫、措令39の24の2⑫、
　措規22の13⑩）。また、特別勘定に係る増資特定株式以外の特定
　株式のうちその取得の日から5年を経過した特定株式であること
　につき共同化継続証明書に記載されたものに係る特別勘定の金額
　については、上記イ①の規定は適用しないこととされています
　（措法66の13⑫、措令39の24の2⑬、措規22の13⑪）。

2　改正の内容

　特定事業活動として特別新事業開拓事業者の株式の取得をした場合の課税の特例について、適用期限が2年延長されます（新措法66の13①）。

- 我が国企業が自前主義から脱却するとともに、スタートアップが大きく・早く成長するためには、**事業会社とのオープンイノベーションが重要。**
- また、**事業会社がスタートアップを買収することは、スタートアップの出口戦略の多様化の観点から重要。**
- スタートアップ育成5カ年計画における**「スタートアップ投資額10兆円規模」の目標等の達成に向けて、オープンイノベーション促進税制の適用期限を2年間延長する。**

制度概要　【適用期限：令和7年度末まで】

対象法人：事業会社
（国内事業会社又はその国内CVC）

資金などの経営資源

革新的な技術・ビジネスモデル

スタートアップ
（設立10年未満の国内外非上場企業※）

※売上高研究開発費比率10%以上かつ赤字企業の場合設立15年未満の企業も対象
※発行済株式を取得する場合（50%超の取得時）は海外スタートアップを除く

	新規出資型	M&A型
制度目的	スタートアップへの新たな資金の供給を促進し、生産性向上につながる事業革新を図るための事業会社によるオープンイノベーションを促進	スタートアップの出口戦略の多様化を図るため、スタートアップの成長に資するM&Aを後押し
対象株式	新規発行株式	発行済株式（50%超の取得時）
株式取得上限額	50億円/件	200億円/件
株式取得下限額	大企業1億円/件 中小企業1千万円/件 ※海外スタートアップの場合、一律5億円/件	5億円/件
所得控除	取得株式の25%を所得控除	
将来の益金算入	3年経過後の株式譲渡等の場合 益金算入不要	5年経過以降も株式譲渡等の場合 益金算入

M&A型については、5年以内に成長投資・事業成長の要件を満たさなかった場合等にも、所得控除分を一括取り戻し

（経済産業省資料より）

（参考資料）　令和6年度税制改正大綱「第一　令和6年度税制改正の基本的考え方」（令和5年12月14日自由民主党・公明党）（抜粋）

> 2．生産性向上・供給力強化に向けた国内投資の促進
> …（略）…
> (3)　スタートアップ・エコシステムの抜本的強化
> …（略）…
>
> 　オープンイノベーション促進税制は、株式取得の一定額の所得控除を認める極めて異例の措置であり、特に、新規出資型については、取得から3年経過後は、仮に株式を譲渡したとしても免税となる仕組みとなっている。このように、本税制は極めて異例のものではあるが、現在、「スタートアップ育成5か年計画」が始まったばかりの時期であることに鑑み、令和6年度税制改正に限った特例的な対応として、現在のままの形で、本税制の適用期限を2年延長することとする。
> 　…（略）…

認定株式分配に係る課税の特例
（パーシャルスピンオフ税制）

1 改正前の制度の概要

　産業競争力強化法に規定する事業再編計画の認定（注1）を令和5年4月1日から令和6年3月31日までの間に受けた法人が行う現物分配が認定株式分配（認定事業再編計画に従ってする同法に規定する特定剰余金配当（注2）をいう。）に該当する場合（この規定を適用しないものとした場合に株式分配に該当する場合を除く。）で、完全子法人（注3）の発行済株式等が移転するもの（発行済株式等の移転を受ける者がその現物分配の直前においてその現物分配法人との間に完全支配関係がある者のみである場合におけるその現物分配を除く。）は、株式分配に該当することとされ、その株式分配のうち、次の要件を満たすものは、適格株式分配に該当することとされています（法法2十二の十五の二、十二の十五の三、措法68の2の2①、法令4の3④二、措令39の34の3、平成26年1月17日財務省・経済産業省告示第1号四ヘ(1)～(3)、令和5年3月31日経済産業省告示第50号）。

　　①　完全子法人の株式のみが移転する認定株式分配であって、その完全子法人の株式が現物分配法人の発行済株式等の総数又は総額のうちに占めるその現物分配法人の各株主等の有する現物分配法人の株式の数（出資にあつては、金額）の割合に応じて交付され

ること

② 認定株式分配の直後に、現物分配法人が有する完全子法人の株
式又は出資の数又は金額のその完全子法人の発行済株式等の総数
又は総額のうちに占める割合が20％未満となること

③ 認定株式分配の直前に現物分配法人と他の者（注4）との間に
当該他の者による支配関係がなく、かつ、認定株式分配後に完全
子法人と他の者との間に当該他の者による支配関係があることと
なることが見込まれていないこと

④ 認定株式分配前の完全子法人の特定役員（社長、副社長、代表
取締役、代表執行役、専務取締役若しくは常務取締役又はこれら
に準ずる者で法人の経営に従事している者をいう。）の全てが認
定株式分配に伴って退任をするものでないこと

⑤ 完全子法人の認定株式分配の直前の従業者のうち、その総数の
おおむね90％以上に相当する数の者が完全子法人の業務に引き続
き従事することが見込まれていること

⑥ 完全子法人の認定株式分配前に行う主要な事業が完全子法人に
おいて引き続き行われることが見込まれていること

⑦ 完全子法人が事業の成長発展が見込まれるものとして、次のい
ずれかに該当する関係事業者等（関係事業者又は外国関係法人を
いう。）であること

　i 関係事業者等からその関係事業者等の特定役員に対して、新
株予約権が付与され、又は付与される見込みであること

　ii 関係事業者等の主要な事業（事業再編計画の認定を受けて行
う特定剰余金配当の直前に行われていることが見込まれるもの

に限る。下記iiiにおいて同じ。）を開始した日から認定の申請
の日までの期間が10年を超えないこと

iii　関係事業者等の主要な事業の成長発展が見込まれるものであ
ることにつき、金融商品取引業者が確認したこと

㊟1　事業者は、事業再編計画を一定の方法により主務大臣に提出し
　　て、その認定を受けることができることとされており、主務大臣
　　は、その事業再編計画が一定の要件に適合するものであると認め
　　るときは、その認定をするものとされている（産業競争力強化法
　　23①⑤）。また、主務大臣は、その認定をしたときは、認定の日付、
　　その認定を受けた者の名称及びその認定に係る事業再編計画（以
　　下「認定事業再編計画」という。）の内容を公表するものとされ
　　ている（産業競争力強化法23⑥、産業競争力強化法施行規則13③）。

　　2　特定剰余金配当とは、剰余金の配当であって、配当財産が事業
　　再編計画の認定を受けた者の関係事業者（事業者であって、他の
　　事業者がその経営を実質的に支配していると認められるものとし
　　て一定の関係を有するものをいう。）の株式又は外国関係法人（外
　　国法人（新たに設立されるものを含む。）であって、国内に本店
　　又は主たる事務所を有する事業者がその経営を実質的に支配して
　　いると認められるものとして一定の関係を有するものをいう。）
　　の株式若しくは持分若しくはこれらに類似するものであるものを
　　いう（産業競争力強化法2⑮⑯、31①）。

　　3　完全子法人とは、現物分配の直前において現物分配法人により
　　発行済株式等の全部を保有されていた法人をいう（法法2二の
　　十五の二）。

　　4　他の者には、その者（個人である場合のその親族など、その個
　　人との間に特殊な関係のある者を含む。）が締結している一定の
　　組合契約に係る他の組合員である者を含む（措令39の34の3①二）。

2　改正の内容

　認定株式分配に係る課税の特例について、次の見直しが行われた上、その適用期限が4年延長されます（新措法68の2の2①）。

(1)　認定事業再編計画の公表時期

　主務大臣による認定事業再編計画の内容の公表時期について、その認定の日からその認定事業再編計画に記載された事業再編の実施時期の開始の日まで（現行：認定の日）とされます（産業競争力強化法施行規則改正他）。

(2)　適格株式分配に係る要件

　適格株式分配に係る要件に、完全子法人が主要な事業として新たな事業活動を行っていることとの要件が加えられます（政令改正他）。

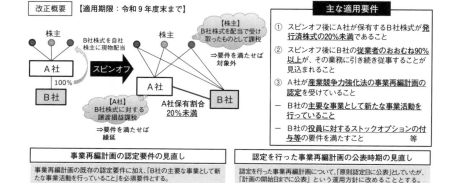

- 大企業発のスタートアップの創出や企業の事業ポートフォリオの最適化をさらに促進することにより、我が国企業・経済の更なる成長を図ることは喫緊の課題。
- 事業再編は検討から完了まで数年間を要することも踏まえ、制度の予見可能性や利便性を向上するため、**パーシャルスピンオフ税制**※の適用期限を**4年間延長**するとともに、**所要の措置を講ずる。**
  ※ 元親会社に一部持分を残すパーシャルスピンオフ（株式分配に限る）について、一定の要件を満たせば再編時の譲渡損益課税を繰延べ、株主のみなし配当に対する課税を対象外とする特例措置。

（経済産業省資料より）

3 適用時期

(1) 上記2(1)の改正の適用時期は、「産業競争力強化法施行規則の一部を改正する省令」等において定められます。

(2) 上記2(2)の改正の適用時期は、改正政令附則等において定められます。

地域・中小企業の活性化

地域経済牽引事業の促進区域内において特定事業用機械等を取得した場合の特別償却又は特別税額控除制度（地域未来投資促進税制）

1　改正前の制度の概要

(1)　税制上の措置

　青色申告書を提出する法人で「地域経済牽引事業の促進による地域の成長発展の基盤強化に関する法律」（以下「地域未来投資促進法」という。）に規定する承認地域経済牽引事業（注1）を行う同法に規定する承認地域経済牽引事業者であるものが、「企業立地の促進等による地域における産業集積の形成及び活性化に関する法律の一部を改正する法律」の施行の日（平成29年7月31日）から令和7年3月31日までの間に、その法人の行う承認地域経済牽引事業に係る地域未来投資促進法に規定する促進区域内においてその承認地域経済牽引事業に係る同法に規定する承認地域経済牽引事業計画に従って特定地域経済牽引事業施設等（注2）の新設又は増設をする場合において、その新設又は増設に係る特定地域経済牽引事業施設等を構成する機械装置、器具備品、建物及びその附属設備並びに構築物（以下「特定事業用機械等」という。）の取得等をして、その承認地域経済牽引事業の用に

供したときは、その基準取得価額（その特定事業用機械等に係る一の特定地域経済牽引事業施設等を構成する機械装置等の取得価額の合計額が80億円を超える場合には、80億円にその特定事業用機械等の取得価額がその合計額のうちに占める割合を乗じて計算した金額をいう。）に次に掲げる減価償却資産の区分に応じそれぞれに掲げる特別償却率を乗じて計算した金額相当額の特別償却とその基準取得価額にその区分に応じそれぞれに掲げる特別税額控除率を乗じて計算した金額相当額の特別税額控除（その事業年度の所得に対する法人税の額の20％相当額を限度とする。）との選択適用ができることとされています（措法42の11の2①②）。

① 機械装置及び器具備品

　ⅰ　特別償却率　40％（平成31年4月1日以後に地域未来投資促進法の承認を受けた法人（以下「特定法人」という。）がその承認地域経済牽引事業（地域の成長発展の基盤強化に著しく資するものとして一定のもの（注3）に限る。以下同じ。）の用に供したものについては、50％）

　ⅱ　特別税額控除率　4％（特定法人がその承認地域経済牽引事業の用に供したものについては、5％）

② 建物及びその附属設備並びに構築物

　ⅰ　特別償却率　20％

　ⅱ　特別税額控除率　2％

(注)1　地域の成長発展の基盤強化に特に資するものとして主務大臣が定める基準に適合することについて主務大臣の確認を受けたものに限る（地域未来投資促進法25）。

なお、その主務大臣が定める基準については、下記(2)を参照された
い。

2　特定地域経済牽引事業施設等とは、その法人の承認地域経済牽引事
業計画に定められた施設又は設備で、一の承認地域経済牽引事業計画
に定められた施設又は設備を構成する減価償却資産の取得価額の合計
額が2,000万円以上のものをいう（措法42の11の2①、措令27の11の2
①）。

3　地域の成長発展の基盤強化に著しく資するものとして一定のものに
ついては、下記(3)を参照されたい。

(2)　地域の成長発展の基盤強化に特に資するものとして主務大臣が定める基準

主務大臣が定める基準とは、主務大臣の確認を受けようとする承認
地域経済牽引事業（以下「対象事業」という。）が、次の①から⑤まで（その対象事業が地域の成長発展の基盤強化に著しく資するものである場合にあっては、①から⑥まで）（その承認地域経済牽引事業を行う者に地方公共団体が含まれる場合にあっては、④を除く。）のいずれにも該当することとされています（平成29年総務省、財務省、厚生労働省、農林水産省、経済産業省、国土交通省、環境省告示第1号）。

①　次のいずれかに該当すること

i　対象事業を含む承認地域経済牽引事業（以下単に「承認地域
経済牽引事業」という。）について、「地域における地域経済牽
引事業の促進に関する基本的な方針」（令和2年総務省、財務
省、厚生労働省、農林水産省、経済産業省、国土交通省告示第
2号）に規定する評価委員会において次のいずれかの観点から
先進的であると認められたこと

（i） 労働生産性の伸び率又は投資収益率が一定水準以上となる
ことが見込まれること

（ii） 地域における強じんな産業基盤の整備に特に資すると見込
まれること

ii 承認地域経済牽引事業の実施場所が、「特定非常災害の被害
者の権利利益の保全等を図るための特別措置に関する法律」
（以下「特定非常災害特別措置法」という。）の規定により特定
非常災害として指定された非常災害（以下「特定非常災害」と
いう。）に基因して事業又は居住の用に供することができなく
なった建物又は構築物が所在していた区域（対象事業を行う承
認地域経済牽引事業者（以下「対象事業者」という。）がその
特定非常災害に基因して災害対策基本法に規定する罹災証明書
又はこれに準ずる書類の交付を受けた者である場合には、その
特定非常災害についての特定非常災害特別措置法の政令で定め
る地区）内であり、かつ、その承認地域経済牽引事業に係る地
域未来投資促進法に規定する地域経済牽引事業計画の承認を受
けた日（以下「計画承認日」という。）が、その特定非常災害
に係る特定非常災害特別措置法の特定非常災害発生日から起算
して１年を経過していないこと

② 計画承認日以降５年を経過する日までの期間を含む事業年度に
おいて見込まれるその承認地域経済牽引事業に係る商品又は役務
の売上高の伸び率が、０を上回り、かつ、過去５事業年度におけ
るその商品又は役務に係る市場の規模の伸び率の実績値を５％以
上上回ること

③　対象事業に係る地域未来投資促進法に規定する承認地域経済牽
引事業計画（以下「計画」という。）に定められた施設又は設備
を構成する減価償却資産の取得予定価額の合計額が2,000万円以
上であること

④　対象事業者が取得する予定の減価償却資産の取得予定価額が、
その対象事業者の前事業年度における減価償却費の額（注１）
（事業年度の期間が１年未満である場合にあっては、減価償却費
の額を１年当たりの額に換算した額）の20％以上の額であること

⑤　地域未来投資促進法に規定する確認に係る申請（以下「確認申
請」という。）について、その確認申請に係る対象事業者と同一
の者が実施する他の計画であって、その確認申請に係る計画と同
一の都道府県知事又は主務大臣が承認したもの（その確認申請前
に当該他の計画に係る地域未来投資促進法に規定する地域経済牽
引事業が主務大臣の確認を受けたものに限る。以下「旧計画」と
いう。）がある場合にあっては、次のいずれにも該当すること

　ⅰ　確認申請時に旧計画の実施期間が終了していること

　ⅱ　旧計画について、労働生産性の伸び率及び投資収益率が一定
水準以上であったこと

⑥　計画承認日が平成31年４月１日以後である場合であって、次の
いずれにも該当すること

　ⅰ　次のいずれかに該当すること

　（ⅰ）　対象事業者の付加価値額増加率（前事業年度の付加価値額
（注２）（事業年度の期間が１年未満である場合にあっては１
年当たりの金額に換算した金額とし、０以下である場合にあ

っては１円とする。）から前々事業年度の付加価値額を控除
した金額の前々事業年度の付加価値額に対する割合をいう。）
が８％以上であること

　(ii)　計画承認日が令和５年４月１日以後である場合であって、
　　　　対象事業者の平均付加価値額（前事業年度及び前々事業年度
　　　　の付加価値額の年平均をいう。）が50億円以上であり、かつ、
　　　　承認地域経済牽引事業が３億円以上の付加価値額を創出する
　　　　と見込まれるものであること

ii　承認地域経済牽引事業について、減価償却資産を事業の用に
　　供した事業年度から５年間の労働生産性（注３）の伸び率の年
　　平均が４％以上となることが見込まれること

iii　承認地域経済牽引事業について、減価償却資産を事業の用に
　　供した事業年度の翌事業年度から５年間の投資収益率（注４）
　　の年平均が５％以上となることが見込まれること

iv　承認地域経済牽引事業について、①ⅰの評価委員会において
　　①ⅰ(i)の観点から先進的であると認められたこと

㊟１　対象事業者が連結会社である場合には一定の調整を加えることと
　　　されている。
　２　付加価値額の計算方法
　　　売上高 − 費用総額（売上原価の額並びに販売費及び一般管理費
　　　の額を合計した金額をいう。）＋ 給与総額 ＋ 租税公課
　３　労働生産性の計算方法
　　　付加価値額／労働者数
　４　投資収益率の計算方法
　　　（営業利益 ＋ 減価償却費）の増加額／減価償却資産の取得予定価
　　　額

(3) 地域の成長発展の基盤強化に著しく資するものとして一定のもの

　地域の成長発展の基盤強化に著しく資するものとして一定のものとは、地域の成長発展の基盤強化に著しく資するものとして経済産業大臣が財務大臣と協議して定める基準に適合することについて主務大臣の確認を受けたものとされています（措令27の11の2②③）。

　なお、その基準とは、上記(2)⑥に該当することとされています（平成31年経済産業省告示第84号）。

2　改正の内容

　地域経済牽引事業の促進区域内において特定事業用機械等を取得した場合の特別償却又は特別税額控除制度について、次の措置が講じられます。

(1)　特定中堅企業者を対象とする措置の追加

　産業競争力強化法の改正を前提に、特別償却率及び特別税額控除率を引き上げる措置について、次の要件の全てを満たすことにつき主務大臣の確認を受けた場合が対象に加えられ、その対象となる機械装置及び器具備品の特別税額控除率が6％（現行：5％）とされます（新措法42の11の2②一、政令改正他）。

　①　産業競争力強化法の特定中堅企業者(注)であること

　②　「パートナーシップ構築宣言」を公表していること

　③　その承認地域経済牽引事業計画に定められた施設又は設備を構

成する減価償却資産の取得予定価額の合計額が10億円以上であること

④　下記(2)の見直し後の労働生産性の伸び率に係る要件、現行の付加価値額増加率に係る要件並びに現行の年平均付加価値額及び付加価値額の創出に係る要件その他現行の特別償却率及び特別税額控除率を引き上げる措置の適用要件の全てを満たすこと

㊟　産業競争力強化法の特定中堅企業者とは、中堅企業者（常時使用する従業員の数が2,000人以下の会社及び個人（産業競争力強化法に規定する中小企業者を除く。）をいう。）であって、その成長発展を図るための事業活動を行っているものとして一定のものをいう（新産業競争力強化法2㉔、34の2①）。

⑵　労働生産性の伸び率に係る要件

　特別償却率及び特別税額控除率を引き上げる措置の適用要件のうち労働生産性の伸び率に係る要件（上記1⑵⑥ⅱ）について、その労働生産性の伸び率が5％以上（現行：4％以上）に引き上げられます（告示改正）。

　なお、中小企業基本法の中小企業者については、現行どおりとされます（令和6年度税制改正大綱三3（国税）⑴②㊟）。

- 地域未来投資促進税制は、地域の特性を活かして高い付加価値を創出し、地域に相当の経済的効果をもたらすとして、主務大臣の確認を経た事業計画に基づき行う設備投資を促進する税制。
- 賃金・技術蓄積等の面で地域に大きな波及効果をもたらす成長志向の中堅企業が、躊躇することなく、さらに規模拡大していくために必要な大規模国内投資を後押しするための中堅企業枠を創設（税額控除率6％）。

| 改正内容 | ※下線が改正箇所 【税制期限：令和6年度末まで】 |

対象者	地域経済牽引事業計画*1の承認を受けた者		
機械装置器具備品	通常		特別償却40％又は税額控除4％
	【現行の上乗せ要件】下記①を満たした上で、②または③を満たす ① 労働生産性の伸び率5％*2以上かつ投資収益率5％以上 ② 直近事業年度の付加価値額増加率が8％以上 ③ 対象事業において創出される付加価値額が3億円以上、かつ、事業を実施する企業の前年度と前々年度の平均付加価値額が50億円以上		特別償却50％又は税額控除5％
	【中堅企業枠】上記①〜③を満たした上で、下記イ〜ハを満たす イ：賃金水準・成長意欲が高い中堅企業 ロ：設備投資額が10億円以上であること ハ：パートナーシップ構築宣言の登録を受けていること		特別償却50％又は税額控除6％
建物、附属設備、構築物	特別償却20％／税額控除2％		

賃金水準・成長意欲が高い中堅企業*3

1. 常時使用する従業員数が2,000人以下
   ※中小企業者及びみなし大企業を除く

2. 良質な雇用の創出
   地域における良質な雇用を生み出す能力を重視し、従業員数・賃金等の状況を確認

3. 将来の成長性
   将来成長に向けた十分な成長投資を実行しているかどうかを重視し、成長投資（設備投資、無形固定資産投資、研究開発、人材教育投資）の状況を確認

4. 経営力
   成長志向や規模拡大を実現する経営力の有無を確認するため 中長期の経営ビジョンや経営管理体制などについて、外部有識者が確認

＊1 地方自治体が策定し、国が同意した基本計画に基づき策定した事業計画であり、都道府県知事による承認が必要。
＊2 中小企業基本法の中小企業者は労働生産性の伸び率4％以上。
＊3 産業競争力強化法において規定。

（経済産業省資料を一部修正）

3 適用時期

(1) 上記2(1)の改正は、令和6年4月1日以後に取得等する特定事業用機械等について、適用されます（改正法附則41）。

(2) 上記2(2)の改正の適用時期は、地域未来投資促進法に関連する告示等において定められます。

（参考資料） 令和6年度税制改正大綱「第一 令和6年度税制改正の基本的考え方」（令和5年12月14日自由民主党・公明党）（抜粋）

4．地域・中小企業の活性化等
(1) 中堅・中小企業の成長を促進する税制等

…（略）…
　地域経済牽引事業の促進区域内において特定事業用機械等を取得した場合の特別償却又は税額控除制度について、主務大臣の確認要件の見直しを行った上で、成長志向型中堅企業に係る要件を満たす場合に機械装置等の税額控除率の引上げを行う。
　…（略）…

中小企業事業再編投資損失
準備金制度（経営資源集約化税制）

1 改正前の制度の概要

(1) 中小企業事業再編投資損失準備金の積立て

　中小企業者（適用除外事業者又は通算適用除外事業者に該当するものを除く。）㈢で青色申告書を提出するもののうち、「産業競争力強化法等の一部を改正する等の法律」の施行の日（令和3年8月2日）から令和6年3月31日までの間に中小企業等経営強化法に規定する経営力向上計画（同法に規定する事業承継等事前調査に関する事項の記載があるものに限る。）について認定を受けたものが、各事業年度（解散の日を含む事業年度及び清算中の各事業年度を除く。）においてその経営力向上計画に従って行う同法に規定する事業承継等（特定の措置のものに限る。）として他の法人の株式又は出資（以下、「株式等」という。）の取得（購入による取得に限る。）をし、かつ、これをその取得の日を含む事業年度終了の日まで引き続き有している場合（その取得をした株式等（以下1において「特定株式等」という。）の取得価額が10億円を超える場合を除く。）において、その特定株式等の価格の低落による損失に備えるため、その特定株式等（合併により合併法人に移転するものを除く。）の取得価額の70%相当額（その事業年

度においてその特定株式等の帳簿価額を減額した場合には、その減額した金額のうちその事業年度の損金の額に算入された金額相当額を控除した金額）以下の金額を損金経理の方法（その事業年度の決算の確定の日までに剰余金の処分により積立金として積み立てる方法を含む。）により特定株式等を発行した法人（以下「特定法人」という。）別に中小企業事業再編投資損失準備金として積み立てたときは、その積み立てた金額は、その事業年度の所得の金額の計算上、損金の額に算入することとされています（措法56①）。

(注)　中小企業者、適用除外事業者及び通算適用除外事業者の定義は、「給与等の支給額が増加した場合の特別税額控除制度（賃上げ促進税制）」（80頁）を参照されたい。

(2)　中小企業事業再編投資損失準備金の取崩し

　上記(1)により中小企業事業再編投資損失準備金を積み立てている法人の各事業年度終了の日において、前事業年度から繰り越された特定法人に係る中小企業事業再編投資損失準備金の金額（その日までに益金の額に算入された又は算入されるべきこととなった金額がある場合には、その金額を控除した金額）のうちにその積み立てられた事業年度（以下(2)において「積立事業年度」という。）終了の日の翌日から5年を経過したもの（以下(2)において「据置期間経過準備金額」という。）がある場合には、その据置期間経過準備金額については、積立事業年度において、中小企業事業再編投資損失準備金として積み立てた金額にその各事業年度の月数を乗じてこれを60で除して計算した金額（その計算した金額が据置期間経過準備金額を超える場合には、そ

の据置期間経過準備金額）相当額を、その事業年度の所得の金額の計算上、益金の額に算入することとされています（措法56②）。

(3) 株式等を譲渡した場合等の中小企業事業再編投資損失準備金の取崩し

上記(1)により中小企業事業再編投資損失準備金を積み立てている法人が次に掲げる場合に該当することとなったときには、それぞれに掲げる金額相当額は、その該当することとなった日を含む事業年度（③の場合にあっては、合併の日の前日を含む事業年度）の所得の金額の計算上、益金の額に算入することとされています（措法56③）。

① 中小企業等経営強化法の規定により上記(1)の認定が取り消された場合（その認定に係る経営力向上計画に従って行う事業承継等として特定法人の株式等の取得をしていた場合に限る。）

その取り消された日におけるその特定法人に係る中小企業事業再編投資損失準備金の金額

② その中小企業事業再編投資損失準備金に係る特定法人の株式等の全部又は一部を有しないこととなった場合（③又は④に該当する場合及びその法人を合併法人とする適格合併により特定法人が解散した場合を除く。）

その有しないこととなった日におけるその特定法人に係る中小企業事業再編投資損失準備金の金額のうち、その有しないこととなった株式等に係るものとして一定の方法により計算した金額（その特定法人の株式等の全部を有しないこととなった場合には、その有しないこととなった日におけるその特定法人に係る中小企

業事業再編投資損失準備金の金額）

③　合併により合併法人にその特定法人の株式等を移転した場合

　　その合併の直前におけるその特定法人に係る中小企業事業再編投資損失準備金の金額

④　その特定法人が解散した場合（その法人を合併法人とする適格合併により解散した場合を除く。）

　　その解散の日におけるその特定法人に係る中小企業事業再編投資損失準備金の金額

⑤　その特定法人の株式等についてその帳簿価額を減額した場合

　　その減額をした日におけるその特定法人に係る中小企業事業再編投資損失準備金の金額のうちその減額をした金額相当額（分割型分割等の特定の事由によりその帳簿価額を減額した場合には、同日におけるその中小企業事業再編投資損失準備金の金額のうち、その減額をした金額に対応する部分の金額として一定の金額）

⑥　その法人が解散した場合（合併により解散した場合を除く。）

　　その解散の日における中小企業事業再編投資損失準備金の金額

⑦　上記(2)、①から⑥及びその他の特定の事由以外の場合において特定法人に係る中小企業事業再編投資損失準備金の金額を取り崩した場合

　　その取り崩した日におけるその特定法人に係る中小企業事業再編投資損失準備金の金額のうち、その取り崩した金額相当額

2 改正の内容

　中小企業事業再編投資損失準備金制度について、産業競争力強化法の改正を前提に、次の措置が講じられた上、その適用期限が3年延長されます（新措法56）。

法
人
税

(1)　特定保険契約の締結がある場合

イ　適用除外

　株式等の取得に基因し、又は関連して生ずる損害を塡補する一定の保険契約（以下「特定保険契約」という。）を締結している場合には、本制度を適用しないこととされます（新措法56①、省令改正）。

ロ　取崩し事由

　中小企業事業再編投資損失準備金を積み立てている法人が、特定保険契約を締結した場合（その特定保険契約に係る認定経営力向上計画に従って行う事業承継等のための措置として、特定法人の株式等の取得をしていた場合に限る。）には、その締結した日におけるその特定法人に係る中小企業事業再編投資損失準備金の金額を取り崩して、その締結した日を含む事業年度の所得の金額の計算上、益金の額に算入することとされます（新措法56③七）。

(2)　複数回にわたり株式等の取得を行う場合の措置（創設）

イ　中小企業事業再編投資損失準備金の積立て

　青色申告書を提出する法人で「新たな事業の創出及び産業への

投資を促進するための産業競争力強化法等の一部を改正する法律」の施行の日から令和9年3月31日までの間に産業競争力強化法に規定する特別事業再編計画の認定を受けた同法に規定する認定特別事業再編事業者であるものが、その認定に係る特別事業再編計画に従って行う同法に規定する特別事業再編のための措置（特定の措置に限る。）として他の法人の株式等の取得（購入による取得に限る。）をし、かつ、これをその取得の日を含む事業年度終了の日まで引き続き有している場合（その取得をした株式等（以下「特定株式等」という。）の取得価額が100億円を超える金額又は1億円に満たない金額である場合及び特定保険契約を締結している場合を除く。）において、その特定株式等の価格の低落による損失に備えるため、その特定株式等（合併により合併法人に移転するものを除く。）の取得価額に次の株式等の区分に応じそれぞれ次の割合を乗じた金額（その事業年度においてその特定株式等の帳簿価額を減額した場合には、その減額した金額のうちその事業年度の損金の額に算入された金額相当額を控除した金額）以下の金額を損金経理の方法により各特定法人別に中小企業事業再編投資損失準備金として積み立てたときは、その積み立てた金額は、その事業年度の所得の金額の計算上、損金の額に算入することとされます（新措法56①二）。

① その認定特別事業再編計画に従って最初に取得をした株式等 90％

② 上記①に掲げるもの以外の株式等 100％

ロ　中小企業事業再編投資損失準備金の取崩し

　　上記イにより中小企業事業再編投資損失準備金を積み立ててい
　る法人の各事業年度終了の日において、前事業年度から繰り越さ
　れた特定法人に係る中小企業事業再編投資損失準備金の金額（そ
　の日までに益金の額に算入された、又は算入されるべきこととな
　った金額がある場合には、その金額を控除した金額）のうちにそ
　の積み立てられた事業年度（以下「積立事業年度」という。）終
　了の日の翌日から10年を経過したもの（以下「据置期間経過準備
　金額」という。）がある場合には、その据置期間経過準備金額に
　ついては、積立事業年度において、中小企業事業再編投資損失準
　備金として積み立てた金額にその各事業年度の月数を乗じてこれ
　を60で除して計算した金額（その計算した金額が据置期間経過準
　備金額を超える場合には、その据置期間経過準備金額）相当額を、
　その事業年度の所得の金額の計算上、益金の額に算入することと
　されます（新措法56②）。

ハ　株式等を譲渡した場合等の中小企業事業再編投資損失準備金
　の取崩し

　　上記イにより中小企業事業再編投資損失準備金を積み立ててい
　る法人が次に掲げる場合に該当することとなったときには、それ
　ぞれ次に掲げる金額相当額、又は上記1(3)②から⑥の場合に該当
　することとなったときには、上記1(3)②から⑥に掲げる金額相当
　額を、その該当することとなった日を含む事業年度（上記1(3)③
　の場合にあっては、合併の日の前日を含む事業年度）の所得の金
　額の計算上、益金の額に算入することとされます（新措法56③）。

① 産業競争力強化法の規定により上記イの認定が取り消された
場合（その認定に係る特別事業再編計画に従って行う特別事業
再編のための措置として特定法人の株式等の取得をしていた場
合に限る。）

その取り消された日におけるその特定法人に係る中小企業事
業再編投資損失準備金の金額

② 特定保険契約を締結した場合（その特定保険契約に係る認定
特別事業再編計画に従って行う特別事業再編のための措置とし
て特定法人の株式等の取得をしていた場合に限る。）

その締結した日におけるその特定法人に係る中小企業事業再
編投資損失準備金の金額

③ 上記1(3)②から⑥、ロ、①、②及びその他の特定の事由以外
の場合において特定法人に係る中小企業事業再編投資損失準備
金の金額を取り崩した場合

その取り崩した日におけるその特定法人に係る中小企業事業
再編投資損失準備金の金額のうち、その取り崩した金額相当額

(3) 認定手続

中小企業等経営強化法の経営力向上計画（事業承継等事前調査に関
する事項の記載があるものに限る。）の認定手続について、その事業
承継等に係る事業承継等事前調査が終了した後（最終合意前に限る。）
においてもその経営力向上計画の認定ができることとする運用の改善
が行われます（令和6年度税制改正大綱三3（国税）(3)）。

● 成長意欲のある中堅・中小企業が、複数の中小企業を子会社化し、親会社の強みの横展開や経営の効率化によって、グループ一体となって飛躍的な成長を遂げることが期待される中、グループ化に向けて複数回のM&Aを実施する場合、簿外債務リスクや経営統合リスクといった減損リスクが課題。

● こうしたリスクも踏まえ、現行の中小企業事業再編投資損失準備金を拡充・延長し、中堅・中小企業によるグループ化に向けた複数回M&Aを集中的に後押しするため積立率や据置期間を深堀りする新たな枠を創設する。

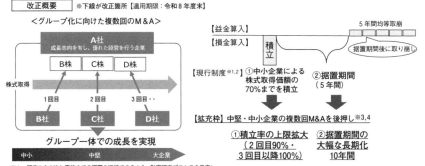

改正概要　※下線が改正箇所【適用期限：令和8年度末】

＜グループ化に向けた複数回のM&A＞

※1　認定からM&A実施までの期間を短縮できるよう、計画認定プロセスを見直し。
※2　簿外債務が発覚した等により、減損処理を行った場合や、取得した株式を売却した場合等には、準備金を取り崩し。
※3　産業競争力強化法において新設する認定を受けることが要件（拡充枠は過去5年以内にM&Aの実績が必要）。
※4　中堅企業は2回目以降のM&Aから活用可能。

（経済産業省資料を一部修正）

3　適用時期

(1)　上記2(1)イの改正は、令和6年4月1日以後に取得をする株式等について、上記2(1)ロの改正は、同日以後に締結する特定保険契約についてそれぞれ適用されます（改正法附則49①③）。

(2)　上記2(2)の改正は、「新たな事業の創出及び産業への投資を促進するための産業競争力強化法等の一部を改正する法律」の施行の日以後に取得をする株式等について適用されます（改正法附則49②）。

交際費等の損金不算入制度

1 改正前の制度の概要

　法人が平成26年4月1日から令和6年3月31日までの間に開始する各事業年度において支出する交際費等の額は、その全額が損金不算入となるのが原則とされていますが、その事業年度終了の日における資本金の額又は出資金の額が100億円以下である法人（通算法人については一定のものを除く。）については、交際費等の額のうち、接待飲食費㈲の額の50％相当額について、損金算入が認められる措置（接待飲食費に係る損金算入の特例）が講じられています（措法61の4①）。

　また、中小法人（その事業年度終了の日における資本金の額又は出資金の額が1億円以下である一定の法人をいう。）については、交際費等の額のうち、年800万円まで損金算入が認められる特例措置（中小法人に係る損金算入の特例）が講じられており、接待飲食費に係る損金算入の特例との選択適用とされています（措法61の4②）。

　ただし、中小法人に係る損金算入の特例は、確定申告書等、修正申告書又は更正請求書に定額控除限度額の計算に関する明細書の添付がある場合に限り、適用できることとされています（措法61の4⑦）。

　なお、1人当たり5,000円以下の一定の飲食費については、交際費等の対象から除かれています（措法61の4⑥二、措令37の5①）。

� 接待飲食費とは、交際費等のうち飲食その他これに類する行為のため
に要する費用（専らその法人の法人税法上の役員若しくは従業員又はこ
れらの親族に対する接待等のために支出するものを除く。以下「飲食費」
という。）であって、その旨につき一定の方法により明らかにされてい
るものをいう（措法61の4⑥）。

2 改正内容

(1) 交際費等の損金不算入制度について、その適用期限が3年延長さ
れます（新措法61の4①）。

(2) 損金不算入となる交際費等の対象から除かれる一定の飲食費に係
る金額基準が1人当たり1万円以下（現行：5,000円以下）に引き
上げられます（政令改正）。

○ 交際費等は損金不算入とされているが、平成18年度税制改正により、会議費相当とされる一人5,000円
以下の飲食費等は交際費等の範囲から除外され、全額損金算入が可能となっている。
○ 今般、会議費の実態等を踏まえ、5,000円以下とされていた飲食費の金額基準について、10,000円以下
まで引き上げることとされた。

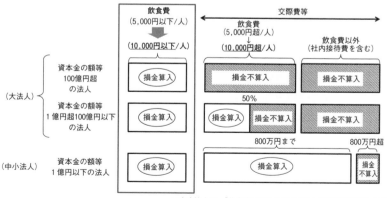

※中小法人は、「飲食費の50％を損金算入」を選択することも可

（財務省資料より）

3　適用時期

　上記2⑵の改正は、令和6年4月1日以後に支出する飲食費について適用されます（改正政令附則）。

（参考資料）　令和6年度税制改正大綱「第一　令和6年度税制改正の基本的考え方」（令和5年12月14日自由民主党・公明党）（抜粋）

> 　4．地域・中小企業の活性化等
> ⑴　中堅・中小企業の成長を促進する税制等
> 　…（略）…
> 　また、地方活性化の中心的役割を担う中小企業の経済活動の活性化や、「安いニッポン」の指摘に象徴される飲食料費に係るデフレマインドを払拭する観点から、交際費課税の見直しを行うこととする。具体的には、損金不算入となる交際費等の範囲から除外される一定の飲食費に係る金額基準について、会議費の実態を踏まえ、現行の1人当たり5千円以下から1万円以下に引き上げることとする。

円滑・適正な納税のための環境整備

現物出資

---

1   改正前の制度の概要

　現物出資は、完全支配関係がある場合、支配関係がある場合又は共同事業を行う場合の区分に応じ、それぞれ一定の要件（適格要件）を満たす場合には、適格現物出資に該当することとされています（法法２十二の十四）。ただし、次の現物出資は、適格現物出資の対象から除かれています（法法２十二の十四、法令４の３⑩～⑫）。

①　外国法人に国内にある不動産、不動産の上に存する権利、鉱業権及び採石権その他国内にある事業所に属する資産（外国法人の発行済株式等の総数の25％以上の数の株式又は出資を有する場合におけるその外国法人の株式又は出資を除く。）又は負債（以下「国内資産等」といいます。）の移転を行うもの（注１）

②　外国法人が内国法人又は他の外国法人に国外にある事業所に属する資産（国内にある不動産、不動産の上に存する権利、鉱業権及び採石権を除く。）又は負債（以下「国外資産等」という。）の移転を行うもの（注２）

③　内国法人が外国法人に国外資産等の移転を行うもので、その国
外資産等の全部又は一部がその外国法人の恒久的施設に属しない
もの（特定国外資産等（注3）の移転を行うもの（注4）に限
る。）

④　新株予約権付社債に付された新株予約権の行使に伴うその新株
予約権付社債についての社債の給付

(注)1　国内資産等の全部がその移転によりその外国法人の恒久的施設を
通じて行う事業に係るものとなるもの（国内資産等に法人税法第
138条第1項第3号又は第5号に掲げる国内源泉所得を生ずべき資
産が含まれている場合には、その資産につき、その移転後にその恒
久的施設による譲渡に相当する同項第1号に規定する内部取引がな
いことが見込まれているものに限る。）を除く（法令4の3⑩）。

2　他の外国法人に国外資産等の移転を行うものにあっては、その国
外資産等の全部又は一部がその移転により当該他の外国法人の恒久
的施設を通じて行う事業に係るものとなるものに限る（法令4の3
⑪）。

3　特定国外資産等とは、現金、預金、貯金、棚卸資産（不動産及び
不動産の上に存する権利を除く。）及び有価証券以外の資産でその
現物出資の日以前1年以内に法人税法第69条第4項第1号に規定す
る内部取引その他これに準ずるものにより国外資産等となったもの
をいう（法令4の3⑫）。

4　特定国外資産等の全部がその移転によりその外国法人の恒久的施
設を通じて行う事業に係るものとなるものを除く（法令4の3⑫）。

2　改正の内容

現物出資について、次の見直しが行われます。

(1) 適格現物出資の範囲

内国法人が外国法人に無形資産等（注1）の移転を行う現物出資（その無形資産等の全部がその移転によりその外国法人の恒久的施設を通じて行う事業に係る資産となる一定のものを除く。）については、適格現物出資の対象から除かれます（新法法2十二の十四）。

(注)1　無形資産等とは、次に掲げる資産で、独立の事業者の間で通常の取引の条件に従って譲渡、貸付け等が行われるとした場合にその対価が支払われるべきものをいう（政令改正）。

①　工業所有権その他の技術に関する権利、特別の技術による生産方式又はこれらに準ずるもの（これらの権利に関する使用権を含む。）

②　著作権（出版権及び著作隣接権その他これに準ずるものを含む。）

(2) 適格現物出資に係る内外判定

適格現物出資への該当性の判定に際し、現物出資により移転する資産（国内にある不動産その他の一定の資産を除く。）若しくは負債の内外判定（国内資産等又は国外資産等のいずれに該当するかの判定）は、内国法人の法人税法第69条第4項第1号に規定する本店等若しくは外国法人の恒久的施設を通じて行う事業に係る資産若しくは負債又は内国法人の国外事業所等（注2）若しくは外国法人の法人税法第138条第1項第1号に規定する本店等を通じて行う事業に係る資産若しくは負債のいずれに該当するかによることとされます（新法法2十二の十四）。

(注)2　国外事業所等とは、国外にある恒久的施設に相当するものその他一定のものをいう（新法法69④一）。

【現行】
　内国法人が外国法人の本店等に**国外資産等**（国外にある事業所に属する資産（国内不動産等を除く。）又は負債）の移転を行う現物出資については、適格現物出資の対象とされている。
　※1　適格現物出資により移転する資産の譲渡損益については、課税の繰延べが認められる。
　※2　内国法人が外国法人の本店等に国内資産等の移転を行う現物出資については、適格現物出資の対象外（非適格）とされている。

【見直し案】
　内国法人が外国法人の本店等に**無形資産等**の移転を行う現物出資について、**適格現物出資の対象から除くこととする。**
　※　令和6年10月1日以後に行われる現物出資について適用する。

【現行】
国外資産等の移転
➡　適格現物出資の対象

【見直し案】
国外資産等の移転
➡　適格現物出資の対象
※無形資産等を移転する場合は適格現物出資の**対象外**

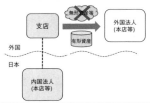

支店　無形資産等　有形資産　外国法人（本店等）

外国
日本

内国法人（本店等）

（参考）
国内資産等の移転
➡　適格現物出資の**対象外**

支店　無形資産等　有形資産　外国法人（本店等）

外国
日本

内国法人（本店等）

無形資産等については、資産価値が形成された場所から容易に分離することができ、国外の事業所に属するとしても価値の創出の一部が国内において行われているという実態を踏まえ、内国法人の資産の含み益が我が国から持ち出されることによる課税上の弊害を防止し、我が国の課税権を確実に確保する観点から、**無形資産等**の移転を行う現物出資について、**適格現物出資の対象から除くこととする。**

（税制調査会資料を一部修正）

【現行】
　適格現物出資への該当性の判定は、以下のとおり、現物出資により移転する資産等が①国内資産等又は②国外資産等のいずれに該当するか（内外判定）等によることとされている。

＜資産等の内外判定＞
①　国内資産等：国内不動産等その他国内にある事業所に属する資産（25%以上を有する外国法人株式を除く。）等
②　国外資産等：国外にある事業所に属する資産（国内不動産等を除く。）等
※　資産等が国内にある事業所又は国外にある事業所のいずれの事業所の帳簿に記帳されているか等により判定

＜適格・非適格の対象例＞
　内国法人が外国法人の本店等に対して①国内資産等を移転する現物出資　➡　適格現物出資の**対象外**（非適格）
　外国法人が内国法人に対して②国外資産等を移転する現物出資　➡　適格現物出資の**対象外**（非適格）

【見直し案】
　現物出資により移転する資産等の内外判定について、「事業所」ではなく、外国税額控除制度や国内源泉所得課税において用いられている「法人の本店等」及び「恒久的施設（ＰＥ）」によることとする。この対応により、内外判定の執行上の安定を図るほか、外国法人に対し我が国の課税権が及ぶか否かの判定と一致する。

＜資産等の内外判定＞
❶　国内資産等：国内不動産等その他**内国法人の本店等**又は**外国法人の国内のＰＥを通じて行う事業に係る資産**（25%以上を有する外国法人株式を除く。）等
❷　国外資産等：**内国法人の国外のＰＥ又は外国法人の本店等を通じて行う事業に係る資産**（国内不動産等を除く。）等
※　令和6年10月1日以後に行われる現物出資について適用する。

（税制調査会資料より）

3 適用時期

　上記の改正は、令和 6 年10月 1 日以後に行われる現物出資について適用されます（改正法附則 6 ）。

第二次納税義務に係る納付税額の 損金不算入制度

1　改正の内容

　第二次納税義務に係る納付税額の損金不算入制度における国税徴収法若しくは地方税法の第二次納税義務の規定により納付し、又は納入すべき国税若しくは地方税の範囲に、株式会社等が偽りその他不正の行為により国税若しくは地方税を免れ、又は国税若しくは地方税の還付を受けた場合におけるその役員等である法人が国税徴収法若しくは地方税法の第二次納税義務の規定により納付し、又は納入すべき国税若しくは地方税が加えられます（新法法39①一・二）（「偽りその他不正の行為により国税を免れた株式会社の役員等の第二次納税義務の整備」（297頁）参照）。

2　適用時期

　上記の改正は、令和7年1月1日から適用されます（改正法附則1四イ）。

生産方式革新事業活動用資産等の 特別償却制度（創設）

1 新制度の内容

　青色申告書を提出する法人で「農業の生産性の向上のためのスマート農業技術の活用の促進に関する法律」に規定する認定生産方式革新事業者であるものが、同法の施行の日から令和9年3月31日までの間に、その認定生産方式革新事業者として行う同法に規定する生産方式革新事業活動（同法第7条第3項に規定する措置を含む。）の用に供するための次に掲げる減価償却資産（以下「生産方式革新事業活動用資産等」という。）でその製作若しくは建設の後事業の用に供されたことのないものを取得等して、これをその法人のその生産方式革新事業活動の用に供した場合（所有権移転外リース取引により取得した生産方式革新事業活動用資産等をその用に供した場合を除く。）には、次の生産方式革新事業活動用資産等の区分に応じそれぞれに掲げる金額の特別償却ができることとされます（新措法44の5）。

① 「農業の生産性の向上のためのスマート農業技術の活用の促進に関する法律」に規定する認定生産方式革新実施計画に記載され

た同法第7条第4項第1号に規定する設備等を構成する機械装置、器具備品、建物及びその附属設備並びに構築物のうち、同法に規定する農作業の効率化等を通じた農業の生産性の向上に著しく資するものとして一定のもの（注1）

その取得価額の32％（建物及びその附属設備並びに構築物については、16％）相当額

② 「農業の生産性の向上のためのスマート農業技術の活用の促進に関する法律」に規定する認定生産方式革新実施計画に記載された同法7条第4項第2号に規定する設備等を構成する機械装置のうち、その認定生産方式革新実施計画に係る同法に規定する農業者等が行う同法に規定する生産方式革新事業活動の促進に特に資するものとして一定のもの（注2）

その取得価額の25％相当額

(注)1 生産性の向上に著しく資するものとして一定のものとは、次に掲げるものをいう（政令改正）。

① その生産方式革新事業活動による取組の過半がスマート農業技術（仮称）の効果の発揮に必要となるほ場の形状、栽培の方法又は品種の転換等の取組であること等の要件を満たす生産方式革新事業活動の用に供されるものであること

② 次のいずれかに該当する減価償却資産であること

i スマート農業技術を組み込んだ機械装置のうち7年以内に販売されたもの

ii 上記iと一体的に導入された機械装置、器具備品、建物及びその付属設備並びに構築物のうちスマート農業技術の効果の発揮に必要不可欠なもの

2 生産方式革新事業活動の促進に特に資するものとして一定のも

のとは、次に掲げるものをいう（政令改正）。

① その認定生産方式革新実施計画に記載された生産方式革新事業活動について、その取組に係る作付面積又は売上高が認定を受けた農業者等の行う農業に係る総作付面積又は総売上高のおおむね80％以上を占めること等の要件を満たすこと

② その取得予定価額がその法人の前事業年度における減価償却費の額の10％以上であること等の要件を満たす設備等を構成する減価償却資産のうち次のものに該当すること

　ⅰ　認定生産方式革新実施計画に記載された生産方式革新事業活動を行う農業者等に対して供給する一定のスマート農業技術活用サービス（農業者等の委託を受けて行う農作業に限る。）に専ら供される上記（注1）②の減価償却資産で、は種、移植又は収穫用のもの

　ⅱ　認定生産方式革新実施計画に記載された生産方式革新事業活動の実施により生産された農産物の選別、調整等の作業を代替して行う一定の農作物等の新たな製造、加工、流通又は販売の方式を導入を図るための取組に専ら供される減価償却資産で、農産物の洗浄、選別等の作業用のもの

　また、本制度に関連して、「中小企業者等が特定経営力向上設備等を取得した場合の特別償却又は特別税額控除制度（中小企業経営強化税制）」（新措法42の12の4）についての改正も行われます（201頁参照）。

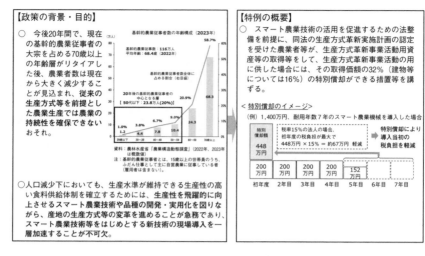

（農林水産省資料を一部修正）

2　適用時期

　上記の規定は、「農業の生産性の向上のためのスマート農業技術の活用の促進に関する法律」の施行日から適用されます（改正法附則1十四）。

地方拠点強化税制

1 改正前の制度の概要

(1) 地方活力向上地域等特定業務施設整備計画

イ 地方活力向上地域等特定業務施設整備計画の申請

都道府県が作成した地域再生計画（地方活力向上地域等特定業務施設整備事業（注1）が記載されたものに限る。）が内閣総理大臣により認定された日以後において、地方活力向上地域等特定業務施設整備事業であって、次に掲げるものを実施する法人は、一定の方法によりその地方活力向上地域等特定業務施設整備事業の実施に関する計画（以下「地方活力向上地域等特定業務施設整備計画」という。）を作成し、その都道府県の知事の認定を申請することができることとされています（地域再生法17の2①）。

① 集中地域のうち特定業務施設の集積の程度が著しく高い地域として一定の地域（以下「特定集中地域」という。）から特定業務施設を認定を受けた地域再生計画（以下「認定地域再生計画」という。）に記載されている地方活力向上地域又は準地方活力向上地域に移転して整備する事業（以下「移転型事業」という。）

② 認定地域再生計画に記載されている地方活力向上地域（一定

の要件に該当するものに限る。) において特定業務施設を整備
する事業（①に掲げるものを除く。以下「拡充型事業」とい
う。)

(注)1　地方活力向上地域等特定業務施設整備事業とは、地方活力向上
地域（産業及び人口の過度の集中を防止する必要がある地域及び
その周辺の一定の地域（以下「集中地域」という。）以外の地域
であり、かつ、その地域の活力の向上を図ることが特に必要な地
域をいう。）又は準地方活力向上地域（集中地域のうち、人口の
過度の集中を是正する必要がある地域及びその周辺の一定の地域
以外の地域であり、かつ、その地域の活力の向上を図ることが特
に必要な地域をいう。）において、特定業務施設（次に掲げる業
務施設（工場を除く。）をいう。）を整備する事業をいう（地域再
生法5④五、地域再生法施行規則8）。

①　事務所であって、地方活力向上地域等特定業務施設整備事業
を行う事業者の調査及び企画部門、情報処理部門、研究開発部
門、国際事業部門、情報サービス事業部門又はその他管理業務
部門のいずれかのために使用されるもの

②　研究所であって、地方活力向上地域等特定業務施設整備事業
を行う事業者による研究開発において重要な役割を担うもの

③　研修所であって、地方活力向上地域等特定業務施設整備事業
を行う事業者による人材育成において重要な役割を担うもの

ロ　地方活力向上地域等特定業務施設整備計画の認定

都道府県の知事は、上記イの認定の申請があったときは、その
地方活力向上地域等特定業務施設整備計画が次に掲げる基準に適
合すると認めるときは、その認定をするものとされています（地
域再生法17の2②③、地域再生法施行規則32、33）。

①　認定地域再生計画に適合するものであること

② 特定業務施設において常時雇用する従業員の数及び増加させると見込まれる常時雇用する従業員の数が５人（中小企業等経営強化法に規定する中小企業者の場合には、１人）以上であること

③ 認定を受けた地方活力向上地域等特定業務施設整備計画の実施期間に地方活力向上地域等特定業務施設整備事業により整備される特定業務施設において増加させると見込まれる常時雇用する従業員の数が５人（中小企業等経営強化法に規定する中小企業者の場合は、１人）以上であること

④ 移転型事業を行おうとする場合にあっては、次に掲げるいずれかの要件を満たすこと（注２）

ⅰ 認定を受けた地方活力向上地域等特定業務施設整備計画の実施期間に上記③の特定業務施設において増加させると見込まれる常時雇用する従業員の過半数が特定集中地域にある他の事業所からその特定業務施設に転勤させる者であること

ⅱ 上記③の特定業務施設を事業の用に供する日の属する事業年度にその特定業務施設において増加させると見込まれる常時雇用する従業員の過半数が特定集中地域にある他の事業所からその特定業務施設に転勤させる者であって、かつ、その実施期間にその特定業務施設において増加させると見込まれる常時雇用する従業員の４分の１以上が特定集中地域にある他の事業所からその特定業務施設に転勤させる者であること

⑤ 円滑かつ確実に実施されると見込まれるものであること

(注)２ 認定を受けた地方活力向上地域等特定業務施設整備計画の実施

期間又は上記③の特定業務施設を事業の用に供する日の属する事業年度に、特定集中地域にある他の事業所において常時雇用する従業員の数の減少が見込まれる場合にあっては、その減少が見込まれる従業員の数（その数が定年に達したことにより退職する者の数と自己の都合により退職する者の数の合計の数を超える場合には、その超える部分の数を控除した数）を限度として、その特定業務施設において新たに雇い入れる常時雇用する従業員を特定集中地域にある他の事業所からその特定業務施設に転勤させる者とみなされる。

(2) 地方活力向上地域等において特定建物等を取得した場合の特別償却又は特別税額控除制度（オフィス減税）

青色申告書を提出する法人で「地域再生法の一部を改正する法律」の施行の日（平成27年8月10日）から令和6年3月31日までの間に地方活力向上地域等特定業務施設整備計画について認定を受けたものが、その認定の日の翌日から3年以内に、認定地域再生計画に記載されている地方活力向上地域又は準地方活力向上地域（その認定を受けた地方活力向上地域等特定業務施設整備計画が拡充型事業に関するものである場合には、一定の要件に該当する地方活力向上地域）内において、その認定を受けた地方活力向上地域等特定業務施設整備計画に記載された特定業務施設に該当する建物及びその附属設備並びに構築物で、取得価額の合計額が2,500万円（中小企業者（注3）（適用除外事業者（注3）又は通算適用除外事業者（注3）に該当するものを除く。）にあっては、1,000万円）以上のもの（以下「特定建物等」という。）の取得等をして、その法人の営む事業の用に供した場合（貸付けの用に供した場合を除く。）には、その事業の用に供した日を含む事業年度

（解散（合併による解散を除く。）の日を含む事業年度及び清算中の各事業年度を除く。）において、その取得価額の15％（その認定を受けた地方活力向上地域等特定業務施設整備計画が移転型事業に関するものである場合には、25％）相当額の特別償却とその取得価額の４％（その認定を受けた地方活力向上地域等特定業務施設整備計画が移転型事業に関するものである場合には、７％）相当額の特別税額控除（その事業年度の所得に対する法人税の額の20％相当額を限度とする。）との選択適用ができることとされています（措法42の11の３①②、措令27の11の３）。

(注) 3　中小企業者、適用除外事業者及び通算適用除外事業者の定義は、「給与等の支給額が増加した場合の特別税額控除制度（賃上げ促進税制）」（80頁）を参照されたい。

(3)　地方活力向上地域等において雇用者の数が増加した場合の特別税額控除制度（雇用促進税制）

イ　地方事業所基準雇用者数に係る措置

青色申告書を提出する法人で地域再生法に規定する認定事業者（「地域再生法の一部を改正する法律」の施行の日（平成27年８月10日）から令和６年３月31日までの間に地方活力向上地域等特定業務施設整備計画についての認定（以下「計画の認定」という。）を受けた法人に限る。以下同じ。）であるものが、適用年度（注４）において、次の①に掲げる要件を満たす場合には、その適用年度の所得に対する法人税の額から、次の②に掲げる金額の特別税額控除（その適用年度の所得に対する法人税の額の20％相当額

を限度とする。）ができることとされています（措法42の12①⑥
九・十二・十三、雇用保険法5①）。

　ただし、上記(2)の適用を受ける場合には、この措置は適用でき
ないこととされています（措法42の12⑦）。

① 　労働者が雇用される事業を行い、かつ、他の法律により業務
　の規制及び適正化のための措置が講じられている事業として一
　定のものを行っていないこと

② 　次に掲げる金額の合計額

　ⅰ 　30万円に、適用年度の地方事業所基準雇用者数（注5）
　　（その適用年度の基準雇用者数を超える場合には、基準雇用
　　者数。以下ⅱにおいて同じ。）のうち適用年度の特定新規雇
　　用者数（注6）に達するまでの数（以下「特定新規雇用者基
　　礎数」という。）を乗じて計算した金額（その適用年度に新
　　たに雇用された特定雇用者で、その適用年度終了の日におい
　　て移転型事業に関する計画の認定に係る適用対象特定業務施
　　設（以下「移転型適用対象特定業務施設」という。）に勤務
　　するものの数として一定の証明がされた数（以下「移転型特
　　定新規雇用者数」という。）がある場合には、20万円に、そ
　　の特定新規雇用者基礎数のうち移転型特定新規雇用者数に達
　　するまでの数を乗じて計算した金額を加算した金額）

　ⅱ 　20万円に、適用年度の地方事業所基準雇用者数からその適
　　用年度の新規雇用者総数（注7）を控除した数のうちその適
　　用年度の特定非新規雇用者数（注8）に達するまでの数（以
　　下「特定非新規雇用者基礎数」という。）を乗じて計算した

金額（その適用年度の移転型適用対象特定業務施設のみを法人の事業所とみなした場合における基準雇用者数として一定の証明がされた数（以下「移転型地方事業所基準雇用者数」という。）からその適用年度に新たに雇用された雇用者で、その適用年度終了の日において移転型適用対象特定業務施設に勤務するものの総数として一定の証明がされた数（以下「移転型新規雇用者総数」という。）を控除した数のうちその適用年度の移転型特定非新規雇用者数（注9）に達するまでの数（以下「移転型特定非新規雇用者基礎数」という。）が零を超える場合には、20万円に、その特定非新規雇用者基礎数のうち移転型特定非新規雇用者基礎数に達するまでの数を乗じて計算した金額を加算した金額）

(注)4　適用年度とは、計画の認定を受けた日から同日の翌日以後2年を経過する日までの期間内の日を含む事業年度（設立（合併、分割又は現物出資による設立を除く。）の日を含む事業年度、解散（合併による解散を除く。）の日を含む事業年度及び清算中の各事業年度を除く。）をいう（措法42の12⑥一）。

　　5　地方事業所基準雇用者数とは、適用年度開始の日の2年前の日から適用年度終了の日までの間に計画の認定を受けた法人のその計画の認定に係る一定の特定業務施設（以下「適用対象特定業務施設」という。）のみをその法人の事業所とみなした場合における基準雇用者数（適用年度終了の日における雇用者（一定の使用人のうち雇用保険法に規定する一般被保険者に該当するものをいう。）の数から適用年度開始の日の前日における雇用者（適用年度終了の日において同法に規定する高年齢被保険者（以下「高年齢雇用者」という。）に該当する者を除く。）の数を減算した数を

いう。）として一定の証明がされた数をいう（措法42の12⑥三～六）。

6　特定新規雇用者数とは、適用年度に新たに雇用された特定雇用者（その法人との間で労働契約法に規定する有期労働契約以外の労働契約を締結しており、「短時間労働者及び有期雇用労働者の雇用管理の改善等に関する法律」に規定する短時間労働者でない雇用者をいう。）で適用年度終了の日において適用対象特定業務施設に勤務するものの数として一定の証明がされた数をいう（措法42の12⑥七・八）。

7　新規雇用者総数とは、適用対象特定業務施設において適用年度に新たに雇用された雇用者で適用年度終了の日において適用対象特定業務施設に勤務するもの（以下「新規雇用者」という。）の総数として一定の証明がされた数をいう（措法42の12⑥十）。

8　特定非新規雇用者数とは、適用年度において他の事業所から適用対象特定業務施設に転勤した特定雇用者（新規雇用者を除く。）でその適用年度終了の日において適用対象特定業務施設に勤務するものの数として一定の証明がされた数をいう（措法42の12⑥十一）。

9　移転型特定非新規雇用者数とは、適用年度において他の事業所から移転型適用対象特定業務施設に転勤した特定雇用者（新規雇用者を除く。）でその適用年度終了の日において移転型適用対象特定業務施設に勤務するものの数として一定の証明がされた数をいう（措法42の12⑥十四）。

ロ　地方事業所特別基準雇用者数に係る措置

　青色申告書を提出する法人で認定事業者であるもののうち上記イの措置の適用を受ける又は受けたもの（上記(2)の適用を受ける事業年度においてその適用を受けないものとしたならば上記イの措置の適用があるもの（以下「要件適格法人」という。）を含む。）

が、その適用を受ける事業年度(要件適格法人にあっては、上記(2)の適用を受ける事業年度)以後の各適用年度(地方活力向上地域等特定業務施設整備計画(移転型事業に関するものに限る。)について計画の認定を受けた日以後に終了する事業年度で基準雇用者数又は地方事業所基準雇用者数が零に満たない事業年度以後の事業年度を除く。)において、上記イ①の要件を満たす場合には、40万円に適用年度の地方事業所特別基準雇用者数(注10)を乗じて計算した金額(その計画の認定に係る一定の特定業務施設が準地方活力向上地域内にある場合には、30万円にその特定業務施設に係る適用年度の地方事業所特別基準雇用者数を乗じて計算した金額)の特別税額控除(上記イ又は上記(2)の特別税額控除制度と合計してその適用年度の所得に対する法人税の額の20%相当額を限度とする。)ができることとされています(措法42の12②)。

(注)10　地方事業所特別基準雇用者数とは、適用年度開始の日の2年前の日から適用年度終了の日までの間に地方活力向上地域等特定業務施設整備計画(移転型事業に関するものに限る。)について計画の認定を受けた法人の適用年度及び適用年度前の各事業年度のうち、その計画の認定を受けた日以後に終了する各事業年度のその計画の認定に係る一定の特定業務施設のみをその法人の事業所とみなした場合における基準雇用者数として一定の証明がされた数の合計数をいう(措法42の12⑥十五)。

ハ　離職者がある場合の不適用

上記イ及びロの規定は、これらの規定の適用を受けようとする事業年度(以下「対象年度」という。)及びその対象年度開始の日前1年以内に開始した各事業年度において、これらの規定に規

定する法人に離職者（その法人の雇用者又は高年齢雇用者であっ
た者で、その法人の都合によるものとして一定の理由によって離
職をしたものをいう。）がいないことにつき一定の証明がされた
場合に限り、適用されます（措法42の12⑧）。

なお、グループ通算制度においては、上記イ及びロの適用について、
所要の調整が講じられています（措法42の12⑤）。

2　改正の内容

地方拠点強化税制について、次の措置が講じられます。

(1)　地方活力向上地域等特定業務施設整備計画

地方活力向上地域等特定業務施設整備計画に係る認定要件について、
関係法令の改正を前提に、次の見直しが行われます。

イ　特定業務施設の範囲

特定業務施設の範囲に次の部門のために使用される事務所が加
えられます（地域再生法施行規則改正）。

①　商業事業部門（専ら業務施設内において情報通信技術等を利
用して対面以外の方法により行われる販売若しくは役務提供の
勧誘、販売、契約締結等に関する業務、営業管理若しくは市場
調査に関する業務又は購買管理若しくは購買企画に関する業務
を行う部門に限る。）

②　サービス事業部門（調査企画、情報処理、研究開発、国際事

業その他管理の業務の受託に関する業務を行う部門に限る。）

ロ　地方活力向上地域等特定業務施設整備計画の認定要件

　　　地方活力向上地域等特定業務施設整備計画の認定に係る要件の
　うち、移転型事業に係る上記1(1)ロ④ⅱの要件について、増加さ
　せると見込まれる常時雇用する従業員の過半数が特定集中地域に
　ある他の事業所からその特定業務施設に転勤させる者であること
　とする期間が特定業務施設を事業の用に供する日から同日以後1
　年を経過する日までの期間とされます（地域再生法施行規則改正）。

(2)　地方活力向上地域等において特定建物等を取得した場合の特別償却又は特別税額控除制度（オフィス減税）

　地方活力向上地域等において特定建物等を取得した場合の特別償却
又は特別税額控除制度について、次の措置が講じられた上、その適用
期限が2年延長されます（新措法42の11の3①、政令改正）。

イ　地域再生法の改正を前提に、特定建物等の範囲に特定業務施設
　　の新設に伴い整備される特定業務児童福祉施設（保育施設等で専
　　らその特定業務施設において常時雇用する従業員の児童の保育等
　　を行うための施設をいう。）に該当する建物等及び構築物が加え
　　られます。

ロ　中小企業者以外の法人の取得価額の要件が3,500万円以上（現
　　行：2,500万円以上）に引き上げられます。

ハ　その特定建物等に係る一の特定業務施設を構成する建物及びそ
　　の附属設備並びに構築物の取得価額の合計額のうち本制度の対象
　　となる金額の上限が80億円（現行：上限なし）とされます。

⑶　**地方活力向上地域等において雇用者の数が増加した場合の
特別税額控除制度（雇用促進税制）**

　地方活力向上地域等において雇用者の数が増加した場合の特別税額
控除制度について、次の措置が講じられた上、その適用期限が２年延
長されます（新措法42の12①②⑥⑧）。

　イ　地方活力向上地域等特定業務施設整備計画が特定業務施設の新
　　設に係るものである場合の適用年度がその特定業務施設を事業の
　　用に供した日から同日の翌日以後２年を経過する日までの期間
　　（現行：認定を受けた日から同日の翌日以後２年を経過する日ま
　　での期間）内の日を含む事業年度とされます。

　ロ　地方事業所特別基準雇用者数に係る措置（上記１⑶ロ）におけ
　　る地方事業所特別基準雇用者数が、適用年度及び適用年度前の各
　　事業年度のうち、その計画の認定を受けた日（その計画の認定に
　　係る地方活力向上地域等特定業務施設整備計画が特定業務施設の
　　新設に係るものである場合には、その特定業務施設を事業の用に
　　供した日）以後に終了する各事業年度の次の①に掲げる数のうち
　　②に掲げる数に達するまでの数（現行：適用年度及び適用年度前
　　の各事業年度のうち、その計画の認定を受けた日以後に終了する
　　各事業年度の次の①に掲げる数）の合計数とされます。

　　①　その計画の認定に係る特定業務施設のみをその法人の事業所
　　　とみなした場合における基準雇用者数として一定の証明がされ
　　　た数

　　②　その計画の認定に係る特定業務施設のみをその法人の事業所
　　　と、その法人の特定雇用者のみをその法人の雇用者と、それぞ

れみなした場合における基準雇用者数として一定の証明がされ
た数

ハ　離職者がある場合の不適用措置（上記1⑶ハ）について、その
　　判定対象となる事業年度が対象年度及びその対象年度開始の日前
　　2年（現行：1年）以内に開始した各事業年度とされます。

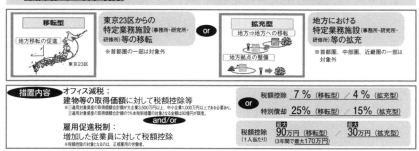

地方と東京圏との転入・転出均衡に向け、**適用期限を2年間延長**（令和8年3月31日まで）するとともに、**女性・若者・子育て世代にとって魅力ある雇用の創出**にむけ、制度の対象となる**事業部門の追加や子育て施設の対象への追加等**を実現

＜拡充内容＞
○税制の対象に、**インサイドセールス（電話やオンラインツールを活用した事業所内での営業）**や**企業の管理業務（調査企画、経理等）受託事業等を実施する事務所**を追加。
　　※現行制度の対象となる事務所は、調査及び企画部門、情報処理部門、研究開発部門、国際事業部門、情報サービス事業部門、その他管理業務部門のために使用されるもの。
○業務施設に加え、**保育施設等の育児関連施設を税制の対象に追加**。
○移転型の転勤者要件（雇用増の過半数を東京23区からの転勤者とする＊）を、現行は事業開始年度について求めているところ、**事業供用開始日から1年間に変更**。
　　※加えて、計画期間を通じ、雇用増の1/4を東京23区からの転勤者とする必要がある。
○施設を新設する場合の雇用促進税制の対象期間について、現行は認定年度から3年間であるところ、**事業供用開始年度から3年間に変更**。

（内閣府資料を一部修正）

3　適用時期

⑴　上記2⑴の改正の適用時期は、「地域再生法施行規則の一部を改
　正する省令」等において定められます。

(2)　上記２(2)イの改正は、「地域再生法の一部を改正する法律」附則第１条ただし書に規定する規定の施行の日以後に地方活力向上地域等特定業務施設整備計画について認定を受ける法人が取得又は建設をするその認定を受けた地方活力向上地域等特定業務施設整備計画に記載された特定建物等について適用されます（改正法附則１十二、42②）。

(3)　上記２(2)ロの改正の適用時期は、改正政令附則において定められます。

(4)　上記２(2)ハの改正は、令和６年４月１日以後に地方活力向上地域等特定業務施設整備計画について認定を受ける法人が取得又は建設をする認定を受けた地方活力向上地域等特定業務施設整備計画に記載された特定建物等について適用されます（改正法附則42①）。

(5)　上記２(3)の改正は、令和６年４月１日以後に地方活力向上地域等特定業務施設整備計画について計画の認定を受ける法人の地方活力向上地域等特定業務施設整備計画について適用されます（改正法附則43）。

生産工程効率化等設備等を取得した場合の特別償却又は特別税額控除制度（カーボンニュートラルに向けた投資促進税制）

1　改正前の制度の概要

　青色申告書を提出する法人で産業競争力強化法に規定する認定事業適応事業者（注1）（その認定に係る同法に規定する認定事業適応計画（エネルギー利用環境負荷低減事業適応に関するものに限る。以下「認定エネルギー利用環境負荷低減事業適応計画」という。）にその認定エネルギー利用環境負荷低減事業適応計画に従って行うエネルギー利用環境負荷低減事業適応のための措置として同法に規定する生産工程効率化等設備（注2）又は需要開拓商品生産設備（注3）（以下「生産工程効率化等設備等」という。）を導入する旨の記載があるものに限る。）であるものが、「産業競争力強化法等の一部を改正する等の法律」の施行の日（令和3年8月2日）から令和6年3月31日までの間に、その認定エネルギー利用環境負荷低減事業適応計画に記載された生産工程効率化等設備等の取得等をして、その法人の事業の用に供した場合において、「情報技術事業適応設備を取得した場合等の特別償却又は特別税額控除制度（デジタルトランスフォーメーション投資促進税制）」（措法42の12の7①④）の規定の適用を受けないときは、その取得価額（その認定エネルギー利用環境負荷低減事業適応計画に

従って行うエネルギー利用環境負荷低減事業適応のための措置として取得等をする生産工程効率化等設備等の取得価額の合計額が500億円を超える場合には、500億円にその事業の用に供した生産工程効率化等設備等の取得価額がその合計額のうちに占める割合を乗じて計算した金額）の50％相当額の特別償却とその取得価額の５％（エネルギー利用による環境への負荷の低減に著しく資するもの（注４）については、10％）相当額の特別税額控除（その事業年度の所得に対する法人税の額の20％相当額（注５）を限度とする。）（注６）との選択適用ができることとされています（措法42の12の７③⑥）。

(注)1　認定事業適応事業者とは、産業競争力強化法第21条の15第１項の規定により事業適応計画の認定を受けた事業者等をいい、その認定要件は、その事業適応計画に定める事業を行うことにより、事業所等の炭素生産性（営業利益、人件費及び減価償却費を合計した額を、「生産工程効率化等設備に関する命令」に規定するエネルギー起源二酸化炭素排出量で除して算出する指標をいう。）の向上率が７％以上上回ること等一定の目標達成が見込まれることとされている（令和３年財務省・経済産業省告示第６号①二、⑥二）。

2　生産工程効率化等設備とは、生産工程の効率化によりエネルギーの利用による環境への負荷の低減に特に資する設備その他の事業適応（エネルギーの消費量の削減、非化石エネルギー源の活用その他のエネルギーの利用による環境への負荷の低減に関する国際的な競争条件の変化に対応して行うものに限る。（注４）において同じ。）に資する一定の設備をいう（産業競争力強化法２⑬）。

3　需要開拓商品生産設備とは、エネルギー利用による環境への負荷の低減に特に資する商品その他の事業適応を行う事業者による新たな需要の開拓が見込まれる商品として一定の商品の生産に専ら使用される設備をいう（産業競争力強化法２⑭）。

4　エネルギーの利用による環境への負荷の低減に著しく資するものとは、生産工程効率化等設備のうちエネルギーの利用による環境への負荷の低減に著しく資するものとして経済産業大臣が定める基準（事業所等の炭素生産性向上率が10％以上上回ること）に適合するもの及び需要開拓商品生産設備をいう（措令27の12の7③、令和3年経済産業省告示第170号）。

5　「情報技術事業適応設備を取得した場合等の特別償却又は特別税額控除制度（デジタルトランスフォーメーション投資促進税制）」（措法42の12の7④⑤）の規定によりその事業年度の所得に対する法人税の額から控除される金額がある場合には、その金額を控除した残額となる（措法42の12の7⑥）。

6　中小企業者（適用除外事業者又は通算適用除外事業者に該当するものを除く。以下同じ。）又は農業協同組合等以外の法人につき、一定の要件を満たさない場合には、本制度を含む特定の特別税額控除の規定を適用できないこととされている（「法人税額から控除される特別控除額の特例（大企業に係る特定税額控除規定の不適用措置）」（94頁）参照）（措法42の13⑤）。

　なお、中小企業者、適用除外事業者、通算適用除外事業者及び農業協同組合等の定義は、「給与等の支給額が増加した場合の特別税額控除制度（賃上げ促進税制）」（80頁）を参照されたい。

2　改正の内容

　生産工程効率化等設備等を取得した場合の特別償却又は特別税額控除制度（カーボンニュートラルに向けた投資促進税制）について、次の見直しが行われます。

(1)　事業適応計画の認定要件

　事業適応計画（生産工程効率化等設備の導入を伴うエネルギー利用

環境負荷低減事業適応に関するものに限る。以下同じ。）の認定要件のうち事業所等の炭素生産性向上率に係る要件について、炭素生産性向上率が15％以上（中小企業者にあっては、10％以上）（現行：7％以上）に引き上げられます（告示改正）。

(2) 中小企業者の特別税額控除率

中小企業者が生産工程効率化等設備の取得等をする場合の特別税額控除率が、認定エネルギー利用環境負荷低減事業適応計画に記載された次の炭素生産性向上率の区分に応じそれぞれに掲げる率とされます（新措法42の12の7⑥一二イ、政令改正他）。

① 炭素生産性向上率17％以上

特別税額控除率14％

② 炭素生産性向上率10％以上17％未満

特別税額控除率10％

(3) 特別税額控除率を引き上げる措置の適用要件

中小企業者以外の法人が生産工程効率化等設備の取得等をする場合の特別税額控除率を引き上げる措置の適用要件について、事業所等の炭素生産性向上率が20％以上（現行：10％以上）に引き上げられます（新措法42の12の7⑥二ロ、政令改正他）。

(4) 対象資産の範囲

イ 対象資産である生産工程効率化等設備の範囲に、一定の鉄道用車両が加えられます（省令改正）。

ロ　対象資産から、需要開拓商品生産設備並びに生産工程効率化等
設備のうち市場に流通している照明設備及び対人空調設備が除外
されます（新措法42の12の7③、省令改正）。

(5)　炭素生産性向上率の計算方法

事業適応計画の認定要件のうち事業所等の炭素生産性向上率に係る
要件及び特別税額控除率を引き上げる措置の適用要件について、上記
(1)及び(3)のほか、事業所等の炭素生産性向上率を計算する際に電気の
排出係数による影響等を除外する等の見直しが行われます（令和6年
度税制改正大綱三5（国税）〔拡充等〕(2)⑥）。

(6)　対象法人等

対象法人が令和8年3月31日までに事業適応計画の認定を受けた認
定事業適応事業者とされ、対象資産がその認定を受けた日から3年以
内に、取得等をして、事業の用に供する資産とされます（新措法42の
12の7③⑥）。また、令和6年4月1日前に認定の申請をした事業適
応計画に従って同日以後に取得等をする資産については、本制度を適
用しないこととされます（新措法42の12の7⑮三）。

(7)　大企業に係る特定税額控除規定の不適用措置

中小企業者又は農業協同組合等以外の法人につき、一定の要件を満
たさない場合には、本制度を含む特定の特別税額控除規定を適用でき
ないこととする措置につき、適用期限が3年延長されるとともに、そ
の要件の見直しが行われます（「法人税額から控除される特別控除額

の特例（大企業に係る特定税額控除規定の不適用措置）」（94頁）参照）（新措法42の13⑤）。

- 2030年度46%削減、2050年度カーボンニュートラルの実現に向けては、**民間企業による脱炭素化投資の加速が不可欠**。このため、生産工程等の脱炭素化と付加価値向上を両立する設備の導入について、炭素生産性等の要件を見直しつつ、カーボンニュートラルに果敢に取り組む中小企業に対しては、その取組を強力に後押しする観点から、控除率を引上げ。
- さらに、カーボンニュートラルに向けた投資は、投資の検討から投資判断に至るまでの期間や、投資から設備の稼働まで一定の期間が必要であることを踏まえ、**適用期間を長期化**。なお、対象資産から、需要開拓商品生産設備を除外する。

| 改正概要 | 【適用期間】令和10年度末まで（認定期間：2年以内＋設備導入期間：認定日から3年以内）　＊下線が改正箇所 |

	生産工程等の脱炭素化と付加価値向上を両立する設備導入

（1）対象
事業所等の炭素生産性（付加価値額／エネルギー起源CO2排出量）を相当程度向上させる計画に必要となる設備
※対象設備は、機械装置、器具備品、建物附属設備、構築物、車両及び運搬具（一定の鉄道用車両に限る。）。
　ただし、照明設備及び対人空調設備を除く。
※措置対象となる設備は設備単位で炭素生産性が1％以上向上するもの

（2）措置内容

	現行			見直し・拡充		
企業区分	炭素生産性	税制措置	企業区分	炭素生産性	税制措置	
―	―	―	中小企業	17%	税額控除14%又は特別償却50%	
なし	10%	税額控除10%又は特別償却50%	大企業	20%	税額控除10%又は特別償却50%	
			中小企業	10%		
	7%	税額控除5%又は特別償却50%	大企業	15%	税額控除5%又は特別償却50%	

※措置対象となる投資額は、500億円まで。控除税額は、DX投資促進税制と合計で法人税額の20%まで。

（経済産業省資料を一部修正）

3　適用時期

　上記2(2)から(4)の改正は、法人が令和6年4月1日以後に取得等する生産工程効率化等設備について適用されます（改正法附則45①）。
　上記2(1)及び(5)の改正の適用時期は、産業競争力強化法に関連する告示等において定められます。

```
┌─────────────────────────────────────────┐
│                                         │
│              その他                      │
│                                         │
└─────────────────────────────────────────┘
```

1 廃止・縮減等

(1) 国家戦略特別区域において機械等を取得した場合の特別償却又は特別税額控除制度

国家戦略特別区域において機械等を取得した場合の特別償却又は特別税額控除制度について、次の見直しが行われた上、その適用期限が2年延長されます（新措法42の10、国家戦略特別区域法施行規則改正、令和6年度税制改正大綱三5（国税）〔廃止・縮減等〕(1)）。

イ 対象となる特定事業から次の事業が除外されます。

① 国際会議等に参加する者の利用に供する大規模な集会施設、宿泊施設、文化施設その他の利用に供する施設又は設備の整備、運営又はサービスの提供に関する事業（国際会議等に参加する者に係るものに限る。）のうち、集会施設、宿泊施設又は文化施設以外の施設又は設備の整備、運営又はサービスの提供に関する事業

② 付加価値の高い農林水産物若しくは加工食品の効率的な生産若しくは輸出の促進を図るために必要な高度な技術の研究開発又は当該技術の活用に関する事業（これらの事業に必要な施設又は設備の整備又は運営に関する事業を含む。）

ロ　設備投資に係る特定事業に関する事業実施計画の事業実施期間
の末日について設備を事業の用に供した日以後5年を経過する日
（現行：定めなし）とされた上、特定事業の適切な実施に関する
国家戦略特別区域担当大臣の確認についてその判断基準が明確化
されます。

(2)　国際戦略総合特別区域において機械等を取得した場合の特別償却又は特別税額控除制度

　国際戦略総合特別区域において機械等を取得した場合の特別償却又
は特別税額控除制度について、次の見直しが行われた上、その適用期
限が2年延長されます（新措法42の11、総合特別区域法施行規則改正）。

　イ　令和6年4月1日以後に受けた指定に係る指定法人事業実施計
画に記載された特定機械装置等の特別償却率が、機械装置及び器
具備品については30％（現行：34％）に、建物等及び構築物につ
いては15％（現行：17％）に、それぞれ引き下げられます。

　ロ　令和6年4月1日以後に受けた指定に係る指定法人事業実施計
画に記載された特定機械装置等の税額控除率が、機械装置及び器
具備品については8％（現行：10％）に、建物等及び構築物につ
いては4％（現行：5％）に、それぞれ引き下げられます。

　ハ　対象となる特定国際戦略事業から次の事業が除外されます。

　　①　手術補助その他の治療、日常生活訓練その他医療及び介護に
関する利用に供するロボットの研究開発又は製造に関する事業
（これらの事業に必要な施設又は設備の整備又は運営に関する
事業を含む。）

② 情報通信技術を利用して行われる診療に係るシステムその他の医療に関する情報システム（電磁的記録により作成又は保存される診療の記録に関するものを含む。）の研究開発に関する事業（これらの事業に必要な施設又は設備の整備又は運営に関する事業を含む。）

③ 高度な医療を提供する医療施設又は医療設備の整備又は運営に関する事業

④ 産業競争力強化法の産業競争力基盤強化商品の生産に関する事業

(3) 中小企業者等が特定経営力向上設備等を取得した場合の特別償却又は特別税額控除制度（中小企業経営強化税制）

中小企業者等が特定経営力向上設備等を取得した場合の特別償却又は特別税額控除制度（中小企業経営強化税制）について、対象資産のうち遠隔操作、可視化又は自動制御化に関する投資計画に記載された投資の目的を達成するために必要不可欠な設備（デジタル化設備）から次の設備が除外されます（新措法42の12の4、中小企業等経営強化法施行規則改正、令和6年度税制改正大綱三5（国税）〔廃止・縮減〕(3)）。

① 「農業の生産性の向上のためのスマート農業技術の活用の促進に関する法律」の生産方式革新実施計画の認定を受けた農業者等（その農業者等が団体である場合におけるその構成員等を含む。以下同じ。）が取得等をする農業の用に供される設備

② 生産方式革新実施計画の認定を受けた農業者等に係るスマート

農業技術活用サービス事業者（仮称）が取得等をする農業者等の
委託を受けて農作業を行う事業の用に供される設備

(4)　環境負荷低減事業活動用資産等の特別償却制度

　環境負荷低減事業活動用資産等の特別償却制度について、基盤確立
事業用資産に係る措置につき次の見直しが行われた上、制度の適用期
限が２年延長されます（新措法44の４、政令改正他）。

　イ　対象資産が、専ら化学的に合成された肥料又は農薬に代替する
　　生産資材（普及が十分でないものに限る。）を生産するために用
　　いられる機械等及びその機械等と一体的に整備された建物等であ
　　ることにつき基盤確立事業実施計画の認定の際に確認が行われた
　　ものとされます。

　ロ　この措置の適用を受けようとする法人は、確定申告書等に認定
　　基盤確立事業実施計画の写しを添付しなければならないこととさ
　　れます。

(5)　特定地域における産業振興機械等の特別償却制度

　特定地域における産業振興機械等の特別償却制度について、次の見
直しが行われます（新措法45③）。

　①　過疎地域等に係る措置の適用期限が３年延長されます。

　②　奄美群島に係る措置は、適用期限の到来をもって廃止されます。

(6) 事業再編計画の認定を受けた場合の事業再編促進機械等の割増償却制度

事業再編計画の認定を受けた場合の事業再編促進機械等の割増償却制度（措法46）は、令和6年3月31日をもって廃止されます。

(7) 輸出事業用資産の割増償却制度

輸出事業用資産の割増償却制度について、対象となる輸出事業用資産から次の資産が除外された上、その適用期限が2年延長されます（新措法46、政令改正）。

① 食肉流通構造高度化・輸出拡大総合対策事業による交付金その他固定資産の取得等に充てるための国の補助金、給付金又は交付金でその交付の目的が農林水産物又は食品の輸出の促進であるものの交付を受けた資産

② 開発研究の用に供される資産

(8) 倉庫用建物等の割増償却制度

倉庫用建物等の割増償却制度について、次の見直しが行われた上、その適用期限が2年延長されます（新措法48、政令改正、物資の流通の効率化に関する法律改正他）。

イ 対象となる特定流通業務施設において有していなければならないこととされている到着時刻表示装置について貨物自動車の運転者等からの商品等の入出庫に関する情報の提供機能を有するものに限定されるほか、対象となる特定流通業務施設の設備要件が見直されます。

ロ　割増償却は、流通業務の省力化に特に資する施設として次の要
　件を満たす特定流通業務施設であることにつき証明された事業年
　度のみ、適用できることとされます。
　①　貨物自動車の運転者の平均荷待ち時間が20分以内であること
　②　貨物自動車の運転者の平均荷役時間（以下「平均荷役時間」
　　という。）が特定総合効率化計画に記載されたその特定流通業
　　務施設における平均荷役時間の目標値及びその法人が既に有す
　　る流通業務施設における平均荷役時間を下回ること

(9)　特別償却等に関する複数の規定の不適用措置

　特別償却等に関する複数の規定の不適用措置について、異なる事業
年度であっても、法人の有する一の減価償却資産につき特別償却等に
関する制度のうち複数の制度の適用ができないこととされます（新措
法53）。

(10)　特定復興産業集積区域において機械等を取得した場合の特
別償却又は特別税額控除制度

　特定復興産業集積区域において機械等を取得した場合の特別償却又
は特別税額控除制度について、その適用期限が2年延長されるととも
に、令和7年4月1日以後に取得等をした特定機械装置等につき、次
の見直しが行われます（新震災特例法17の2）。
　イ　特別償却率が、機械装置については45％（現行：50％）に、建
　　物等及び構築物については23％（現行：25％）に、それぞれ引き
　　下げられます。

ロ　税額控除率が、機械装置については14％（現行：15％）に、建
　　物等及び構築物については７％（現行：8％）に、それぞれ引き
　　下げられます。

(11)　特定復興産業集積区域における開発研究用資産の特別償却制度等

特定復興産業集積区域における開発研究用資産の特別償却制度等に
ついて、その適用期限が２年延長されるとともに、令和７年４月１日
以後に取得等をした開発研究用資産の特別償却率が30％（中小企業者
等については、45％）（現行：34％（中小企業者等については、50％））
に引き下げられます（新震災特例法17の５）。

(12)　再投資等準備金制度及び再投資設備等の特別償却制度

再投資等準備金制度（震災特例法18の３）及び再投資設備等の特別
償却制度（震災特例法18の４）は、適用期限の到来をもって廃止され
ます。

その他

```
╔══════════════════════════════════════╗
║  中小企業者等の少額減価償却資産の取   ║
║     得価額の損金算入の特例            ║
╚══════════════════════════════════════╝
```

1 改正前の制度の概要

　中小企業者（注1）（適用除外事業者（注1）に該当するものを除く。）及び農業協同組合等（注1）で青色申告書を提出するもの（常時使用する従業員の数が500人以下の法人に限り、通算法人を除く。）が、平成18年4月1日から令和6年3月31日までの間に少額減価償却資産（注2）の取得等をし、その少額減価償却資産の取得価額に相当する金額につき事業の用に供した日を含む事業年度において損金経理をしたときは、その損金経理をした金額をその事業年度の損金の額に算入することとされています（措法67の5①、措令39の28①）。

　ただし、その事業年度における減価償却資産の取得価額の合計額が300万円を超えるときは、損金の額に算入する金額は、その取得価額のうち300万円に達するまでの金額が限度とされています（措法67の5①）。

㈲1　中小企業者、適用除外事業者及び農業協同組合等の意義は、「給与等の支給額が増加した場合の特別税額控除制度（賃上げ促進税制）」

（80頁）を参照されたい。

2　少額減価償却資産とは、取得価額が10万円以上30万円未満の減価償却資産（取得価額が10万円未満の減価償却資産の損金算入の規定（法令133）又は一括償却資産の損金算入の規定（法令133の２）等の適用を受ける一定の減価償却資産を除く。）をいう（措法67の５①、措令39の28②）。

2　改正の内容

　中小企業者等の少額減価償却資産の取得価額の損金算入の特例について、対象法人から電子情報処理組織を使用する方法（e-Tax）により法人税の確定申告書等に記載すべきものとされる事項を提供しなければならない法人のうち常時使用する従業員の数が300人を超えるものが除外された上、その適用期限が２年延長されます（新措法67の５①、政令改正）。

- 中小企業者等が<u>30万円未満の減価償却資産</u>を取得した場合、<u>合計300万円までを限度</u>に、<u>即時償却（全額損金算入）</u>することが可能。
- インボイス制度の導入等により事務負担が増加する中で、①償却資産の管理などの事務負担の軽減、②事務処理能力・事務効率の向上を図るため、本制度の<u>適用期限を2年間延長する</u>。

改正概要	※下線が改正箇所

【適用期限：令和7年度末】

○適用対象資産から、貸付け（主要な事業として行われるものを除く。）の用に供した資産を除く

	取得価額	償却方法	
中小企業者等のみ	30万円未満	全額損金算入 （即時償却）	← 合計300万円まで
全ての企業	20万円未満	3年間で均等償却※1 （残存価額なし）	} 本則※2
	10万円未満	全額損金算入 （即時償却）	

※1　10万円以上20万円未満の減価償却資産は、3年間で毎年1/3ずつ損金算入することが可能。
※2　本則についても、適用対象資産から貸付け（主要な事業として行われるものを除く。）の用に供した資産が除かれる。
※3　従業員数については、中小企業者は500名以下、<u>出資金等が1億円超の組合等は300名以下</u>が対象

（経済産業省資料を一部修正）

3　適用時期

　上記の改正（適用期限の延長についてを除く。）の適用時期は、改正政令附則において定められます。

その他

1 延長・拡充等

(1) 中小企業者の欠損金等以外の欠損金の繰戻しによる還付制度の不適用措置

中小企業者の欠損金等以外の欠損金の繰戻しによる還付制度の不適用措置について、その適用期限が2年延長されるとともに、対象から銀行等保有株式取得機構の欠損金額を除外する措置の適用期限が2年延長されます（新措法66の12）。

(2) 国庫補助金等で取得した固定資産等の圧縮額の損金算入制度

国庫補助金等で取得した固定資産等の圧縮額の損金算入制度について、対象となる国庫補助金等の範囲に次の助成金が加えられます（新法法42、政令改正）。

① 「経済施策を一体的に講ずることによる安全保障の確保の推進に関する法律」に基づく独立行政法人エネルギー・金属鉱物資源機構又は国立研究開発法人新エネルギー・産業技術総合開発機構の助成金で供給確保計画の認定を受けた者が行う認定供給確保事業に必要な資金に充てるためのもの

② 「国立研究開発法人新エネルギー・産業技術総合開発機構法」
に基づく助成金で再生可能エネルギー熱の面的利用システム構築
に向けた技術開発等に係るもの

(3) 収用換地等の場合の所得の特別控除制度等

　収用換地等の場合の所得の5,000万円特別控除等について、次の措
置が講じられます（新措法64、64の2、65、65の2、省令改正）。

　イ　適用対象に、土地収用法に規定する事業の施行者が行うその事
　　　業の施行に伴う漁港水面施設運営権の消滅により補償金を取得す
　　　る場合及び地方公共団体が「漁港及び漁場の整備等に関する法
　　　律」の規定に基づき公益上やむを得ない必要が生じたときに行う
　　　漁港水面施設運営権の取消しに伴う資産の消滅等により補償金を
　　　取得する場合が加えられます。

　ロ　「障害者の日常生活及び社会生活を総合的に支援するための法
　　　律」の就労移行支援の用に供する土地等について、所要の法令改
　　　正を前提に、引き続き収用換地等の場合の所得の5,000万円特別
　　　控除等に係る簡易証明制度が対象とされます。

(4) 特定土地区画整理事業等のために土地等を譲渡した場合の所得の特別控除制度

　都市緑地法等の改正を前提に、特定土地区画整理事業等のために土
地等を譲渡した場合の2,000万円特別控除について、次の措置が講じ
られます（新措法65の3、政令改正他）。

　イ　適用対象に都市緑地法に規定する特別緑地保全地区内の土地等

が同法の規定により都市緑化支援機構に買い取られる場合（一定の場合に限る。）が加えられるとともに、適用対象から特別緑地保全地区内の土地等が同法の規定により緑地保全・緑化推進法人に買い取られる場合が除外されます。

ロ　適用対象に「古都における歴史的風土の保存に関する特別措置法」に規定する歴史的風土特別保存地区内の土地等が同法の規定により都市緑化支援機構に買い取られる場合（一定の場合に限る。）が加えられます。

(5) 特定の民間住宅地造成事業等のために土地等を譲渡した場合の所得の特別控除制度

特定の民間住宅地造成事業のために土地等を譲渡した場合の1,500万円特別控除の適用期限が3年延長されます（新措法65の4①三）。

2　廃止・縮減等

(1) 海外投資等損失準備金制度

海外投資等損失準備金制度について、対象となる特定株式等から「経済施策を一体的に講ずることによる安全保障の確保の推進に関する法律」に基づく独立行政法人エネルギー・金属鉱物資源機構の助成金の交付を受けた法人がその助成金をもって取得したその助成金の交付の目的に適合した株式又は出資が除外された上、その適用期限が2年延長されます（新措法55、政令改正）。

(2) 国家戦略特別区域における指定法人の課税の特例

国家戦略特別区域における指定法人の課税の特例について、次の見直しが行われた上、その適用期限が2年延長されます（新措法61、省令改正）。

イ　所得控除率が18％（現行：20％）に引き下げられます。

ロ　対象事業から次の事業が除外されます。

① 我が国の経済社会の活力の向上及び持続的発展に寄与することが見込まれる産業に係る国際的な事業機会の創出その他当該産業に係る国際的な規模の事業活動の促進に資する事業

② 付加価値の高い農林水産物若しくは加工食品の効率的な生産若しくは輸出の促進を図るために必要な高度な技術の研究開発又は当該技術の活用に関する事業（これらの事業に必要な施設又は設備の整備又は運営に関する事業を含む。）

なお、上記イの改正は、令和6年4月1日以後に指定を受ける法人（指定に係る認定区域計画に定められている特定事業に関する事業実施計画を同日前に国家戦略特別区域担当大臣に提出したものを除く。）の各事業年度分の法人税について適用されます（改正法附則50①②）。

(3) 技術研究組合の所得の計算の特例

技術研究組合の所得の計算の特例について、次の見直しが行われた上、その適用期限が3年延長されます（新措法66の10、政令改正）。

イ　対象資産について、新たな知見を得るため又は利用可能な知見の新たな応用を考案するために行う試験研究の用に直接供する固

定資産に限定されます。

ロ　対象資産から、電気ガス供給施設利用権が除外されます。

法

人

税

⑷　特定の基金に対する負担金等の損金算入の特例

　特定の基金に対する負担金等の損金算入の特例における独立行政法人中小企業基盤整備機構が行う中小企業倒産防止共済事業に係る措置について、中小企業倒産防止共済法の共済契約の解除があった後同法の共済契約を締結した場合には、その解除の日から同日以後 2 年を経過する日までの間に支出する当該共済契約に係る掛金については、本特例の適用ができないこととされます（新措法66の11）。

　なお、上記の改正は、令和 6 年10月 1 日以後の共済契約の解除について適用されます（改正法附則53）。

⑸　特定の協同組合等の法人税率の特例

　特定の協同組合等の法人税率の特例について、その事業年度の総収入金額のうちにその事業年度の物品供給事業に係る収入金額の占める割合が50％を超えることとの要件における物品供給事業に、協同組合等の組合員等に電気を供給する事業が含まれることが明確化されます（新措法68、政令改正）。

⑹　特定復興産業集積区域において被災雇用者等を雇用した場合の特別税額控除制度

　特定復興産業集積区域において被災雇用者等を雇用した場合の特別

税額控除制度について、その適用期限が2年延長されるとともに、令和7年4月1日以後に指定を受けた法人の税額控除率が9%（現行：10%）に引き下げられます（新震災特例法17の3）。

(7) 震災特例法に係る特定の資産の買換えの場合等の課税の特例

震災特例法に係る特定の資産の買換えの場合等の課税の特例（震災特例法19〜21）は、適用期限の到来をもって廃止されます。

3　その他の措置

(1) 公益法人等の収益事業に係る見直し

公益法人等の収益事業に係る課税について、次の見直しが行われます（新法法2十三、法令改正、省令改正）。

イ　次の事業が収益事業から除外されます。

① 　広域的運営推進機関が電気事業法の広域系統整備交付金交付等業務として行う金銭貸付業

② 　国民健康保険団体連合会が次の者から委託を受けて行う請負業でその委託が法令の規定に基づき行われるものであること等の一定の要件に該当するもの

ⅰ 　国又は地方公共団体（後期高齢者医療広域連合を含む。）

ⅱ 　全国健康保険協会、健康保険組合、国民健康保険組合、国家公務員共済組合、地方公務員共済組合又は日本私立学校振興・共済事業団

iii　社会保険診療報酬支払基金又は独立行政法人環境再生保全
機構

iv　国民健康保険団体連合会をその会員とする一定の法人

ロ　収益事業から除外される公的医療機関に該当する病院等を設置
する農業協同組合連合会が行う医療保健業の要件について、次の
見直しが行われます。

㋑　特別の療養環境に係る病床数の割合に係る要件について、そ
の割合が療担規則及び薬担規則並びに療担基準に基づき厚生労
働大臣が定める掲示事項等における特別の療養環境の提供に関
する基準に適合していることとされます。

㋺　社会保険診療等に係る収入金額の合計額が全収入金額の100
分の80を超えることとの要件が加えられます。

㋩　その他所要の措置が講じられます。

(2)　漁港水面施設運営権に係る見直し

「漁港及び漁場の整備等に関する法律」の漁港水面施設運営権につ
いて、次の措置が講じられます（新法法２二十三、政令改正、省令改
正）。

イ　漁港水面施設運営権が法人税法上の減価償却資産（無形固定資
産）とされます。

ロ　漁港水面施設運営権の耐用年数がその漁港水面施設運営権の設
定の通知において明らかにされた存続期間の年数とされます。た
だし、漁港水面施設運営権の存続期間の更新に伴い支出した金額
のうち資本的支出とされた金額を取得価額として新たに取得した

ものとされる資産については、その更新の通知において明らかにされたその更新後の存続期間の年数とされます。

ハ　漁港水面施設運営権の償却方法が定額法とされます。

(3)　二酸化炭素の貯留事業に関する法律の制定に伴う措置

「二酸化炭素の貯留事業に関する法律」の制定を前提に、同法の貯留権及び試掘権について、次の措置が講じられます（新法法2二十三、政令改正、省令改正他）。

イ　貯留権及び試掘権が法人税法上の減価償却資産（無形固定資産）とされます。

ロ　貯留権の耐用年数がその貯留権に係る貯留区域の貯蔵予定数量をその貯留区域の最近における年間貯蔵数量等で除して計算した数を基礎として納税地の所轄税務署長の認定した年数とされた上、その償却方法が生産高（貯留量）比例法又は定額法とされ、法定償却方法が生産高（貯留量）比例法とされます。

ハ　試掘権の耐用年数が6年とされ、その償却方法が定額法とされます。

ニ　その他所要の措置が講じられます。

(4)　鉱業権の耐用年数の見直し

鉱業権のうち次の試掘権の耐用年数（現行：8年）が次のとおり見直されます（新法法31、省令改正）。

①　石油又は可燃性天然ガスに係る試掘権6年

②　アスファルトに係る試掘権5年

(5) 有価証券の譲渡益又は譲渡損の益金又は損金算入（種類株式についての買戻し）

買戻条件の付された一定の種類株式について買戻しが行われた場合における譲渡法人の課税上の取扱いが明確化されます（令和6年度税制改正大綱三6（国税）(6)）。

(6) 奄美群島振興開発特別措置法の期限の延長に伴う措置

奄美群島振興開発特別措置法の期限の延長を前提に、独立行政法人奄美群島振興開発基金が引き続き公共法人（法人税法別表第一）とされます（令和6年度税制改正大綱三6（国税）(7)）。

(7) 国立研究開発法人情報通信研究機構法の改正に伴う措置

国立研究開発法人情報通信研究機構法の改正により国立研究開発法人情報通信研究機構の資本金の額等の全部が国の所有に属することとなることに伴い、同機構が公共法人（法人税法別表第一）（現行：公益法人等（法人税法別表第二））とされます（令和6年度税制改正大綱三6（国税）(8)）。

(8) 脱炭素成長型経済構造への円滑な移行の推進に関する法律に関する措置

「脱炭素成長型経済構造への円滑な移行の推進に関する法律」に基づき設立される脱炭素成長型経済構造移行推進機構が公益法人等（法人税法別表第二）とされます（新法人税法別表第二）。

⑼　医療法の改正に伴う措置

　社会医療法人の認定要件のうち救急医療等確保事業に係る業務を行っていることとの要件について、医療法の改正により救急医療等確保事業に「そのまん延により国民の生命及び健康に重大な影響を与えるおそれがある感染症がまん延し、又はそのおそれがあるときにおける医療の確保に必要な事業」が追加されたことに伴いその事業に関する基準が新たに設定された後も、社会医療法人が引き続き公益法人等（法人税法別表第二）とされ、その行う医療保健業は引き続き収益事業から除外されます（令和6年度税制改正大綱三6（国税）⑽）。

⑽　消費生活協同組合等に係る関係法令の改正に伴う措置

　関係法令の改正を前提に、消費生活協同組合等の電気を供給する事業に係る員外利用の制限の緩和等が行われた後も、消費生活協同組合等が引き続き協同組合等（法人税法別表第三）とされます（令和6年度税制改正大綱三6（国税）⑾）。

⑾　公益社団法人及び公益財団法人の認定等に関する法律等の改正に伴う措置

　「公益社団法人及び公益財団法人の認定等に関する法律」等の改正を前提に、収支相償原則の見直し等の公益法人制度改革が行われた後も、公益社団法人及び公益財団法人に講じられている措置が引き続き認めることとされます（令和6年度税制改正大綱三6（国税）⑿）。

⑿　新たな公益信託制度の創設に伴う措置

　公益信託制度改革による新たな公益信託制度の創設に伴い、次の措置が講じられます（新法法2二十九の二、12、37他）。

　　イ　公益信託の信託財産に帰せられる収益及び費用については、委託者及び受託者の段階で法人税を課税しないこととされます。

　　ロ　公益信託の信託財産とするために支出したその公益信託に係る信託事務に関連する寄附金（出資に関する信託事務に充てられることが明らかなものを除く。）について、特定公益増進法人に対する寄附金と同様に、別枠の損金算入限度額の対象とされます。

　　ハ　その他所要の措置が講じられます。

　なお、現行の特定公益信託及び特定公益信託以外の公益信託について、所要の経過措置が講じられます（令和6年度税制改正大綱三6（国税）⒀）。

⒀　感染症の予防及び感染症の患者に対する医療に関する法律の改正に伴う措置

　「感染症の予防及び感染症の患者に対する医療に関する法律」の改正に伴い、次の措置が講じられます（新措法67、67の2、告示改正他）。

　　イ　社会保険診療等に係る収入金額の範囲

　　　「感染症の予防及び感染症の患者に対する医療に関する法律」の流行初期医療確保措置に係る収入金額が次の各要件における社会保険診療等に係る収入金額の範囲に含まれることが明確化されます。

①　社会医療法人の認定要件のうち社会保険診療等に係る収入金額の合計額が全収入金額の100分の80を超えることとの要件

②　収益事業から除外される医師会法人等がその開設する病院又は診療所において行う医療保健業の要件のうち社会保険診療等に係る収入金額の合計額が全収入金額の100分の60を超えることとの要件

③　収益事業から除外される無料又は低額な料金による診療事業等を行う公益法人等が行う医療保健業の要件のうち社会保険診療等に係る収入金額の合計額が全収入金額の100分の80を超えることとの要件

④　特定の医療法人の法人税率の特例における承認要件のうち社会保険診療等に係る収入金額の合計額が全収入金額の100分の80を超えることとの要件

ロ　社会保険診療報酬の所得計算の特例

　社会保険診療報酬の所得計算の特例について、対象医療機関に対し支給される流行初期医療の確保に要する費用がその対象となることが明確化されます。

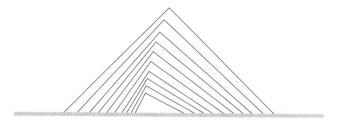

国際課税関係

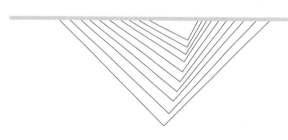

国際課税関係

```
各対象会計年度の国際最低課税額に
対する法人税等の見直し
```

1　改正前の制度の概要

　令和5年度においては、G20/OECD を中心とした BEPS 包摂的枠組み（約140の国と地域で構成）により国際的に合意されたデジタル課税の第2の柱である通称「グローバル・ミニマム課税」の一部が導入されました。デジタル課税は、現在も議論が行われており、国際的に合意されたものから順次各国の税制改正で反映されています。

　次ページの図に示すように、特定の多国籍企業グループを構成する親会社・子会社等の所在地国において、15％の最低税率が課されていない場合、状況に応じて次の3つの方法のいずれかを用いて15％の最低税率で課税するための制度が考え出されてきました。

　①　所得合算ルール（IIR）

　②　軽課税所得ルール（UTPR）

　③　適格国内ミニマム課税（QDMTT）

【グローバル・ミニマム課税の３つの課税方法】

第２の柱（グローバル・ミニマム課税）について

○ 年間総収入金額が7.5億ユーロ（約1,200億円）以上の多国籍企業が対象。一定の適用除外を除く所得について各国ごとに最低税率15％以上の課税を確保する仕組み。

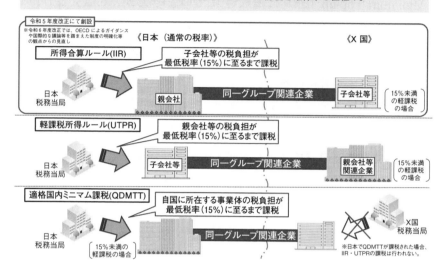

（財務省資料を一部改変）

　令和５年度税制改正において、グローバル・ミニマム課税のうち、所得合算ルール（IIR：Income Inclusion Rule）を中心に制度が導入されました。具体的には、連結売上高７億5,000万ユーロ（約1,200億円）を超える多国籍企業グループの日本親会社に対して、子会社等がその所在地国で15％に満たない納税を行う場合に、その差額を日本で課税する制度です。例えば、日本親会社の外国子会社等がその所在地国において適用される税率が15％に満たない場合（例えば、10％の場合）には、15％までの５％を日本の税務当局が親会社に対して課税するという制度です。この５％のことを「トップアップ税率（Top-up

Tax Percentage)」といいます。

　日本では上で説明した軽課税所得ルール（UTPR：Undertaxed Profits Rule）と適格国内ミニマム課税（QDMMT：Qualified Domestic Minimum Top-up Tax）は導入されていませんが、ここで、UTPRとQDMMTについて簡単に解説します。

　UTPRは、日本に所在する子会社の外国親会社の租税負担割合が15％に満たない場合に適用されるものです。この場合、外国親会社がいわゆるタックスヘイブンに所在する時に必要になると考えられます。

　一方、QDMMTは、多国籍企業グループに属する会社等がその所在地国で最低税率（15％）を下回る場合に、15％まで課税する制度です。QDMMTは、外国がIIRやUTPRを導入している場合、自国に所在する会社等に課税されないという長所を持っています。

　上述のように、令和5年度税制改正で、日本にも「所得合算ルール（IIR）」が導入されましたが、UTPR及びQDMMTは令和6年度税制改正でも導入される予定は（現状）ありません。このような状況下、前頁の図の一番下に記載したQDMMTの箇所を見てください。

　QDMMTの図において、X国に所在する日本企業の同一グループ関連企業に関して、「日本においてQDMMTが課税された場合、IIR・UTPRの課税は行われない」と記載されています。ところが、現状、日本ではQDMMTは導入されていないので、この図のようになることはありません。

　これに対して、日本企業（日本親会社）の外国子会社等が所在する前ページの図のX国において、その子会社等に対して最低15％の課税を行う制度を有している（つまり、X国がQDMMTを導入している）

場合、日本の所得合算ルールが適用されることはありません。別の言い方をすれば、X国ではQDMMTにより最低税率である15%の課税がなされており、既に最低税率での課税が行われていることから、日本で所得合算ルール（IIR）を用いて課税する必要がないことになります。

例えば、シンガポールはタックスヘイブンの一つであり、租税負担割合が15%を下回る場合があります。これに関して、シンガポールではQDMMTを導入しているので、仮に日本親会社の子会社の租税負担割合が15%を下回った場合でも、15%までシンガポールで課税されるので、日本の所得合算ルール（IIR）の適用を免れることができます。

このように、QDMMTは自国所在の会社に対して他国のIIRやUTPRによる課税がなされなくなる、という効果を有するとともに、自国の税収の確保という観点からも有益な制度といえます。

なお、このグローバル・ミニマム課税は、BEPS包摂的枠組みにより国際的に合意されたものです。日本企業は国際的租税回避をあまり行わないとされている一方、アグレッシブな租税回避を行う外国企業を念頭に置いた詳細な規定が含まれており、非常に複雑な構造になっています。

2　改正の内容

各対象会計年度の国際最低課税額に対する法人税等について、次の見直しが行われます。

(1)　構成会社等がその所在地国において一定の要件を満たす自国内最

低課税額に係る税を課することとされている場合には、その所在地国に係るグループ国際最低課税額を零とする適用免除基準が設けられます（法法82の2⑥）。これについては、上記1で説明した適格国内ミニマム課税（QDMMT）が導入されている国に日本子会社等が所在する場合、所得合算ルール（IIR）が適用されなくなることを意味します。

(2) 無国籍構成会社等が自国内最低課税額に係る税を課されている場合には、グループ国際最低課税額の計算においてその税の額が控除されます（法法82の2②四～六、④四～六）。

(3) 個別計算所得等の金額から除外される一定の所有持分の時価評価損益等について、特定多国籍企業グループ等に係る国又は地域単位の選択により、個別計算所得等の金額に含められます（政令改正）。

(4) 導管会社等に対する所有持分を有することにより適用を受けることができる税額控除の額（一定の要件を満たすものに限る。）について、特定多国籍企業グループ等に係る国又は地域単位の選択により、調整後対象租税額が加算されます（政令改正）。

(5) 特定多国籍企業グループ等報告事項等の提供制度について、特定多国籍企業グループ等報告事項等を、提供義務者の区分（親会社、子会社など）に応じて必要な事項等に見直されます（法法150の3①）。

この報告事項等の提供制度とは、特定多国籍企業グループ等に属する構成会社等である内国法人が、その特定多国籍企業グループ等に属する構成会社等の名称、その構成会社等の所在地国ごとの国別実効税率、その特定多国籍企業グループ等のグループ国際最低課税

額その他必要な事項を、各対象会計年度終了の日の翌日から原則として1年3月以内に、e-Tax により、納税地の所轄税務署長に提供するものです。

(6) 外国税額控除について、次の見直しが行われます（政令改正）。

　イ　次に掲げる外国における税について、外国税額控除の対象から除外されます。

　　① 各対象会計年度の国際最低課税額に対する法人税に相当する税

　　② 外国を所在地国とする特定多国籍企業グループ等に属する構成会社等に対して課される税（グループ国際最低課税額に相当する金額のうち各対象会計年度の国際最低課税額に対する法人税に相当する税の課税標準とされる金額以外の金額を基礎として計算される金額を課税標準とするものに限られる。）又はこれに相当する税

　ロ　自国内最低課税額に係る税について、外国税額控除の対象とされます。

(7) その他所要の措置が講じられます。

3　適用時期

(1) 上記2(1)から(2)の改正事項は、内国法人の新法人税法施行日以後に開始する対象会計年度の法人税法第82条の2第1項に規定する法人税について適用されます（改正法附則1、10）。

(2) 上記2(5)の改正事項は、新法人税法の施行日以後に開始する対象

会計年度に係る法人税法第150条第1項に規定する特定多国籍企業グループ等報告事項等に適用されます（改正法附則1、11）。

(3)　上記2(3)、(4)、(6)、(7)の改正事項は改正政令附則において定められます。

外国子会社合算税制の見直し

1 改正前の制度の概要

(1) 制度の概要

　外国子会社合算税制は、外国子会社等を利用した租税回避を抑制するため、一定の要件に該当する外国子会社等の所得に相当する金額について、日本の親会社の所得とみなして合算し、日本で課税する制度です。外国関係会社（注1）がペーパー・カンパニー等である場合（特定外国関係会社）（注2）又は経済活動基準（注3）のいずれかを満たさない場合（対象外国関係会社）には、その外国関係会社の所得に相当する金額について、内国法人等の所得とみなして、課税することとされています（会社単位の合算課税。措法66の6①）。

(注)1　上記の「外国関係会社」とは、居住者・内国法人等が直接又は間接に50％を超える持分を有する外国法人又は居住者・内国法人が外国法人の残余財産のおおむね全部について分配を請求することができるなど会社財産に対する支配関係がある場合のその外国法人をいう。以下同じ。

　　2　上記の「特定外国関係会社」とは、以下の外国関係会社をいいます。
　　　イ　いわゆるペーパー・カンパニー
　　　ロ　事実上のキャッシュ・ボックス
　　　ハ　ブラックリスト国所在のもの

このうち、いわゆるペーパー・カンパニーとは次のいずれにも該当しない外国関係会社を指す（措法66の6②二イ）。

① 実体基準を満たす外国関係会社

② 管理支配基準を満たす外国関係会社

③ 外国子会社（25％以上の保有）の株式等の保有を主たる事業とする外国関係会社で、その収入金額のうちに占める当該株式等に係る剰余金の配当等の額の割合が著しく高いことその他の政令で定める要件に該当するもの

④ 特定子会社（部分対象外国関係会社に該当するものその他の政令で定めるもの）の株式等の保有を主たる事業とする外国関係会社で、その本店所在地国を同じくする管理支配会社によってその事業の管理、支配及び運営が行われていること、当該管理支配会社がその本店所在地国で行う事業の遂行上欠くことのできない機能を果たしていること、その収入金額のうちに占める当該株式等に係る剰余金の配当等の額及び当該株式等の譲渡に係る対価の額の割合が著しく高いことその他の政令で定める要件に該当するもの

⑤ その本店所在地国にある不動産の保有、その本店所在地国における石油その他の天然資源の探鉱、開発若しくは採取又はその本店所在地国の社会資本の整備に関する事業の遂行上欠くことのできない機能を果たしている外国関係会社で、その本店所在地国を同じくする管理支配会社によってその事業の管理、支配及び運営が行われていることその他の政令で定める要件に該当するもの

3 上記の「経済活動基準」とは、以下の基準をいう。

イ 事業基準（主たる事業が株式等の保有等の一定の事業でないこと）

ロ 実体基準（本店所在地国に主たる事業に必要な事務所等を有すること）

ハ 管理支配基準（本店所在地国において事業の管理、支配及び運営を自ら行っていること）

ニ 次のいずれかの基準

① 所在地国基準（主として本店所在地国で事業を行っていること）

※下記以外の業種に適用

② 非関連者基準（取得して関連者以外の者と取引を行っていること）

※卸売業、銀行業、信託業、金融商品取引業、保険業、水運業、航空運送業、航空機貸付業に適用

(2) ペーパー・カンパニーから除外されるための要件

令和元年度税制改正において、次に掲げる要件の全てを満たす外国関係会社は、上記1(1)注2にあるようにペーパー・カンパニーに該当しないこととされていました（（ペーパー・カンパニー特例）措法66の6②二イ(4)、措令39の14の3⑧、措規22の11⑤〜⑧）。

イ　事業要件

特定子会社（注1）の株式等の保有を主たる事業とすること

ロ　不可欠機能要件

管理支配会社（注2）の行う事業（その管理支配会社の本店所在地国において行うものに限る。）の遂行上欠くことのできない機能を果たしていること

ハ　被管理支配要件

① その事業の管理、支配及び運営が管理支配会社によって行われていること

② その事業を的確に遂行するために通常必要と認められる業務の全てが、その本店所在地国において、管理支配会社の役員又は使用人によって行われていること

ニ　所在地国要件

その本店所在地国を管理支配会社の本店所在地国と同じくする
こと

ホ　課税要件

その所得がその本店所在地国で課税対象とされていること

ヘ　収入割合要件

その事業年度の収入金額の合計額のうちに占める特定子会社か
ら受ける剰余金の配当等その他一定の収入の額の合計額の割合が
95％を超えていること（措令39の14の3⑧六）

ト　資産割合要件

その事業年度終了の時における貸借対照表に計上されている総
資産の帳簿価額のうちに占める特定子会社の株式等その他一定の
資産の帳簿価額の合計額の割合が95％を超えていること

（注）1　「特定子会社」とは、措置法第66条の6第1項各号に掲げる内国
法人に係る他の外国関係会社（管理支配会社とその本店所在地国を
同じくするものに限る。）で、部分対象外国関係会社に該当するも
のをいう（措法66の6②ニイ(4)、措令39の14の3⑦）。

2　「管理支配会社」とは、同号に掲げる内国法人に係る他の外国関
係会社のうち、部分対象外国関係会社に該当するもので、その本店
所在地国において、その役員又は使用人がその主たる事業を的確に
遂行するために通常必要と認められる業務の全てに従事しているも
のをいう（措法66の6②ニイ(4)かっこ書）。

2　改正の内容

(1)　外国子会社合算税制におけるペーパー・カンパニー特例に係る収

入割合要件（上記1(2)ヘ）について、外国関係会社の事業年度に係る収入等がない場合には、その事業年度における収入割合要件の判定が不要とされます（政令改正）。

(2)　居住者に係る外国子会社合算税制及び特殊関係株主等である内国法人に係る外国関係法人に係る所得の課税の特例等の関連制度につき、上記(1)と同様の見直しが行われます（政令改正）。

3　適用時期

上記の2の改正の適用時期は、改正政令附則において定められます。

非居住者に係る暗号資産等取引情報の自動的交換のための報告制度の整備等

　令和4年8月に、経済協力開発機構（OECD）において、暗号資産報告枠組み（CARF：Crypto-Asset Reporting Framework）制度の創設について合意されました。その後、同年11月10日、日本を含む48か国は、「暗号資産等報告枠組みの実施に向けた共同声明」を公表し、令和9年までに税務当局間において情報交換することとされました。

　平成30年より、日本でも共通報告基準（通称：CRS）の枠組みで非居住者に係る金融口座情報の自動的情報交換が機能していますが、暗号資産についても同じように国際間で情報共有されるということです。これにより、適正かつ公平な課税の実現を図ることが国際的に合意されたことになります。

　このような状況下、令和6年度税制改正において、暗号資産取引を行う者は、一定の情報を暗号資産交換業者等に対して提出することが義務付けられることになりました。

1　新制度の内容

(1)　令和8年1月1日以後に報告暗号資産交換業者等との間でその営業所等を通じて暗号資産等取引を行う者は、当該暗号資産等取引を

行う際（令和７年12月31日において報告暗号資産交換業者等との間でその営業所等を通じて暗号資産等取引を行っている者にあっては、令和８年12月31日まで）に、その者（その者が特定法人である場合には、当該特定法人及びその実質的支配者等。１において「特定対象者」という。）の氏名又は名称、住所又は本店等の所在地、居住地国、居住地国が外国の場合にあっては当該居住地国における納税者番号その他必要な事項を記載した届出書を、当該報告暗号資産交換業者等の営業所等の長に提出しなければなりません（実特法10の９①）。

(注)1　上記の「報告暗号資産交換業者等」とは、暗号資産交換業者、電子決済手段等取引業者（電子決済手段を発行する者を含む。）及び金融商品取引業者のうち一定のものをいう。

2　上記の「暗号資産等取引」とは、暗号資産等（暗号資産、資金決済に関する法律第２条第５項第４号に掲げる電子決済手段又は一定の電子記録移転有価証券表示権利等をいう。３において同じ。）の売買、暗号資産等と他の暗号資産等との交換若しくはこれらの行為の媒介等又は暗号資産等の移転若しくは受入れに係る契約の締結をいう。

3　届出書に記載すべき事項は、電磁的方法による提供も可能とする（下記(2)の異動届出書についても同様とする。）。

4　報告暗号資産交換業者等の営業所等の長は、届出書に記載されている事項を確認しなければならない（下記(2)の異動届出書についても同様とする。）。

(2)　上記(1)の届出書を提出した者は、居住地国等について異動を生じた場合には、異動後の居住地国その他必要な事項を記載した届出書（１において「異動届出書」という。）を、異動を生じた日等から３月を経過する日までに、報告暗号資産交換業者等の営業所等の長に

提出しなければなりません。当該異動届出書の提出をした後、再び異動を生じた場合についても、同様とされます（実特法10の9②）。

(3) 報告暗号資産交換業者等は、上記(1)の届出書又は異動届出書（1において「届出書等」という。）に記載された事項のうち居住地国等と異なることを示す一定の情報を取得した場合には、その取得の日から3月を経過する日までに、当該届出書等を提出した者に対し異動届出書の提出の要求をし、その提出がなかったときは、当該情報に基づき住所等所在地国と認められる国又は地域の特定をしなければなりません。当該要求又は特定後に再びそのような情報を取得した場合についても、同様とされます（実特法10の9④）。

(4) 報告暗号資産交換業者等は、その年の12月31日において、当該報告暗号資産交換業者等の営業所等を通じて暗号資産等取引を行った者（外国金融商品取引所において上場されている法人等を除く。）が報告対象契約を締結している場合には、特定対象者の氏名又は名称、住所又は本店等の所在地、居住地国等及び居住地国等が外国の場合にあっては当該居住地国等における納税者番号、暗号資産等の売買等に係る暗号資産等の種類ごとに、暗号資産等の名称並びに暗号資産等の売買の対価の額の合計額、総数量及び件数その他必要な事項（1において「報告事項」という。）を、その年の翌年4月30日までに、電子情報処理組織を使用する方法（e-Tax）又は光ディスク等の記録用の媒体を提出する方法により、当該報告暗号資産交換業者等の本店等の所在地の所轄税務署長に提供しなければなりません（実特法10の10①）。

㊟ 上記の「報告対象契約」とは、暗号資産等取引に係る契約のうち次に

掲げる者のいずれかが締結しているものをいう。

 イ　租税条約等の相手国等のうち一定の国又は地域（ロにおいて「報告対象国」という。）を居住地国等とする者（ロにおいて「報告対象者」という。）

 ロ　報告対象国以外の国又は地域を居住地国等とする特定法人で、その実質的支配者が報告対象者であるもの

(5)　報告暗号資産交換業者等は、特定対象者の居住地国等に関する事項その他必要な事項に関する記録を作成し、保存しなければならないとされます（実特法10の12①）。

(6)　届出書等の不提出若しくは虚偽記載又は報告事項の不提供若しくは虚偽記載等に対する罰則を設けるほか、報告制度の実効性を確保するための所要の措置が講じられます（実特法13④五）。

(7)　外国居住者等に係る暗号資産等取引情報の自動的な提供のための報告制度が整備されます。

(8)　その他所要の措置が講じられます。

 なお、本改正は、下記3に示すように、令和8年1月1日より施行されることとなります。国によって税制改正の時期が異なるものの、令和9年頃には、従来のCRSによる金融口座情報と同じように各国からの情報が国税当局にもたらされることになると考えられます。具体的なイメージとしては、次ページのイメージ図のとおりです。

2　適用時期

 上記の改正は、令和8年1月1日から施行されます（改正法附則1

六口）。

【非居住者に係る暗号資産等取引情報の自動的交換のための報告制度
（イメージ図)】

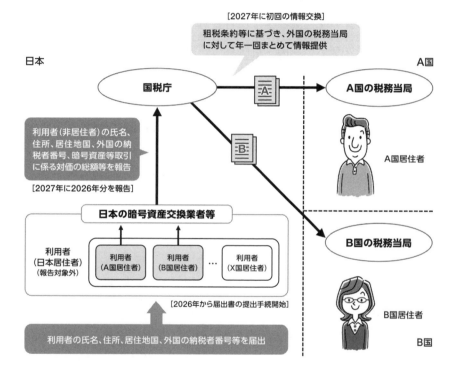

【日本から外国への情報提供のイメージ】

［2027年に初回の情報交換］

租税条約等に基づき、外国の税務当局
に対して年一回まとめて情報提供

日本　　　　　　　　　　　　　　　　　　　　　　　　　　　A国

国税庁 → A → A国の税務当局

利用者(非居住者)の氏名、
住所、居住地国、外国の納
税者番号、暗号資産等取引
に係る対価の総額等を報告

［2027年に2026年分を報告］

A国居住者

B国の税務当局

日本の暗号資産交換業者等

利用者
(日本居住者)
(報告対象外)

利用者
(A国居住者)　利用者
(B国居住者) … 利用者
(X国居住者)

［2026年から届出書の提出手続開始］

利用者の氏名、住所、居住地国、外国の納税者番号等を届出

B国居住者

B国

（財務省資料より）

非居住者に係る金融口座情報の自動的交換のための報告制度等の見直し

1 改正前の制度の概要

　平成27年度税制改正において、金融機関等が非居住者に係る金融口座情報を税務当局に報告し、これを各国の税務当局間で互いに提供するという「共通報告基準（CRS）」に従って、国内法が整備されました。日本では、平成30年より、CRS を活用した金融口座情報の自動的情報交換が行われています。

⑴　共通報告基準（CRS）の概要

　イ　各国の税務当局は、それぞれ自国に所在する金融機関等から非居住者（個人・法人等）に係る次の①から③の金融口座情報の報告を受け、これを租税条約等の情報交換規定に基づき、各国税務当局と自動的に交換します。

　　①　金融口座情報を報告する義務を負う金融機関等の預金機関、生命保険会社等の特定保険会社、証券会社等の保管機関及び信託等の投資事業体

　　②　報告の対象となる金融口座普通預金口座等の預金口座、キャッシュバリュー保険契約・年金保険契約、証券口座等の保管口座及び信託受益権等の投資持分

③　報告の対象となる情報口座保有者の氏名・住所（名称・所在地）、居住地国、外国の納税者番号、口座残高、利子・配当等の年間受取総額等

ロ　報告義務を負う金融機関等は、共通報告基準に定められた手続に従って、口座保有者の居住地国を特定し、報告すべき口座を選別します。当該金融機関が行う具体的な居住地国の特定は、新規口座開設については口座開設者から居住地国を聴取する等し、既存の口座については口座保有者の住所等の記録から行います。

ハ　令和4年12月31日現在、95の国・地域から約257万件の金融口座情報が提供される一方、日本からは76の国・地域に対して約53万件の情報を提供しています。

(2)　日本の制度の概要

　上記(1)の共通報告基準に従った情報交換を実施する観点から、平成27年度税制改正において、租税条約等の実施に伴う所得税法、法人税法及び地方税法の特例等に関する法律（以下「実特法」という。）を改正し、上記(1)イ①と同様の金融機関等（以下「報告金融機関等」という。）が、預金口座等の保有者につき、上記(1)イ③と同様の情報を所轄税務署長に報告する制度が導入されました。

　個人や法人等が、報告金融機関等と行う口座開設等の取引（以下「特定取引」という。）のうち、平成29年1月1日以後に行う特定取引（以下「新規特定取引」という。）については、新規特定取引を行う者に次のイの義務があり、同日前に行う特定取引（以下「既存特定取引」という。）については、報告金融機関等に次のロの義務があります。

イ　報告金融機関等に対する新規届出書の提出（平成29年1月1日以後）

　　報告金融機関等との間でその営業所等を通じて新規特定取引を行う者は、特定取引を行う者（以下「特定対象者」という。）の氏名又は名称、住所又は本店若しくは主たる事務所の所在地、居住地国、外国の納税者番号等を記載した届出書を、その特定取引を行う際、当該報告金融機関等の営業所等の長に提出しなければなりません（実特法10の5①前段）。

ロ　報告金融機関等による特定対象者の住所等所在地国の特定手続

　　報告金融機関等は、当該報告金融機関等との間でその営業所等を通じて既存特定取引を行った者が平成28年12月31日において当該特定取引に係る契約を締結している場合、保有している情報に基づき、平成30年12月31日までに、特定対象者の住所等所在地国と認められる国又は地域を特定しなければなりません（実特法10の5②）。

ハ　報告金融機関等による所轄税務署長に対する報告事項の提供

　　報告金融機関等は、その年の12月31日において、当該報告金融機関等との間でその営業所等を通じて特定取引を行った者が報告対象となる契約を締結している場合には、その契約ごとに特定対象者の氏名又は名称、住所又は本店若しくは主たる事務所の所在地、居住地国、外国の納税者番号等及び当該契約に係る資産の価額、当該資産の運用、保有又は譲渡による収入金額等を、その年の翌年4月30日までに、当該報告金融機関等の本店等の所在地の所轄税務署長に提供しなければなりません（実特法10の6①）。

2 改正の内容

(1) 報告金融機関等について、次の見直しが行われます（政令改正）。

イ 報告金融機関等の範囲に、電子決済手段等取引業者及び特定電子決済手段等を発行する者が加えられます。

　(注) 上記の「特定電子決済手段等」とは、次に掲げるものをいう。

　① 資金決済に関する法律第2条第5項第1号から第3号までに掲げる電子決済手段

　② 物品等の購入等の代価の弁済のために使用することができる財産的価値（一定の通貨建資産に限るものとし、電子決済手段、有価証券及び前払式支払手段等を除く。）であって、電子情報処理組織を用いて移転することができるもの

ロ 報告金融機関等に係る収入割合要件について、投資法人等に係る収入割合の計算の基礎となる有価証券等に対する投資に係る収入金額の範囲に暗号資産等に対する投資に係る収入金額を加えるほか、所要の措置が講じられます。

(2) 特定取引の範囲に、次に掲げる取引が加えられます（政令改正）。

イ 特定電子決済手段等（上記(1)イ(注)1に掲げるものに限る。）の管理に係る契約の締結

ロ 特定電子決済手段等（上記(1)イ(注)2に掲げるものに限る。）の発行による為替取引に係る契約の締結

　(注)1 特定取引から除外される取引の範囲に、報告金融機関等との間でその営業所等を通じて上記イ及びロに掲げる取引を行う者の有する当該取引に係る特定電子決済手段等のうち、その合計額の90日移動平均値が100万円を超えることがないと認められる一定の要件を満たすものである場合における当該取引を加える。

2　報告金融機関等は、当該報告金融機関等の営業所等を通じて上記イ及びロの特定取引を行った者の有する当該特定取引に係る特定電子決済手段等の合計額の90日移動平均値が、その年中のいずれの日においても100万円を超えなかった場合には、当該特定取引に係る契約に関する報告事項については、当該報告金融機関等の本店等の所在地の所轄税務署長に提供することを要しない。

ハ　暗号資産、電子決済手段又は電子記録移転有価証券表示権利等の預託に係る契約の締結

（注）　報告金融機関等は、令和7年12月31日以前に当該報告金融機関等との間でその営業所等を通じて上記イからハまでの特定取引を行った者で同日において当該特定取引に係る契約を締結しているものに係る特定対象者につき、既存特定取引に係る特定手続と同様の手続を実施しなければならない。

(3)　社債、株式等の振替に関する法律の改正に伴い、特定取引から除外される取引の範囲に、振替特別法人出資に係る特別口座の開設に係る契約の締結が加えられます（政令改正）。

(4)　特定法人から除外される法人に係る収入割合要件について、法人に係る収入割合の計算の基礎となる投資関連所得の範囲に暗号資産等（暗号資産等デリバティブ取引を含む。）に係る所得を加えるほか、所要の措置が講じられます（政令改正）。

(5)　我が国及び租税条約の相手国等の双方の居住者に該当する者について、当該租税条約上の双方居住者の振分けルールにかかわらず、我が国及び当該相手国等の双方を居住地国として取り扱われます（実特法6）。

(6)　新規特定取引等に係る特定手続について、次の見直しが行われます（政令改正）。

ロ　報告金融機関等は、令和8年1月1日以後に当該報告金融機関
　　　等との間でその営業所等を通じて特定取引を行う者が届出書を提
　　　出しなかった場合には、特定対象者につき、既存特定取引に係る
　　　特定手続と同様の手続を実施しなければなりません。

　　ロ　報告金融機関等は、特定対象者に関する事項の変更等があるこ
　　　とを知った一定の場合には、当該特定対象者の一定の情報を取得
　　　するための措置を講じなければならないこととされます。

(7)　報告金融機関等による報告事項の提供について、次の見直しが行
　　われます（政令改正）。

　　イ　報告対象外となる者の範囲に、外国金融商品取引所において上
　　　場されている法人等と一定の関係がある組合等が加えられます。

　　ロ　報告事項の範囲に、次に掲げる事項が加えられます。

　　　①　特定取引を行う者の署名等がなされたものであることその他
　　　　の一定の要件の全てを満たす新規届出書等が提出されているか
　　　　否かの別

　　　②　特定取引に係る契約が報告金融機関等と複数の者との間で締
　　　　結されているものであるか否かの別等

　　　③　特定法人とその実質的支配者との関係

　　　④　特定取引に係る契約を締結している者と当該特定取引に係る
　　　　報告金融機関等（一定の組合契約に係る組合等に係るものに限
　　　　る。）との関係

　　　⑤　特定取引の種類

　　　⑥　新規特定取引又は既存特定取引の別

(8)　その他所要の措置が講じられます。

なお、本改正について、以下のCRSのイメージ図にある「日本の金融機関」を「電子決済手段等取引業者及び特定電子決済手段等を発行する者」と置き換えるとわかりやすいと思われます。

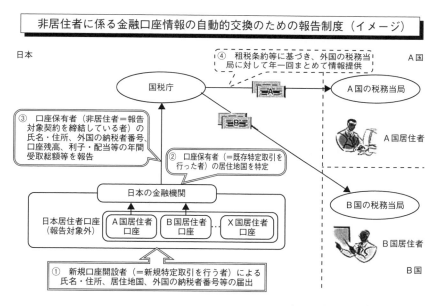

非居住者に係る金融口座情報の自動的交換のための報告制度（イメージ）

日本

④　租税条約等に基づき、外国の税務当局に対して年一回まとめて情報提供

国税庁

A国

A国の税務当局

A国居住者

③　口座保有者（非居住者＝報告対象契約を締結している者）の氏名・住所、外国の納税者番号、口座残高、利子・配当等の年間受取総額等を報告

②　口座保有者（＝既存特定取引を行った者）の居住地国を特定

日本の金融機関

日本居住者口座（報告対象外）　A国居住者口座　B国居住者口座　…　X国居住者口座

B国の税務当局

B国居住者

B国

①　新規口座開設者（＝新規特定取引を行う者）による氏名・住所、居住地国、外国の納税者番号等の届出

（財務省資料を一部改変）

3　適用時期

(1)　上記2(5)の改正は、令和8年1月1日から施行されます（改正法附則一六ロ）。

(2)　上記2(1)、(2)、(3)、(4)、(6)、(7)、(8)の改正の適用時期は、改正政令附則において定められます。

過大支払利子税制の見直し

1　改正前の制度の概要

　本制度は、対象純支払利子等の額（支払利子等の額のうち対象外支払利子等の額以外の支払利子等の額の合計額から控除対象受取利子等合計額を控除した残額をいう。）が調整所得金額の20％を超える場合には、その超える部分の金額に相当する金額を当期の損金の額に算入しない制度です（措法66の5の2、66の5の3）。

　なお、法人の各事業年度開始の日前7年以内に開始した事業年度において超過利子額がある場合には、その超過利子額（本制度に係る超過利子額と外国子会社合算税制との適用調整により各事業年度の所得の金額の計算上損金の額に算入されるものを除く。）に相当する金額は、その法人の各事業年度の調整所得金額の20％に相当する金額から対象純支払利子等の額を控除した残額に相当する金額を限度として、その法人のその各事業年度の所得の金額の計算上、損金の額に算入することとされていました（措法66の5の3①）。

　これについて、損金不算入額については、翌事業年度以後7年間繰り越して一定の限度額まで損金算入が認められてきましたが、7年間では短すぎるので延長してほしいとの要望が出されていたところです。

2　改正の内容

　対象純支払利子等に係る課税の特例（「過大支払利子税制」）の適用により損金不算入とされた金額（「超過利子額」）の損金算入制度について、令和4年4月1日から令和7年3月31日までの間に開始した事業年度に係る超過利子額の繰越期間を10年（原則：7年）に延長することとされます（措法66の5の3④）。

3　適用時期

　上記2の改正は、令和6年4月1日以後に開始する事業年度に適用されます（改正法附則1）。

子会社株式簿価減額特例の見直し

1 改正前の制度の概要

　従前より、親法人が子法人の株式等を取得した後、その取得前に子法人が蓄積した留保利益相当部分を配当として非課税で受けるとともに、その配当により時価が下落した子法人の株式等を譲渡することにより、経済実態を伴わない税務上の損失を創出させることが可能であることが問題視されていました。

　令和2年度税制改正において、このような経済実態を伴わない税務上の損失の計上を防止するために、いわゆる子会社株式簿価減額特例（以下「本特例」という。）が創設されました。具体的には、親会社が一定の支配関係にある外国子会社等から一定の配当等の額（みなし配当の金額を含む。）を受ける場合、子会社の株式の帳簿価額から、その配当等の額につき益金不算入とし、税務上の損失の計上を防止することとしました。

　このように、本特例は、親法人が有する子法人の株式等の帳簿価額を引き下げ、その子法人の株式等の譲渡による損失が計上されないようにするものといえます。

　なお、本特例については、(1)内国株主割合要件及び(2)特定支配日利益剰余金額要件のいずれかを満たす場合に適用除外とされていました。

このうち、(2)の特定支配日利益剰余金額要件は、次のとおりです。

イ　対象配当等支払後の利益剰余金の額の計算

　　利益剰余金期中増加及び期中配当等があった場合に、他の法人の対象配当等の額に係る決議日等前に最後に終了した事業年度（以下「直前事業年度」という。）の貸借対照表に計上されている利益剰余金の額に以下の①と②の金額の合計額を加算することにより、対象配当等支払後の利益剰余金の額を計算するものです（法令119の3⑩二）。

①　当該対象配当等の額を受ける直前の当該他の法人の利益剰余金の額から当該他の法人の当該直前事業年度の貸借対照表に計上されている利益剰余金の額を減算した金額

②　当該直前事業年度終了の日の翌日からその対象配当等の額を受ける直前の時までの期間（「対象期間」）内に当該他の法人の株主等が当該他の法人から受ける配当等の額に対応して減少した当該他の法人の利益剰余金の額の合計額

ロ　利益剰余金期中増加及び期中配当等があった場合

　　上記イの加算を行う場合において、特定支配日の属する事業年度開始の日から特定支配前までの期間に増加した利益剰余金の額を原資として支払われた配当があるときは、その利益剰余金の額を特定支配日の利益剰余金の額に加算されます（法令119の3⑩二ハ）。

2 改正の内容

　子会社からの配当と子会社株式の譲渡を組み合わせた租税回避を防止するための措置（子会社株式簿価減額特例）によりその有する子法人の株式等の帳簿価額から引き下げる金額の計算を行う場合に、その子法人から受ける対象配当金額のうち特定支配関係発生日以後の利益剰余金の額から支払われたものと認められる部分の金額を除外することができる特例計算について、特定支配関係発生日の属する事業年度内に受けた対象配当金額（その特定支配関係発生日後に受けるものに限る。）についても、その特例計算の適用を受けることができることとされます（政令改正）。

3 適用時期

　上記2の改正は、令和6年4月1日以後に開始する事業年度に適用されます。

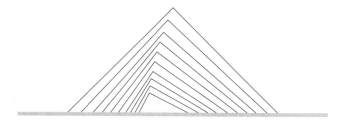

相続税・贈与税関係

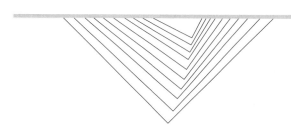

相続税・贈与税関係

直系尊属から住宅取得等資金の
贈与を受けた場合の贈与税の
非課税措置の見直し

1 改正前の制度の概要

　平成27年1月1日から令和5年12月31日までの間にその直系尊属（父母、祖父母、養父母等）からの贈与（贈与者の死亡により効力を生ずる贈与を除く。以下同じ。）により住宅用家屋の新築、取得又は増改築等に充てるための金銭（以下「住宅取得等資金」という。）の取得をした一定の受贈者が、住宅用家屋の新築、取得又は増改築等について、原則、贈与の翌年3月15日までに住宅用家屋を取得等して、そこに居住するなど一定の要件を満たすときには、その贈与により取得した住宅取得等資金のうち一定の額までの金額については、贈与税の課税価格に算入しないこととされています（措法70の2①）。

【受贈者の要件】

　イ　贈与を受けた日の属する年の1月1日において18歳以上（令和4年3月31日以前の贈与の場合は20歳以上）

　ロ　当該年分の合計所得金額が2,000万円以下（新築等をする住宅

用の家屋の床面積が40㎡以上50㎡未満の場合は、1,000万円以下）

【住宅取得等資金の非課税限度額】（注１）

住宅用の家屋の種類 贈与の時期	省エネ等住宅 （注２）	左記以外の住宅
令和４年１月１日から 令和５年12月31日まで	1,000万円	500万円

(注)１　受贈者ごとの非課税限度額は、受贈者が非課税制度の適用を受けようとする住宅用の家屋の種類に応じた金額となる。

　　　なお、既に非課税制度の適用を受けて贈与税が非課税となった金額がある場合には、その金額を控除した残額が非課税限度額となる。

　　２　省エネ等住宅

　　　省エネ等住宅とは、省エネ等基準（①断熱等性能等級４以上若しくは一次エネルギー消費量等級４以上であること、②耐震等級（構造躯体の倒壊等防止）２以上若しくは免震建築物であること又は③高齢者等配慮対策等級（専用部分）３以上であることをいう。）に適合する住宅用家屋であることにつき、一定の証明書などを贈与税の申告書に添付することにより証明がされたものをいう。

２　改正の内容

　非課税限度額の上乗せ措置の適用対象となるエネルギーの使用の合理化に著しく資する住宅用の家屋の要件について、住宅用家屋の新築又は建築後使用されたことのない住宅用家屋の取得をする場合にあっては、当該住宅用家屋の省エネ性能が断熱等性能等級５以上かつ一次エネルギー消費量等級６以上（現行：断熱等性能等級４以上又は一次エネルギー消費量等級４以上）であることとされた上、適用期限が令

和8年12月31日まで3年延長されます（新措法70の2①、②六）。

(注) 令和6年1月1日以後に住宅取得等資金の贈与を受けて住宅用家屋の新築又は建築後使用されたことのない住宅用家屋の取得をする場合において、当該住宅用家屋の省エネ性能が断熱等性能等級4以上又は一次エネルギー消費量等級4以上であり、かつ、当該住宅用家屋が次のいずれかに該当するものであるときは、当該住宅用家屋をエネルギーの使用の合理化に著しく資する住宅用の家屋とみなす（改正法附則54⑤）。

　イ　令和5年12月31日以前に建築確認を受けているもの

　ロ　令和6年6月30日以前に建築されたもの

3　適用時期

　上記の改正は、令和6年1月1日以後に贈与により取得する住宅取得等資金に係る贈与税について適用されます（改正法附則54④）。

住宅取得等資金の贈与を受けた場合の相続時精算課税の特例の見直し

1 改正前の制度の概要

　平成15年1月1日から令和5年12月31日までの間に、贈与の年の1月1日において18歳以上（令和4年3月31日以前の贈与の場合は、20歳以上）の者が父母、祖父母等からの贈与により住宅取得等資金の取得をした場合、贈与者の年齢がその年の1月1日に60歳未満であっても、一定の要件を満たせば相続時精算課税の適用を受けることができることとされています（措法70の3、70の2の6）。

相続税・贈与税

〈特例のイメージ〉

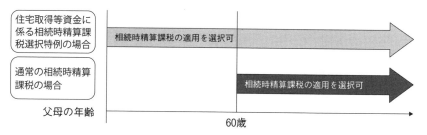

2 改正の内容

　適用期限が令和8年12月31日まで3年延長されます（新措法70の3

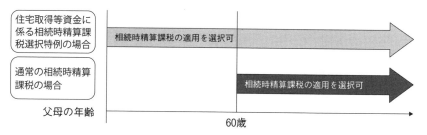

①))。

3　適用時期

　上記の改正は、令和6年1月1日以後に贈与により取得する住宅取得等資金に係る贈与税について適用されます。

個人の事業用資産に係る相続税・贈与税の納税猶予の特例の個人事業承継計画の提出期限の延長

1　改正前の制度の概要

　個人の事業用資産に係る相続税・贈与税の納税猶予の特例を受けるためには、平成31年4月1日から令和6年3月31日までの間に「個人事業承継計画」㊟を都道府県知事に提出し、確認を受ける必要があります。

㊟　「個人事業承継計画」とは中小企業における経営の承継の円滑化に関する法律施行規則第16条第3号の計画のことをいう。

2　改正の内容

　個人の事業用資産に係る相続税・贈与税の納税猶予の特例について、都道府県知事に確認申請する個人事業承継計画の提出期限が令和8年3月31日まで2年延長されました。

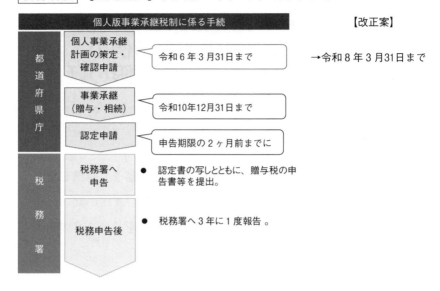

現行制度 【適用期限】個人版：令和10年12月末まで

| 個人版事業承継税制に係る手続 | | 【改正案】 |

- 都道府県庁
  - 個人事業承継計画の策定・確認申請 ← 令和6年3月31日まで → 令和8年3月31日まで
  - 事業承継（贈与・相続） ← 令和10年12月31日まで
  - 認定申請 ← 申告期限の2ヶ月前までに
- 税務署
  - 税務署へ申告
    - ● 認定書の写しとともに、贈与税の申告書等を提出。
  - 税務申告後
    - ● 税務署へ3年に1度報告。

（経済産業省資料を一部改変）

○個人版事業承継税制の利用実績

（人、百万円）

税目		相続税		贈与税	
年分		相続人の数	猶予金額	受贈者の数	猶予金額
令和	1	－	－	－	－
	2	－	－	4	48
	3	1	2	3	14

（国税庁の統計年報を加工）

非上場株式等の相続税・贈与税の納税猶予の特例の特例承継計画の提出期限の延長

1 改正前の制度の概要

　非上場株式等に係る相続税・贈与税の納税猶予の特例を受けるためには、平成30年4月1日から令和6年3月31日までの間に「特例承継計画」㊟を都道府県知事に提出し、確認を受ける必要があります。

㊟　「特例承継計画」とは中小企業における経営の承継の円滑化に関する法律施行規則第16条第1号の計画のことをいう。

2 改正の内容

　非上場株式等に係る相続税・贈与税の納税猶予の特例について、都道府県知事に確認申請する特例承継計画の提出期限が令和8年3月31日まで2年延長されました。

【適用期限】法人版：令和９年12月末まで

【改正案】

法人版事業承継税制：非上場株式等を対象

都道府県	特例承継計画の確認申請	令和６年３月31日まで	→令和８年３月31日まで
	事業承継（贈与・相続）	令和９年12月31日まで	
	認定申請	申告期限の２か月前までに	
税務署	税務署へ申告	● 認定書の写しとともに、贈与税・相続税の申告書等を提出。	
都道府県 税務署	税務申告後５年以内	● 都道府県及び税務署へ毎年報告。	
税務署	６年目以後	● 税務署へ３年に１度報告。	

（経済産業省資料を一部改変）

（参考）事業承継税制の活用状況

● 事業承継税制は、地域の経済や雇用を支え、成長を志向する中小企業に多く活用されている。

● 特例承継計画（法人版）の活用件数は、コロナ禍前（2018・2019年）は増加したもののコロナ禍（2020年～2022年）は落ち込んだ。急激な経営環境の変化により、中小企業の事業承継の検討が遅れている。

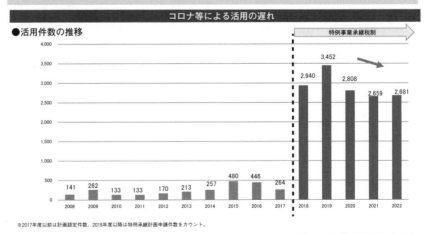

コロナ等による活用の遅れ

●活用件数の推移　　　　　　　　　　　　　　　　　特例事業承継税制

年	件数
2008	141
2009	262
2010	133
2011	133
2012	170
2013	213
2014	257
2015	480
2016	446
2017	264
2018	2,940
2019	3,452
2020	2,808
2021	2,659
2022	2,681

※2017年度以前は計画認定件数、2018年度以降は特例承継計画申請件数をカウント。

（経済産業省資料より）

○法人版事業承継税制の利用実績

（人、百万円）

税目		相続税				贈与税			
区分		一般措置		特例措置		一般措置		特例措置	
年分		相続人の数	猶予金額	相続人の数	猶予金額	受贈者の数	猶予金額	受贈者の数	猶予金額
平成	20	45	5,557						
	21	146	4,312						
	22	80	4,086			63	5,579		
	23	51	2,227			77	7,654		
	24	81	6,693			72	4,485		
	25	110	6,700			78	4,754		
	26	127	6,413			43	4,941		
	27	224	14,813			270	26,567		
	28	194	9,865			227	17,602		
	29	230	15,333			141	10,221		
	30	41	2,560	481	29,431	22	1,173	516	39,980
令和	1	43	1,026	397	95,494	8	188	771	43,275
	2	33	637	426	40,985	17	685	759	74,725
	3	25	1,252	443	87,854	23	925	892	78,264

（国税庁の統計年報を加工）

相続税・贈与税

　4．地域・中小企業の活性化等
(1)　中堅・中小企業の活性化等
　…（略）…
　法人版事業承継税制については、平成30年1月から10年間の特例措置として、令和6年3月末までに特例承継計画の提出がなされた事業承継について抜本的拡充を行ったものである。コロナの影響が長期化したことを踏まえ、特例承継計画の提出期限を令和8年3月末まで2年延長する。この特例措置は、日本経済の基盤である中小企業の円滑な世代交代を通じた生産性向上が待ったなしの課題であるために事業承継を集中的に進める観点の下、贈与・相続時の税負担が生じない制度とするなど、極めて異例の時限措置としていることを踏まえ、令和9年12月末までの適用期限については今後とも延長を行わない。あわせて、個人版事業承継税制における個人事業承継計画の提出期限についても2年延長する。
　事業承継を検討している中小企業経営者及び個人事業者の方々には、適用期限が到来することを見据え、早期に事業承継に取り組むこと及び政府・関係団体には、目的達成のため一層の支援体制の構築を図ることを強く期待する。

（参考）令和6年度税制改正大綱「第三 検討事項」

物納許可限度額の計算方法について

> 4 いわゆる「老老相続」や相続財産の構成の変化など相続税を取り
> 巻く経済社会の構造変化を踏まえ、納税者の支払能力をより的確に
> 勘案した物納制度となるよう、延納制度を含め、物納許可限度額の
> 計算方法について早急に検討し結論を得る。

（資料1） 物納許可限度額の算定について

※7《物納許可限度額の算定》

物納許可限度額は次のような計算方法により算出しますが、実際の計算に当たっては、物納申請書の別
紙『金銭納付を困難とする理由書』に金額等を記入して計算してください。

なお、計算の根拠となった資料等の写しを『金銭納付を困難とする理由書』に添付してください。

1 延納することができる金額（延納許可限度額）の計算方法

①	納付すべき相続税額	
現金納付額	②	納期限において有する現金、預貯金その他の換価が容易な財産の価額に相当する金額
	③	申請者及び生計を一にする配偶者その他の親族の3か月分の生活費
	④	申請者の事業の継続のために当面（1か月分）必要な運転資金（経費等）の額
	⑤	納期限に金銭で納付することが可能な金額（これを「現金納付額」といいます。）（②-③-④）
	⑥	延納許可限度額（①-⑤）

2 物納することができる金額（物納許可限度額）の計算方法

①	納付すべき相続税額	
②	現金納付額（上記1の⑤）	
延納によって納付することができる金額	③	年間の収入見込額
	④	申請者及び生計を一にする配偶者その他の親族の年間の生活費
	⑤	申請者の事業の継続のために必要な運転資金（経費等）の額
	⑥	年間の納付資力（③-④-⑤）
	⑦	おおむね1年以内に見込まれる臨時的な収入
	⑧	おおむね1年以内に見込まれる臨時的な支出
	⑨	上記1の③及び④
	⑩	延納によって納付することができる金額｛⑥×最長延納年数＋（⑦-⑧+⑨）｝
⑪	物納許可限度額（①-②-⑩）	

（国税庁ホームページ「相続税の物納の手引」より）

（資料２）　令和６年度税制改正に関する要望（抜粋）

Ⅱ　世代間の資産承継を円滑にするための税制措置

1．上場株式等の相続税に係る物納要件等の見直し

【要望】
投資者が上場株式等を安心して保有し続けられる環境を整備するため、物納の要件等を緩和すること

> 「延納によっても金銭で納付することが困難な金額の範囲内であること」の要件が、相続財産以外の相続
> 人固有の資産までをも納税資金に含めて判定されるため、依然として物納利用のハードルが高い。

【物納の要件】

1．延納によっても金銭で納付することが困難な金額の範囲内であること

2．物納申請財産が定められた種類の財産で申請順位によっていること

第1順位	①不動産、船舶、国債証券、地方債証券、上場株式等
	②不動産及び上場株式のうち物納劣後財産に該当するもの
第2順位	③非上場株式等
	④非上場株式のうち物納劣後財産に該当するもの
第3順位	⑤動産

3．『物納申請書』及び『物納手続関係書類』を期限までに提出すること

> 相続税物納申請書、物納財産目録、金銭納付を困難とする理由書、物納手続関係書類（振替株式等の所有者の振替口座簿の写し）

4．物納申請財産が物納に充てることができる財産であること

（参考）物納等有価証券（上場株式）の異動状況【年度中の増加】　　　　　　　（出所）財務省 財務総合政策研究所

	2010年度	2011年度	2012年度	2013年度	2014年度	2015年度	2016年度	2017年度	2018年度	2019年度	2020年度	2021年度
数量（千株）	8,054	4,338	974	1,185	4,248	71	1,566	253	6,803	10,389	3,545	3033
台帳価格（億円）	195	67	10	2	254	0	16	6	379	309	46	66

（令和５年９月　日本証券業協会・投資信託協会・全国証券取引所協議会資料より）

登録免許税、印紙税、
消費税関係

登録免許税関係

登録免許税の改正

1 改正の内容

　住宅用家屋の所有権の保存登記に対する登録免許税の税率の軽減措置の適用期限が３年延長（令和９年３月31日まで）されます（新措法72の２等）。

改正前の内容		特例 （令和６年３月31日まで）	本　則
住宅用家屋	所有権保存	0.15％	0.4％
	所有権移転	0.3％(注)	2.0％
	抵当権設定	0.1％	0.4％

(注)　特定の増改築等がされた住宅用家屋の取得後１年以内の登記は0.1％。

2 適用時期

　上記の改正は、令和６年４月１日以後の登録免許税について適用されます（改正法附則１）。

印紙税関係

```
┌─────────────────────────────────────────┐
│                                         │
│           印紙税の改正                   │
│                                         │
└─────────────────────────────────────────┘
```

1　改正の内容

　「不動産の譲渡に関する契約書」又は「建設工事の請負に関する契約書」に係る印紙税の税率の特例措置の適用期限が令和9年3月31日まで延長されます（新措法91①②）。

契約金額		本則税率	特例税率
不動産の譲渡に関する契約書	建設工事の請負に関する契約書		
10万円以下	100万円以下	200円	200円
10万円超　50万円以下	100万円超200万円以下	400円	200円
50万円超　100万円以下	200万円超300万円以下	1,000円	500円
100万円超500万円以下	300万円超500万円以下	2,000円	1,000円
500万円超　1,000万円以下		10,000円	5,000円
1,000万円超　5,000万円以下		20,000円	10,000円
5,000万円超　1億円以下		60,000円	30,000円
1億円超　5億円以下		100,000円	60,000円
5億円超　10億円以下		200,000円	160,000円
10億円超　50億円以下		400,000円	320,000円
50億円超		600,000円	480,000円

2 適用時期

上記の改正は、令和6年4月1日以後に作成される契約書について適用されます（改正法附則1）。

消費税関係

国外事業者に係る消費税の
課税の適正化

1 改正の内容

(1) プラットフォーム課税の導入

① 国外事業者がデジタルプラットフォームを介して行う電気通信利用役務の提供（事業者向け電気通信利用役務の提供に該当するものを除く。以下同じ。）のうち、下記②の指定を受けたプラットフォーム事業者（以下「特定プラットフォーム事業者」という。）を介してその対価を収受するものについては、特定プラットフォーム事業者が行ったものとみなされます（新消法15の2①）。

② 国税庁長官は、プラットフォーム事業者のその課税期間において上記①の対象となるべき電気通信利用役務の提供に係る対価の額の合計額が50億円を超える場合には、当該プラットフォーム事業者を特定プラットフォーム事業者として指定します（新消法15の2②）。

③ 上記②の要件に該当する者は、その課税期間に係る確定申告書の提出期限までに、その旨を国税庁長官に届け出なければなりま

せん（新消法15の2③）。

④　国税庁長官は、特定プラットフォーム事業者を指定したときには、当該特定プラットフォーム事業者に対してその旨を通知するとともに、当該特定プラットフォーム事業者に係るデジタルプラットフォームの名称等についてインターネットを通じて速やかに公表するものとし、指定を受けた特定プラットフォーム事業者は、上記①の対象となる国外事業者に対してその旨を通知するものとします（新消法15の2④⑤）。

⑤　特定プラットフォーム事業者は、確定申告書に上記①の対象となる金額等を記載した明細書を添付するものとします（新消法15の2⑮）。

(2)　事業者免税点制度の特例の見直し

①　特定期間における課税売上高による納税義務の免除の特例について、課税売上高に代わり適用可能とされている給与支払額による判定の対象から国外事業者が除外されます（新消法9の2）。

②　資本金1,000万円以上の新設法人に対する納税義務の免除の特例について、外国法人は基準期間を有する場合であっても、国内における事業の開始時に本特例の適用の判定を行います（新消法12の2）。

③　資本金1,000万円未満の特定新規設立法人に対する納税義務の免除の特例について、本特例の対象となる特定新規設立法人の範囲に、その事業者の国外分を含む収入金額が50億円超である者が直接又は間接に支配する法人を設立した場合のその法人を加える

ほか、上記②と同様の措置が講じられます（新消法12の３）。

(3) 簡易課税制度等の見直し

その課税期間の初日において所得税法又は法人税法上の恒久的施設を有しない国外事業者については、簡易課税制度の適用を認めないこととされます。また、適格請求書発行事業者となる小規模事業者に係る税額控除に関する経過措置の適用についても同様とされます（新消法37）。

2 適用時期

上記１(1)の改正は、令和７年４月１日以後に行われる電気通信利用役務の提供について適用されます。また、特定プラットフォーム事業者の指定制度に係る事前の指定及び届出については、所要の経過措置が講じられます（改正法附則13⑥）。

上記１(2)(3)の改正は、令和６年10月１日以後に開始する課税期間から適用されます（改正法附則13②③⑩）。

（参考資料）　令和６年度税制改正大綱「第一　令和６年度税制改正の基本的考え方等」（令和５年12月14日自由民主党・公明党）（抜粋）

デジタルサービス市場の拡大によりプラットフォームを介して多くの国外事業者が国内市場に参入している中で、国外事業者の納めるべき消費税の捕捉や調査・徴収が課題となっている。こうした課題に対し、諸外国では、事業者に代わってプラットフォーム事業者に納税義務を課す制度（プラットフォーム課税）が導入されている。わが国に

登録免許税、印紙税、消費税

おいても、国内外の事業者間の競争条件の公平性や適正な課税を確保するため、プラットフォーム課税を導入する。導入に当たっては、国内の事業者に影響が出ないよう国外事業者が提供するデジタルサービスを対象とし、また、対象となるプラットフォーム事業者は、高い税務コンプライアンスや事務処理能力が求められること等を考慮して、一定の規模を有する事業者とする。

あわせて、国外事業者により行われる事業者免税点制度や簡易課税制度を利用した租税回避を防止するため、必要な制度の見直しを行う。

プラットフォーム課税（国境を越えたデジタルサービスに対する消費税の課税のあり方に関する研究会 報告書）

○令和5年度税制改正大綱を踏まえ、プラットフォーム課税に関する研究会を開催し、論点と考え方を整理。
・ 大規模なプラットフォームの存在を背景に、デジタル市場が拡大（アプリの市場規模は2024年に5兆円強にも達するとの予想）。
・ プラットフォームを介して数多くの国外事業者が国内市場に参入している中で、国外事業者の捕捉や調査・徴収に課題。
・ 既に、欧州のみならず、アジア、北米など世界の多くの国では、プラットフォームを運営する事業者の役割に着目して付加価値税の納税義務を課す制度（プラットフォーム課税）が導入されている。

➡ 国内外のイコールフッティングや課税の公平性を確保する観点から、我が国でもプラットフォーム課税を早期に導入することが必要。

<イメージ>アプリストアを通じてオンラインゲームを配信

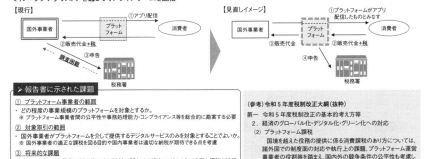

> 報告書に示された課題
① プラットフォーム事業者の範囲
・ どの程度の事業規模のプラットフォームを対象とするか。
　※ プラットフォーム事業者間の公平性や事務処理能力・コンプライアンス等を総合的に勘案する必要
② 対象取引の範囲
・ 国外事業者がプラットフォームを介して提供するデジタルサービスのみを対象とすることでよいか。
　※ 国外事業者の適正な課税を図る目的や国内事業者は適切な納税が期待できる点を考慮
③ 将来的な課題
・ プラットフォーム事業者以外の第三者が決済に関与する場合に、どのように適正な課税を確保していくか。
　※ 日本においてもプラットフォーム外での決済手段を義務付けるための議論が進められている。

(参考)令和5年度税制改正大綱(抜粋)
第一 令和5年度税制改正の基本的考え方
2．経済のグローバル化・デジタル化・グリーン化への対応
（2）プラットフォーム課税
　　国境を越えた役務の提供に係る消費課税のあり方については、諸外国での制度面の対応や執行上の課題、プラットフォーム運営事業者の役割等を踏まえ、国内外の競争条件の公平性も考慮しつつ、適正な課税を確保するための方策を検討する。

（自民党税制調査会資料より）

国境を越えたデジタルサービスに係るプラットフォーム課税の導入（案）

○ 報告書でも指摘されているとおり、内外のイコールフッティングや課税の公平性を確保する観点から、既に世界の多くの国で導入されている制度である「プラットフォーム課税」を日本においても導入する。

○ 本制度の対象となったプラットフォーム事業者は、プラットフォームを介して国外事業者が行うデジタルサービス（消費者向けの電気通信利用役務の提供）について、プラットフォーム事業者自身が提供したものとみなされ、そのデジタルサービスに係る消費税について、国外事業者に代わり納税義務が課されることとなる。

○ その上で、本制度が執行管轄権の及ばない国外事業者に対する適正な課税を念頭に置いたものであることや、税務当局の目の行き届く国内事業者に与える影響等を考慮し、本制度の対象を国外事業者が国内向けに行うデジタルサービスに限ることとする（リバースチャージの対象となる事業者向け電気通信利用役務の提供は対象外）。

○ また、本制度の対象となるプラットフォーム事業者には高い税務コンプライアンスや事務処理能力が求められること等を考慮し、国外事業者が自身のプラットフォームを介して行うデジタルサービスの取引高が50億円を超えるプラットフォーム事業者を対象とする。

㊟ 令和7年4月1日施行。

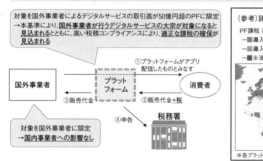

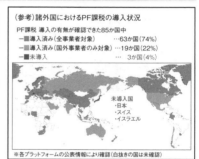

印紙税、登録免許税、消費税

（財務省資料より）

国外事業者に係る事業者免税点制度の特例の適用の見直し等（案）

○　国外事業者により、本来の趣旨に沿わない形で事業者免税点制度の特例や簡易課税制度など
を適用して、売手が納税せず買手が控除を行う、いわゆる「納税なき控除」による租税回避が
行われている状況。これに対応するため、以下のとおり各制度について複合的な見直しを実施
する。
(注)　令和6年10月1日施行。

① 事業者免税点制度の特例の適用の見直し
○　事業者の事務処理能力等を踏まえて事業者免税点制度を適用しないこととする特例について、以下の見直しを行う。

	特例の対象（課税事業者）となる場合	課題及び見直し（案）
特定期間の特例	特定期間（前年上半期）における国内の課税売上高が1,000万円超 かつ 給与（居住者分）の合計額が1,000万円超の場合	非居住者への給与が対象となっていないため国外事業者に対して本特例が適切に機能していないことを踏まえ、国外事業者については「給与（居住者分）の合計額」による判定を認めないこととする。
新設法人の特例	資本金等が1,000万円以上の法人である場合（基準期間がない課税期間が対象）	国外事業者は、日本への進出時点で設立から一定期間経過していることが一般的であり、本特例が適用されないことを踏まえ、外国法人については日本における事業を開始した時の資本金等により本特例を適用することとする。
特定新規設立法人の特例	国内の課税売上高が5億円超の法人等が設立した資本金等1,000万円未満の法人である場合（基準期間がない課税期間が対象）	事務処理能力を有する大企業でも、日本での課税売上高がなければ一律に対象外となってしまうことを踏まえ、全世界における収入金額が50億円超の法人等が資本金等1,000万円未満の法人を設立した場合も対象に加える。

② 簡易課税制度の適用の見直し
○　恒久的施設を有しない国外事業者については、国内における課税仕入れ等が一般的には想定されず、業種毎のみなし仕入率による控除が適切とはいえないため、簡易課税制度の適用を認めないこととする。
※　適格請求書発行事業者となる小規模事業者に対する負担軽減措置（いわゆる2割特例）の適用についても同様とする。

③ 免税事業者等からの仕入れに係る経過措置の見直し
○　一の免税事業者からの仕入額が、1年間で10億円を超える 場合、その超えた部分については、インボイス制度導入に伴う8割控除・5割控除の経過措置の適用を認めないこととする。

（自民党税制調査会資料より）

高額特定資産を取得した場合の事業者免税点制度及び簡易課税制度等

1　改正前の概要

　事業者が、事業者免税点制度及び簡易課税制度の適用を受けない課税期間中に、国内における高額特定資産㈲の課税仕入れ又は高額特定資産に該当する課税貨物の保税地域からの引取り（以下「高額特定資産の仕入れ等」という。）を行った場合には、その高額特定資産の仕入れ等の日の属する課税期間の翌課税期間からその高額特定資産の仕入れ等の日の属する課税期間の初日以後3年を経過する日の属する課税期間までの各課税期間においては、事業者免税点制度の適用がありません（消法12の4①）。

　また、その高額特定資産の仕入れ等の日の属する課税期間の初日以後3年を経過する日の属する課税期間の初日の前日までの期間は、簡易課税制度選択届出書の提出ができません（消法37③三）。

㈲　「高額特定資産」とは、棚卸資産及び調整対象固定資産のうち、その対象資産の一の取引の単位（通常一組又は一式をもって取引の単位とされるものにあっては、一組又は一式）に係る課税仕入れに係る支払対価の額の税抜金額、特定課税仕入れに係る支払対価の額又は保税地域から引き取られるその対象資産の課税標準である金額が1,000万円以上のものをいいます（消法12の4①、消令25の5①一）。

2 改正の内容

(1) 高額特定資産を取得した場合の事業者免税点制度等

　高額特定資産を取得した場合の事業者免税点制度及び簡易課税制度の適用を制限する措置の対象に、その課税期間において取得した金又は白金の地金等の額の合計額が200万円以上である場合が加えられます（新消法12の4、37）。

高額特定資産を取得した場合等の納税義務の免除の特例の見直し（案）

○　消費税制度においては、事業者免税点制度及び簡易課税制度の恣意的な適用を防ぐため、一定の高額な資産を仕入れて仕入税額控除の適用を受けた場合には、その後の2年間、事業者免税点制度及び簡易課税制度の適用を受けられないこととする特例が設けられている。
○　高額特定資産は、「1の取引単位につきその税抜き対価の額が1,000万円以上」のものとされているが、金地金等は、1の取引単位の金額の調整が容易であり、特例の適用を回避することが可能となっている。そのため、その課税期間中に仕入れた金又は白金の地金等の合計額が200万円以上である場合を、本特例の対象として追加し、事業者免税点制度等の適用を制限する見直しを行う。
㈼　令和6年4月1日施行。

【高額特定資産を取得した場合の制度の適用関係】

X1期	X2期	X3期	X4期
本則課税	本則課税（強制）	本則課税（強制）	本則課税 or 簡易課税
高額特定資産の取得	←　高額特定資産の取得により本則課税が強制される　→		

【見直し案】
本措置の対象に、1課税期間中に金又は白金の地金等を200万円以上仕入れた場合を追加する。

（自民党税制調査会資料より）

(2) 外国人旅行者向け消費税免税制度

　外国人旅行者向け消費税免税制度により免税購入された物品と知り

ながら行った課税仕入れについては、仕入税額控除制度の適用を認め
ないこととされます（新消法30⑫）。

3　適用時期

　上記2(1)の改正は、令和6年4月1日以後に国内において事業者が
行う金又は白金の地金等の課税仕入れ及び保税地域から引き取られる
金又は白金の地金等について適用されます（改正法附則13④）。

　上記2(2)の改正は、令和6年4月1日以後に国内において事業者が
行う課税仕入れについて適用されます（改正法附則13⑨）。

┌───┐
│   │
│   **適格請求書発行事業者以外の者から**   │
│   **行った課税仕入れ**   │
│   │
└───┘

1　改正前の制度の概要

　適格請求書発行事業者の令和 5 年10月 1 日から令和 8 年 9 月30日までの日の属する各課税期間において、免税事業者が適格請求書発行事業者となったこと又は課税事業者選択届出書を提出したことにより事業者免税点制度の適用を受けられないこととなる場合には、その課税期間における課税標準額に対する消費税額から控除する金額を、その課税標準額に対する消費税額に80％を乗じた額とすることにより、納付税額をその課税標準額に対する消費税額の20％とすることができる経過措置が設けられています（平成28年改正法附則51の 2 ①②）。

　上記の適用を受けた適格請求書発行事業者が、その適用を受けた課税期間の翌課税期間中に「消費税簡易課税制度選択届出書」にその届出書を提出した日の属する課税期間について簡易課税制度の適用を受ける旨を記載して所轄税務署長に提出した場合には、その適用を受けようとする課税期間の初日の前日に提出したものとみなされます（平成28年改正法附則51の 2 ⑥）。

2 改正の内容

　適格請求書発行事業者以外の者から行った課税仕入れに係る税額控除に関する経過措置について、一の適格請求書発行事業者以外の者からの課税仕入れの額の合計額がその年又はその事業年度で10億円を超える場合には、その超えた部分の課税仕入れについて、本経過措置の適用を認めないこととされます（改正法附則52、53）。

3 適用時期

　上記の改正は、令和 6 年10月 1 日以後に開始する課税期間から適用されます（改正法附則63）。

印紙税、消費税登録免許税、

納税環境整備
その他共通関係

納税環境整備関係

GビズIDとの連携によるe-Taxの
利便性の向上

1 改正前の制度の概要

　電子情報処理組織（e-Tax）を使用する方法により申請等を行う者
は、その申請等につき規定した法令の規定において書面等に記載すべ
きこととされている事項（以下「申請書面等記載事項」という。）並
びに税務署長から通知された識別符号（ID）及び暗証符号（パスワ
ード）を入力して、その申請等の情報に電子署名を行い、その電子署
名に係る電子証明書と併せてこれらを送信することにより、その申請
等を行わなければならないこととされています（国税オンライン化省
令5①）。

　ただし、あらかじめ行政手続における特定の個人を識別するための
番号の利用等に関する法律の規定により電子情報処理組織を使用して
個人番号の提供を受ける場合の本人確認に係る「国税庁長官が定める
措置」が行われた場合には、個人番号カードを用いて電子情報処理組
織を使用する方法（e-Tax）により申請等を行う際に、識別符号（ID）
及び暗証符号（パスワード）の入力並びに電子署名及び電子証明書の

送信を要しないこととされています（国税オンライン化省令5①一）。

　また、令和5年度税制改正において、電子情報処理組織を使用する方法（e-Tax）により申請等を行う際に送信すべき電子証明書の範囲に、スマートフォンに搭載された署名用電子証明書が加えられるとともに、利用者証明用電子証明書が搭載されたスマートフォンを用いて電子情報処理組織を使用する方法により申請等又は国税の納付を行う際に、識別符号（ID）及び暗証符号（パスワード）の入力を要しないこととする等の所要の措置（個人番号カード方式と同様の措置）が講じられ、令和7年1月1日以後に行う申請等について適用されることとされています（国税オンライン化省令2①二ロ、5①一、6①三、8①）。

2　改正の内容

　所要の法令改正等を前提に、法人が、GビズID（法人共通認証基盤）（一定の認証レベルを有するものに限る。）を入力して、電子情報処理組織を使用する方法（e-Tax）により申請等又は国税の納付を行う場合には、その申請等を行う際の識別符号（ID）及び暗証符号（パスワード）の入力、電子署名並びにその電子署名に係る電子証明書の送信又はその国税の納付を行う際の識別符号及び暗証符号の入力を要しないこととされます（省令改正）。

ＧビズＩＤとの連携によるe-Taxの利便性の向上（案）

【現　行】
　e-Taxにより申請等を行う場合には、e-Tax の「ＩＤ（識別符号）・パスワード（暗証符号）」を入力して、「電子署名・電子証明書」を付して送信しなければならないこととされている。

【見直し案】
　ＧビズＩＤ利用者の利便性の向上に資する観点から、所要の法令改正等を前提に、法人が、ＧビズＩＤ（一定の認証レベルを有するものに限る。）を用いて、e-Taxにログインをする場合には、e-Taxの「ＩＤ（識別符号）・パスワード（暗証符号）」の入力及びその申請等の際の「電子署名・電子証明書」の送信を要しないこととする。

	ログイン方法	e-TaxのＩＤ・パスワード	電子署名・電子証明書
法人ユーザー	原　則	要	要
	ＧビズID	要 ⇒ 不要	要 ⇒ 不要

【ＧビズＩＤを用いて法人がe-Taxで行う申請等のイメージ】

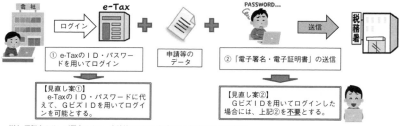

（注）国税庁のサーバ署名により、申請等における改ざん防止措置を運用上講ずる。

（自民党税制調査会資料より）

3　適用時期

　上記２の改正の適用時期は、改正省令附則において定められます。

```
┌─────────────────────────────────────────────┐
│                                               │
│         処分通知等の電子交付の拡充              │
│                                               │
└─────────────────────────────────────────────┘
```

1 改正前の制度の概要

　国税に関する処分通知等については、各税法の規定により通知書等（書面）を交付して行うことが基本とされていますが、一定の場合には、情報通信技術活用法等に基づき電子情報処理組織（e-Tax）を使用する方法により行うことができることとされています（情報通信技術活用法7①）。

　なお、上記の「一定の場合」とは、その処分通知等に係る申請等が電子情報処理組織（e-Tax）を使用する方法により行われた場合において、その処分通知等を受ける者のその処分通知等について電子情報処理組織（e-Tax）を使用する方法により受ける旨の同意がその申請等に併せて入力して送信する方式により確認（処分通知等を受ける者の同意確認）ができたときとされています（情報通信技術活用法7①ただし書、国税オンライン化省令11）。

　税務署長等が、電子情報処理組織（e-Tax）を使用する方法により行うことができる処分通知等は、次に掲げる処分通知等とされています（国税オンライン化省令9②、令和3年国税庁告示15ほか）。

　①　所得税の予定納税基準額及び予定納税額の通知又は予定納税額の減額承認申請に対する処分の通知

納税環境整備その他共通

② 適格請求書発行事業者の登録に係る通知

③ 更正の請求に係る次に掲げる処分通知等

　　a　更正通知書の送達

　　b　更正の請求に係る更正があった場合に課する加算税に係る賦課決定通知書の送達

　　c　更正をすべき理由がない旨の通知

④ 期限後申告書又は修正申告書の提出があった場合に課する加算税の賦課決定通知書の送達

⑤ 納税証明書の交付

⑥ 住宅ローン控除証明書の交付

⑦ 電子申請等証明書の交付

⑧ 国税庁長官による電子計算機（クラウド等）の認定若しくは認定申請の却下又は認定

　　電子計算機（認定クラウド等）の認定の取消しの処分の通知

⑨ 国税還付金振込通知書の交付

2　改正の内容

　電子情報処理組織を使用する方法（e-Tax）により行うことができる処分通知等について、次の措置が講じられます（省令改正）。

(1)　法令上、全ての処分通知等について、電子情報処理組織を使用する方法（e-Tax）により行うことができることとされます。

(2)　電子情報処理組織を使用する方法（e-Tax）により処分通知等を受ける旨の同意について、処分通知等に係る申請等に併せて行う方

式を廃止し、あらかじめ、メールアドレスを登録して、その同意を行う方式とされます。

(3)　その他所要の措置が講じられます。

処分通知等の電子交付の拡充（案）

現　行

○　税務当局から納税者に対して電子交付をすることができる処分通知等は、9手続（①所得税の予定納税額通知書、②加算税の賦課決定通知書、③クラウドの認定等に係る通知、④国税還付金振込通知書、⑤消費税適格請求書発行事業者の登録に係る通知、⑥更正の請求に係る減額更正等の通知、⑦住宅ローン控除証明書、⑧納税証明書、⑨電子申請等証明書）とされている。

見直し案

○　納税者の事前の同意を前提に、全ての処分通知等の電子交付をすることができることとする（現行：9手続に限定）。
○　納税者が事前の同意を行う場合のメールアドレスの登録を必須とする（現行：任意）。
○　電子交付の対象となる処分通知等について、事前の同意を行う方式は、e-Tax上で一括して行う方式へ変更する（現行：個々の処分通知等ごとに同意）。
（注1）その処分通知等の性質上、電子交付に適さないものについては、運用上、電子交付しない。
（注2）納税者の見落としを防止する観点から、納税者に対して、処分通知等を格納した旨のメールを送信する。
（注3）令和8年9月24日施行。

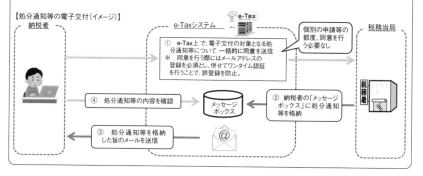

（自民党税制調査会資料より）

3　適用時期

　上記２の改正は、令和８年９月24日から施行されます（改正省令附則）。

支払調書等の電子情報処理組織(e-Tax)を使用する方法等による提出義務

1　改正前の制度の概要

　支払調書等の種類ごとに、当該支払調書等の提出期限の属する年の前々年の１月１日から12月31日までの間に提出すべきであった当該支払調書等の提出枚数が100枚以上であるものについては、電子情報処理組織（e-Tax）を使用して送付する方法、光ディスク等（CD、DVD などをいう。）を使用して提出する方法又は国税庁長官の認定を受けたクラウドサービス等を利用して提出する方法によらなければならないこととされています（所法228の４①、相法59⑤、措法42の２の２①、国外送金等調書法４②）。

2　改正の内容

　支払調書等の電子情報処理組織（e-Tax）を使用する方法等による提出義務制度について、提出義務の対象となるかどうかの判定基準となるその年の前々年に提出すべきであった支払調書等の枚数が30枚以上（現行：100枚以上）に引き下げられます（新所法228の４①、新相法59⑤、新措法42の２の２①、新国外送金等調書法４②）。

3　適用時期

　上記2の改正は、令和9年1月1日以後に提出すべき支払調書等について適用されます（改正法附則1八、5、12②、37、57）。

法定調書のe-Tax等による提出義務基準の引下げ（案）

【現　　行】
　法定調書の種類ごとに、基準年（前々年）の提出枚数が「100枚以上」である法定調書については、e-Tax若しくはクラウド等又は光ディスク等により提出しなければならないこととされている。

【見直し案】
　法定調書のe-Tax若しくはクラウド等又は光ディスク等による提出義務基準を「30枚以上」に引き下げる。
　⑬　令和9年1月1日以後に提出すべき法定調書について適用。

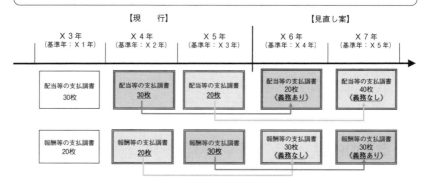

（自民党税制調査会資料より）

隠蔽し、又は仮装された事実に基づき更正請求書を提出していた場合の重加算税制度の整備

1　改正前の制度の概要

　過少申告加算税が課される場合、納税者がその国税の課税標準等又は税額等の計算の基礎となるべき事実の全部又は一部を隠蔽し、又は仮装し、その隠蔽し、又は仮装したところに基づき納税申告書を提出していたときは、過少申告加算税の額の計算の基礎となるべき税額に係る過少申告加算税に代え、当該基礎となるべき税額に35％の割合を乗じて計算した金額に相当する重加算税が課されます（通法68①）。

　また、無申告加算税が課される場合（更正又は決定を予知しないでいた申告があった場合を除く。）において、納税者がその国税の課税標準等又は税額等の計算の基礎となるべき事実の全部又は一部を隠蔽し、又は仮装し、その隠蔽し、又は仮装したところに基づき法定申告期限までに納税申告書を提出せず、又は法定申告期限後に納税申告書を提出していたときは、無申告加算税の額の計算の基礎となるべき税額に係る無申告加算税に代え、当該基礎となるべき税額に40％の割合を乗じて計算した金額に相当する重加算税が課されます（通法68②）。

　消費税法では、次のいずれかに該当する者は、10年以下の懲役若しくは1,000万円以下の罰金に処され、又はこれを併科されます（消法64①）。

① 偽りその他不正の行為により、消費税を免れ、又は保税地域から引き取られる課税貨物に対する消費税を免れようとした者

② 偽りその他不正の行為により還付を受けた者

上記②の未遂も処罰されます（消法64②）。

2 改正の内容

(1) 過少申告加算税又は無申告加算税に代えて課される重加算税の適用対象に、隠蔽し、又は仮装された事実に基づき更正請求書を提出していた場合が加えられます（新通法68①②）。

(注) 偽りその他不正の行為により国税を免れた場合等に、延滞税の計算期間から一定の期間を控除する特例が不適用となる措置について、隠蔽し、又は仮装された事実に基づき更正請求書を提出していた一定の場合が対象となることを明確化する運用上の対応を行う。

(2) 消費税の不正受還付犯（未遂犯を含む。）の対象に、偽りその他不正の行為による更正の請求に基づく還付が加えられます（新消法64①②）。

加算税は、申告納税制度の定着と発展を図るため、申告義務が適正に履行されない場合に課されるもので、一種の行政制裁的な性格を有する。

名称	課税要件	課税割合 （増差本税に対する）	不適用・割合の軽減	
			要件	不適用・軽減割合
過少申告加算税 （注1）（注2）	期限内申告について、修正申告・更正があった場合	10% （期限内申告税額と50万円のいずれか多い金額を超える部分）（※） 15%	・正当な理由がある場合 ・更正を予知しない修正申告の場合（注4）	不適用
無申告加算税 （注1・3・5・6）	①期限後申告・決定があった場合 ②期限後申告・決定について、修正申告・更正があった場合	15% [50万円超300万円以下の部分] 20% [300万円超の部分] 【令和5年度改正】 30%(注7)	・正当な理由がある場合 ・法定申告期限から1月以内にされた一定の期限後申告の場合	不適用
			更正・決定を予知しない修正申告・期限後申告の場合（注3）	5%
不納付加算税	源泉徴収等による国税について、法定納期限後に納付・納税の告知があった場合	10%	・正当な理由がある場合 ・法定納期限から1月以内にされた一定の期限後の納付の場合	不適用
			納税の告知を予知しない法定納期限後の納付の場合	5%
重加算税 （注5・6・8）	仮装隠蔽があった場合	[過少申告加算税・不納付加算税に代えて] 35% [無申告加算税に代えて] 40%		

重加算税の（※の例）

申告納税額250万円	
修正申告により納付すべき税額	50万円 — 15%
	100万円 — 10%
	期限内申告税額100万円

（注1）　国外財産調書・財産債務調書の提出がある場合には5%軽減（所得税・相続税）する。国外財産調書・財産債務調書の提出がない場合等には5%加算（所得税・相続税（財産債務調書については所得税））する。国外財産調書について、税務調査の際に国外財産の関連資料の不提出等があった場合には更に5%加算等する。

（注2）　電子帳簿等保存法上の一定の要件を満たす電子帳簿（優良な電子帳簿）に記録された事項に関して生じる申告漏れ（重加算税対象があある場合を除く。）については、過少申告加算税を5%軽減する。

（注3）　税務調査の際に行われる税務当局の質問検査権の行使に基づく帳簿の提示又は提出の要求に対し、帳簿の不提出等があった場合には、過少申告加算税又は無申告加算税を5%又は10%加算（所得税・法人税・消費税）する（令和6年1月1日以後適用）。

（注4）　調査通知以後、更正・決定予知前にされた修正申告に基づく過少申告加算税の割合は5%（※部分は10%）、期限後申告等に基づく無申告加算税の割合は10%（50万円超300万円以下の部分は15%、300万円超の部分は25%【令和5年度改正】）とする。

（注5）　過去5年内に、無申告加算税（更正・決定予知によるものに限る。）又は重加算税を課されたことがあるときは、10%加算する。

（注6）　前年度及び前々年度の国税について、無申告加算税（申告が、調査通知前に、かつ、更正予知する前にされたものであるときに課されたものを除く。）又は無申告重加算税を課される者が更なる無申告行為を行う場合には、10%加算する【令和5年度改正】。

（注7）　納税者の責めに帰すべき事由がないと認められる事実に基づく税額（例えば、相続税事案で、本人に帰責性がないと認められる事実に基づく税額（相続人が一定の確認をしたにもかかわらず、他の相続人の財産が事後的に発覚した場合において、その相続財産について課される税額））については、上記の300万円超の判定に当たっては除外される【令和5年度改正】。

（注8）　スキャナ保存が行われた国税関係書類に係る電磁的記録又は電子取引の取引情報に係る電磁的記録に記録された事項に関して生じる仮装隠蔽があった場合の申告漏れについては、重加算税を10%加算する。

（財務省ホームページより）

更正の請求に係る仮装・隠蔽行為に対応するための重加算税制度の整備（案）

【現行制度・課題等】

➢ 仮装・隠蔽したところに基づき納税申告書を提出していたとき等は、過少申告加算税（又は無申告加算税）に代え、35％（又は40％）の重加算税を賦課することとされている。

　(注) 重加算税が賦課される場合については、延滞税の除算期間が適用されない（申告期限後1年以上経過後に更正等があった場合でも、1年経過した日から更正等があった日までの期間は延滞税の計算期間から控除されない）。

➢ 他方、申告後に仮装・隠蔽したところに基づき「更正請求書」を提出した場合であったとしても、重加算税を賦課することができない（過少申告加算税（原則15％）又は無申告加算税（原則20％）が賦課される）。

➢ 「納税申告書の提出（税額を確定させるための手続）」か「更正請求書の提出（税額を減額させるための手続）」といった、税務当局に対する手続の性質により、仮装・隠蔽行為が行われた場合のペナルティの水準が異なるのは、納税義務違反の発生の防止という重加算税の趣旨に照らして適切ではなく、更正の請求に係る仮装・隠蔽行為を未然に抑止する必要。

【見直し案】

○ 仮装・隠蔽したところに基づき「更正の請求書」を提出した場合を重加算税の賦課対象に加える。

　(注1) 上記の仮装・隠蔽したところに基づき「更正の請求書」を提出した場合について、延滞税の除算期間が適用されないことを明確化する運用上の対応を行う。

　(注2) 令和7年1月1日以後に法定申告期限等が到来する国税について適用する。

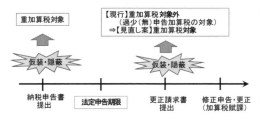

(参考1) 更正の請求の処理件数と実地調査の件数の推移

（単位：千件）

事務年度	H22.7〜H23.6	H30.7〜H31.6	R3.7〜R4.6
更正の請求処理件数	294	409	413
実地調査件数※	411	318	135

※　実地調査件数は、更正の請求に係る実地調査以外の件数を含む。
(出所) 更正の請求：国税庁実績評価書、実地調査：国税庁レポート

(参考2) 平成23年12月の税制改正により更正の請求期間が5年（改正前：1年）に延長されている。

（自民党税制調査会資料より）

○ 偽りその他不正の行為に基づき**申告書を提出**して消費税の還付を受けた者（未遂を含む。）については、消費税法において、10年以下の懲役又は1000万円以下の罰金を科すこととされている（受還付犯）。

○ 他方、偽りその他不正の行為に基づき**更正の請求書を提出**して消費税の還付を受けた者については、申告書の提出による不正還付と**実質的な違いはない**が、消費税法において、**罰則を科すこととされていない**。

（注）現行では、更正の請求に基づく不正還付については、詐欺罪（刑法）が適用される可能性がある。

【見直し案】

偽りその他不正の行為に基づき更正の請求書を提出して消費税の還付を受けた場合（未遂を含む。）も、**上記受還付犯と同様の罰則**を消費税法において**科すこととする**。

（注）公布日から起算して10日を経過した日から施行。

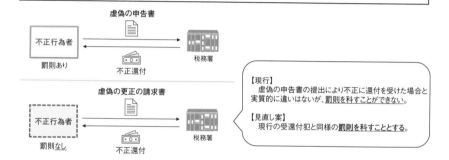

【現行】
　虚偽の申告書の提出により不正に還付を受けた場合と実質的に違いはないが、罰則を科すことができない。

【見直し案】
　現行の受還付犯と同様の罰則を科すこととする。

（自民党税制調査会資料より）

3　適用時期

上記2⑴の改正は、令和7年1月1日以後に法定申告期限等が到来する国税について適用されます（改正法附則1四ロ、19）。

上記2⑵の改正は、改正法の公布の日から起算して10日を経過した日から施行されます（改正法附則1一）。

（参考資料）　令和6年度税制改正大綱「第一　令和6年度税制改正の基本的考え方」（令和5年12月14日自由民主党・公明党）（抜粋）

5．円滑・適正な納税のための環境整備

(4)　課税・徴収関係の整備・適正化

　誠実に納税を行う納税者の税に対する公平感を損なうことがないよう、近年見られる新たな事例に対応していく必要がある。納税者が申告後に税額の減額を求めることができる更正の請求において、仮装・隠蔽が行われているものの、現行制度上、重加算税等が課されない事例が把握されていることを踏まえ、重加算税等の見直しを行う。

　また、法人の代表者等が不正申告を行い、法人の財産を散逸させて納税義務を免れる事例等が把握されていることを踏まえ、不正申告を行った法人の代表者等に対する徴収手続の整備等の所要の措置を講ずる。

　さらに、税務調査に対する非協力や納税者の不正への第三者による加担行為への対応について中期的に検討していく。

偽りその他不正の行為により国税を免れた株式会社の役員等の第二次納税義務の整備

1 新制度の内容

　偽りその他不正の行為により国税を免れ、又は国税の還付を受けた株式会社、合資会社又は合同会社がその国税（その附帯税を含む。）を納付していない場合において、徴収不足であると認められるときは、その偽りその他不正の行為をしたその株式会社の役員又はその合資会社若しくは合同会社の業務を執行する有限責任社員（その役員等を判定の基礎となる株主等として選定した場合にその株式会社、合資会社又は合同会社が被支配会社に該当する場合におけるその役員等に限る。）は、その偽りその他不正の行為により免れ、若しくは還付を受けた国税の額又はその株式会社、合資会社若しくは合同会社の財産のうち、その役員等が移転を受けたもの及びその役員等が移転をしたもの（通常の取引の条件に従って行われたと認められる一定の取引として移転をしたものを除く。）の価額のいずれか低い額を限度として、その滞納に係る国税の第二次納税義務を負うこととされます（新徴法40）。

㊟　上記の「被支配会社」とは、１株主グループの所有株式数が会社の発行済株式の50％を超える場合等におけるその会社をいう。

納税環境整備その他共通

2 適用時期

　上記の改正は、令和7年1月1日以後に偽りその他不正の行為により免れ、又は還付を受けた国税について適用されます（改正法附則1四ハ、20①）。

> ### 不正申告を行った法人の代表者等に対する徴収手続の整備（案）

【現状・課題】
- ○ 法人が財産を散逸させた上で廃業する等により納税義務を免れようとする事案が散見されており、調査や滞納処分を行う段階では、既にその法人の財産が残存していない場合が多く、滞納国税の徴収が困難となっており、こういった事案への対応が課題。
- ○ 仮に、代表者等が簿外財産や不正還付金といった不正行為に係る財産を創出し、自らが当該財産の移転を受けた場合や、自ら実行して法人外部へ移転（散逸）させた場合でも、代表者等に追及できない。

【見直し案】
- ○ 偽りその他不正の行為（不正行為）により国税を免れた法人（株式会社・合資会社・合同会社）がその不正行為に係る財産（不正還付の場合には、当該不正還付金を含む。）の移転を行っており、かつ、その国税を納付していない場合には、その法人財産から滞納国税の全額を徴収することができないときに限定した措置として、
- ✓ 株式50%超（親族等の一定の者と合わせて50%超を含む。）を保有するなどによりその法人を支配し、不正行為を実行し、及び移転を受け、又は法人外部への移転を実行した代表者等（役員）に対して、
- ✓ **「その移転を受けた財産」及び「移転がされた財産（代表者等が移転を実行したものに限り、通常の営業経費の支払等に係る移転は除く。）」の価額を限度として不正行為により免れた国税の第二次納税義務を課す。**（令和7年1月1日以後適用）

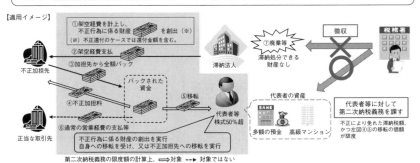

（注）代表者等が法人の場合に第二次納税義務により納付すべき国税及び地方税については、既存の第二次納税義務により納付すべき国税と地方税と同様、各事業年度の所得の金額の計算上、損金の額に算入しないこととする。

（自民党税制調査会資料より）

その他

1 改正の内容

(1) 税務代理権限証書等の様式の整備

　税務代理権限証書、申告書の作成に関する計算事項等記載書面及び申告書に関する審査事項等記載書面の様式について、国税庁長官が必要がある場合に、所要の事項を付記すること又は一部の事項を削ることができることとするほか、「所属税理士会等」の欄の記載事項の簡素化を行うこととされます。

(2) 個人番号を利用した税理士の登録事務等の利便性の向上

　行政手続における特定の個人を識別するための番号の利用等に関する法律等の改正に伴い、次の見直しを行うこととされます。

① 税理士の登録事項について、個人番号を加えるとともに、その登録事項のうち「本籍」を「本籍地都道府県名」とすることとされます。

② 税理士の登録申請書について、戸籍抄本及び住民票の写しの添付を要しないこととされます。

③ 電子情報処理組織を使用する方法により日本税理士会連合会又は税理士会に対して申請等を行う者は、その申請等に関して添付

すべきこととされている書面等でその書面等に記載されている事項又は記載すべき事項を入力して送信することができないものについて、書面等による提出に代えて、スキャナによる読み取り等により作成した電磁的記録（いわゆる「イメージデータ」）を送信することにより行うことができることとされます。

④　次に掲げる申請書等の様式について、個人番号をその様式に記載するために必要な整備を行うこととされます。

イ　税理士試験受験資格認定申請書

ロ　税理士試験受験願書

ハ　研究認定申請書

ニ　税理士試験免除申請書

ホ　研究認定申請書兼税理士試験免除申請書

⑤　税理士試験に係る受験手数料又は認定手数料について、電子情報処理組織を使用する方法による申請等により国税審議会会長から得た納付情報及び識別符号を入力して、これらを送信することにより納付することができることとされます。

⑥　その他所要の措置を講じられます。

2　適用時期

(1)　上記1(1)の改正は、令和8年9月1日以後に提出する税務代理権限証書、申告書の作成に関する計算事項等記載書面及び申告書に関する審査事項等記載書面について適用されます（税理士法施行規則15による改正）。

(2)　上記1(2)の改正はデジタル社会の形成を図るための関係法律の整備に関する法律附則第1条第10号に掲げる規定の施行の日から施行することとし、上記1(2)②の改正は同日以後に提出する登録申請書について、上記1(2)④イ、ニ及びホの改正は同日以後に提出する税理士試験受験資格認定申請書、税理士試験免除申請書又は研究認定申請書兼税理士試験免除申請書について、上記1(2)④ロ及びハの改正は同日以後に行う試験実施の日時等の公告に係る税理士試験について、それぞれ適用されます（税理士法施行規則により規定されます。）。

(3)　上記1(2)の改正の施行の日から令和7年3月31日までの間に提出される税理士の登録申請書について、日本税理士会連合会が税理士登録のため必要があると認める場合には、従前どおり戸籍抄本及び住民票の写しを添付しなければならないこととする経過措置を講じられます（税理士法施行規則により規定されます。）。

個人番号を利用した税理士の登録事務等の利便性の向上（案）

【見直しの背景】

○ 税理士を含む社会保障等に係る国家資格等については、マイナンバー（個人番号）を利用した手続のデジタル化を進め、住民基本台帳ネットワークシステム等との連携等により資格取得・更新等の手続時の添付書類の省略等を目指すこととされている（デジタル社会の実現に向けた重点計画（令和4年6月7日閣議決定））。

○ 上記の措置の実現のための番号法改正（番号利用事務に税理士の登録事務・試験事務を追加等）や資格管理者等が共同利用できる資格情報連携等に関するシステム整備等が実施され、税理士登録事務や税理士試験事務においても、令和6年度中に個人番号を利用した資格管理が行われる。

【見直し案】

○ 上記の措置を具体化し、税理士の登録事務及び税理士の試験事務の利便性を向上させるため、以下の措置を講ずる。

<table>
<tr><td>

【税理士の登録事務に関する措置】

① 税理士名簿への登録事項に個人番号を追加

② 情報連携による登録時の添付書類（住民票及び戸籍抄本）の省略・添付書類のオンライン提出手続の整備

③ 本籍の登録事項について、都道府県名以外の記載の不要化

※資格情報連携等に関するシステム整備等が行われるまでの間、住民票及び戸籍抄本の提出を引き続き求めるための経過措置を設ける。

</td><td>

【税理士の試験事務に関する措置】

① 受験願書等の申請様式に個人番号記載欄を設ける。

② オンライン申請に対応したペイジーによるオンライン受験手数料納付手続（現行：印紙納付のみ）等の整備

※ 令和7年度の税理士試験等から適用

</td></tr>
</table>

【個人番号を利用した資格管理のイメージ】

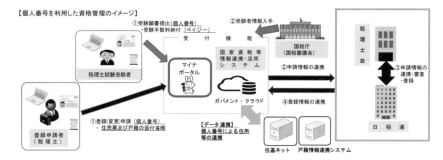

（自民党税制調査会資料より）

その他共通関係

公益信託制度の創設に伴う措置

1 改正の内容

(1) 個人課税関係

① 公益信託の信託財産につき生ずる所得（貸付信託の受益権の収益の分配に係るものにあっては、当該受益権が当該公益信託の信託財産に引き続き属していた期間に対応する部分の額に限る。）については、所得税を課さないこととされます（新所法11）。

② 公益信託の受託者（個人に限る。）に対する贈与等により、居住者の有する譲渡所得の基因となる資産等の移転があった場合には、当該居住者に対しその贈与等によるみなし譲渡課税を適用することとされます（新所法59）。

③ 公益信託の委託者がその有する資産を信託した場合には、当該資産を信託した時において、当該委託者から当該公益信託の受託者に対して贈与等により当該資産の移転が行われたものとして、当該委託者に対しその贈与等によるみなし譲渡課税を適用することとされます（新所法67の3）。

納税環境整備その他共通

— 303 —

④　公益信託の信託財産とするために支出した当該新公益信託に係る信託事務に関連する寄附金について、寄附金控除の対象とすることとされます（新所法78）。

⑤　公益法人等に対して財産を寄附した場合の譲渡所得等の非課税措置について、適用対象となる公益法人等の範囲に、公益信託に関する法律に規定する公益信託の受託者（非居住者又は外国法人に該当するものを除く。）が加えられます（新措法40）。

(2)　相続税関係

①　公益信託の信託財産とするために相続財産を拠出した場合について、相続財産を贈与した場合等の相続税の非課税制度の対象とされます（新相法12）。

②　公益信託から給付を受ける財産については、その信託の目的にかかわらず贈与税が非課税とされます（新相法21の3）。

③　国等に対して相続財産を贈与した場合等の相続税の非課税措置について、相続又は遺贈により財産を取得した者が、当該財産の全部又は一部を相続税の申告書の提出期限までに公益信託に関する法律に規定する公益信託の信託財産とするために支出をした場合には、当該支出をした者又はその親族等の相続税又は贈与税の負担が不当に減少する結果となると認められる場合を除き、当該支出をした財産の価額は相続税の課税価格の計算の基礎に算入しないものとされます（新措法70）。

(3) 印紙税関係

公益信託制度改革による新たな公益信託制度の創設に伴い、公益信託の信託行為に関する契約書（行政庁の認可を受けた後に作成されるものに限る。）には、印紙税を課さないこととされます（新印法別表第1）。

(4) 法人税関係

① 公益信託の信託財産に帰せられる収益及び費用については、委託者及び受託者の段階で法人税を課税しないこととされます（新法法12）。

② 公益信託の信託財産とするために支出した当該公益信託に係る信託事務に関連する寄附金（出資に関する信託事務に充てられることが明らかなものを除く。）について、特定公益増進法人に対する寄附金と同様に、別枠の損金算入限度額の対象とされます（新法法37）。

(注) 現行の特定公益信託及び特定公益信託以外の公益信託について、所要の経過措置が講じられます。

(5) 消費税関係

公益信託制度改革による新たな公益信託制度の創設に伴い、公益信託の信託財産に係る取引については、その受託者に対し、当該受託者の固有資産に係る取引とは区別して消費税を課税するとともに、特定収入がある場合の仕入控除税額の調整措置の対象とされます（新消法14、15、60）。

納税環境整備その他共通

㊟ 現行の特定公益信託及び特定公益信託以外の公益信託について、所要の経過措置が講じられます。

2 適用時期

上記1(1)から(5)までの改正は、公益信託に関する法律（令和6年法律）の施行の日から適用されます（改正法附則1九）。

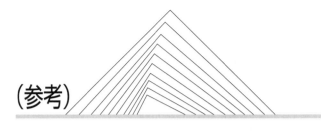

（参考）

令和4年度及び令和5年度改正における
令和6年1月1日以後適用項目（国税）

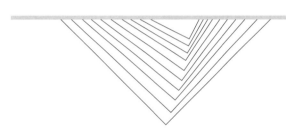

㈲　その後の改正により項目及び関係条項等が変わっている場合があります。

【所得税関係】

項目及び改正内容	関係条項	適用関係
〈令和4年度改正　令和6年1月1日以後適用分〉		
1　障害者等の少額預金の利子所得等の非課税措置の非課税貯蓄申告書等の電子情報処理組織による申請等の方法 　　電子情報処理組織（e-Tax）を使用する方法により障害者等の少額預金の利子所得等の非課税措置の次に掲げる書類を提出する場合のファイル形式（改正前：ＰＤＦ形式）が、ＸＭＬ形式又はＣＳＶ形式とされました。 (1)　非課税貯蓄申告書 (2)　非課税貯蓄限度額変更申告書 (3)　非課税貯蓄に関する異動申告書 (4)　金融機関等において事業譲渡等があった場合の申告書 (5)　非課税貯蓄廃止申告書 (6)　非課税貯蓄みなし廃止通知書 (7)　非課税貯蓄者死亡通知書 (8)　金融機関の営業所等の届出書	平30.4国税庁告14①二	令和6年1月1日から施行されます（令4.3国税庁告18附則①ただし書）。
2　住宅借入金等を有する場合の所得税額の特別控除制度（住宅ローン税額控除）等 　　住宅取得資金に係る借入金等の年末残高等調書制度に伴い、住宅借入金等に係る一定の債権者に対して適用申請書の提出をした個人は、その旨を「（特定増改築等）住宅借入金等特別控除額の計算明細書」に記載することにより請負契約書等の写しの確定申告書への添付に代えることができることとされました。この場合において、税務署長は、必要があると認めるときは、その確定申告書を提出した者（以下「控除適用者」という。）に対し、その確定申告書に係る確定申告期限等の翌日から起算して5年を経過する日までの間、その写しの提示又は提出を求めることができることとされ、この求めがあったときは、その控除適用者は、その写しを提示し、又は提出しなければならないこととされました。	措規18の21⑪⑫	令和6年1月1日以後に令和5年分以後の所得税に係る確定申告書を提出する場合について適用し、同日前に確定申告書を提出した場合及び同日以後に令和4年分以前の所得税に係る確定申告書を提出する場合については従前どおりです（令4改正措規附則5①）。

項目及び改正内容	関係条項	適用関係

3 　障害者等の少額公債の利子の非課税措置の特別非課税貯蓄申告書等の電子情報処理組織による申請等の方法	平30.4国税庁告14①二	令和6年1月1日から施行されます（令4.3国税庁告18附則①ただし書）。
電子情報処理組織（e-Tax）を使用する方法により障害者等の少額公債の利子の非課税措置、金融機関等の受ける利子所得等に対する源泉徴収の不適用及び公募株式等証券投資信託の受益権を買い取った金融商品取引業者等が支払を受ける収益の分配に係る源泉徴収の特例の次に掲げる書類を提出する場合のファイル形式（改正前：ＰＤＦ形式）が、ＸＭＬ形式又はＣＳＶ形式とされました。 (1) 　特別非課税貯蓄申告書 (2) 　特別非課税貯蓄限度額変更申告書 (3) 　特別非課税貯蓄に関する異動申告書 (4) 　金融機関等において事業譲渡等があった場合の申告書 (5) 　特別非課税貯蓄廃止申告書 (6) 　特別非課税貯蓄みなし廃止通知書 (7) 　特別非課税貯蓄者死亡通知書 (8) 　販売機関の営業所等の届出書 (9) 　金融機関が支払を受ける収益の分配に対する源泉徴収不適用に係る明細書 (10) 　公募株式等証券投資信託の受益権を買い取った金融商品取引業者等が支払を受ける収益の分配に係る源泉徴収不適用申告書		

項目及び改正内容	関係条項	適用関係
〈令和5年度改正　令和6年1月1日以後適用分〉		
1 　資金決済に関する法律の改正に伴う所得税法等の整備	国外送金等調書法4の5①	令和6年1月1日以後に電子決済手段等取引業者の営業所等の長に依頼する国外電子決済手段移転等について適用されます（令5改正法附則60②）。
(1) 　電子決済手段等取引業者は、その顧客からの依頼により国外電子決済手段移転等（その国外電子決済手段移転等をした電子決済手段の価額が100万円以下のものを除く。）をしたときは、その国外電子決済手段移転等ごとに、その顧客の氏名又は名称、住所及び個人番号又は法人番号、その国外電子決済手段移転等をした電子決済手段の種類その他の事項を記載した国外電子決済手段移転等調書を、その国外電子決済手		

に、その国外電子決済手段移転等を行った電子決済手段等取引業者の営業所等の所在地の所轄税務署長に提出しなければならないこととされました。		
(2) 確定申告において国外居住親族に係る扶養控除等の適用を受けようとする場合における「確定申告書」又は年末調整における税額の過不足の額の計算上、国外居住親族に係る扶養控除の額等に相当する金額の控除を受けようとする場合における「給与所得者の扶養控除等申告書」若しくは「給与所得者の配偶者控除等申告書」に添付等をすべき送金関係書類の範囲に、「電子決済手段等取引業者の書類又はその写しで、その電子決済手段等取引業者が居住者の依頼に基づいて行う電子決済手段の移転によってその居住者からその国外居住親族に支払をしたことを明らかにするもの」であって、「その年において生活費等に充てるための支払を行ったことを明らかにするもの」が追加されました。	所規47の2⑥三⑧三、73の2③三、74の4	令和6年分以後の所得税に係る確定申告書を提出する場合又は令和6年1月1日以後に支払を受けるべき給与等について提出する給与所得者の扶養控除等申告書及び給与所得者の配偶者控除等申告書について適用されます（令5改正所規附則4、7）。
2　暗号資産の評価の方法 　暗号資産信用取引について、他の者から信用の供与を受けて行う暗号資産の売買をいうこととされました。	所令119の7	令和6年分以後の所得税について適用し、令和5年分以前の所得税については従前どおりです（令5改正所令附則3）。
3　給与所得者の保険料控除申告書 　給与所得者の保険料控除申告書について、申告者との「続柄」の記載が不要とされました。	所規75①二ロ・四ロ・五イ・六ロ・七ロ・八イ	令和6年10月1日以後に提出する給与所得者の保険料控除申告書について適用し、同日前に提出した給与所得者の保険料控除申告書については従前どおりです（令5改正所規附則8）。
4　非課税口座内の少額上場株式等に係る配当所得及び譲渡所得等の非課税措置 　特定非課税累積投資契約に係る非課税措置	措規18の15の	令和6年以後の各年に

（新NISA）の改組にあわせて非課税口座年間取引報告書の記載事項が簡素化されました。	9②、別表第7(3)	おいて金融商品取引業者等に開設されている非課税口座に係る報告書等について適用し、令和5年以前の各年において金融商品取引業者等に開設されていた非課税口座に係る報告書等については従前どおりです（令5改正措規附則2③④）。
5 試験研究を行った場合の所得税額の特別控除制度		
(1) 新たな役務の開発に係る試験研究費の範囲の見直しが行われました。	措令5の3⑥	令和6年分以後の所得税について適用し、令和5年分以前の所得税については従前どおりです（令5改正法附則25、令5改正措令附則2①）。
(2) 一般試験研究費の額に係る特別税額控除制度		
① 税額控除割合が次の区分に応じそれぞれ次の割合（上限：10％）とされました。	措法10①	
イ ロの場合以外の場合……11.5％から、12％から増減試験研究費割合を減算した割合に0.25を乗じて計算した割合を減算した割合（下限：1％）		
ロ その年が開業年である場合又は比較試験研究費の額が0である場合……8.5％		
② 令和8年までの各年分については、税額控除割合は、上記①にかかわらず、次の区分に応じそれぞれ次の割合（上限：14％）とされました。	措法10②一	
イ 増減試験研究費割合が12％を超える場合（ハの場合を除く。）……11.5％に、その増減試験研究費割合から12％を控除した割合に0.375を乗じて計算した割合を加算した割合		
ロ 増減試験研究費割合が12％以下である場合（ハの場合を除く。）……11.5		

%から、12%からその増減試験研究費割合を減算した割合に0.25を乗じて計算した割合を減算した割合（下限：1%）	
ハ　その年が開業年である場合又は比較試験研究費の額が0である場合……8.5%	
③　令和6年から令和8年までの各年分のうち次の年分（開業年の年分及び比較試験研究費の額が0である年分を除く。）については、税額控除額の上限に、その年分の調整前事業所得税額に次の年分の区分に応じそれぞれ次の割合（イの年分及び試験研究費割合が10%を超える年分のいずれにも該当する年分にあっては、イの割合と下記④の税額控除額の上限の特例により計算した割合とのうちいずれか高い割合）を乗じて計算した金額を加算することとされました。	措法10③
イ　増減試験研究費割合が4%を超える年分……その増減試験研究費割合から4%を控除した割合に0.625を乗じて計算した割合（上限：5%）	
ロ　増減試験研究費割合が0に満たない場合のその満たない部分の割合が4%を超える年分（試験研究費割合が10%を超える年分を除く。）……0から、その満たない部分の割合から4%を控除した割合に0.625を乗じて計算した割合（上限：5%）を減算した割合	
④　試験研究費割合が10%を超える場合における税額控除割合の特例及び税額控除額の上限の特例の適用期限が、令和8年まで3年延長されました。	措法10②③
⑤　基準年比売上金額減少割合が2%以上の場合の税額控除額の上限の特例は、その適用期限（令和5年末）の到来をもって廃止されました。	旧措法10③二
(3)　中小企業技術基盤強化税制	
①　中小企業者等税額控除限度額の特例のうち増減試験研究費割合が9.4%を超える場合の特例について、適用要件となる増減試験研究費割合が9.4%超から12%	措法10⑤

超に引き上げられ、その逓増率が0.35から0.375に引き上げられた上、その適用期限が令和8年まで3年延長されました。		
② 増減試験研究費割合が9.4％を超える場合の税額控除額の上限の特例について、増減試験研究費割合が12％を超える場合の税額控除額の上限の特例とされた上、その適用期限が令和8年まで3年延長されました。	措法10⑥	
③ 試験研究費割合が10％を超える場合の税額控除額の上限の特例の適用期限が、令和8年まで3年延長されました。	措法10⑥	
④ 基準年比売上金額減少割合が2％以上の場合の税額控除額の上限の特例は、その適用期限（令和5年末）の到来をもって廃止されました。	旧措法10⑥三	
(4) 特別試験研究費の額に係る特別税額控除制度		
対象となる試験研究に高度専門知識等を有する者に対して人件費を支出して行う試験研究が追加され、その税額控除割合が20％とされました。	措法10⑧七、措令5の3⑩十五	令和6年分以後の所得税について適用し、令和5年分以前の所得税については従前どおりです（令5改正法附則25）。
6 空き家に係る居住用財産の譲渡所得の3,000万円特別控除の特例		
適用期限が令和9年12月31日まで4年延長されるとともに、次の措置が講じられました。	措法35③	
(1) 適用対象に、相続若しくは遺贈により取得をした被相続人居住用家屋の譲渡又はその被相続人居住用家屋とともにするその相続若しくは遺贈により取得をした被相続人居住用家屋の敷地等の譲渡をした場合（これらの譲渡の時からこれらの譲渡の日の属する年の翌年2月15日までの間に、次に掲げる場合に該当することとなったときに限る。）を加えることとされました。 ① その被相続人居住用家屋が耐震基準に適合することとなった場合 ② その被相続人居住用家屋の全部の取壊し若しくは除却がされ、又はその全部が滅失をした場合	措法35③	個人が令和6年1月1日以後に行う対象譲渡について適用し、個人が同日前に行った対象譲渡については従前どおりです（令5改正法附則32③）。

(2)　相続又は遺贈による被相続人居住用家屋及び被相続人居住用家屋の敷地等の取得をした相続人の数が3人以上である場合における特別控除額が2,000万円とされました。	措法35④	
7　特定の事業用資産の買換えの場合の譲渡所得の課税の特例等 　　本特例（同一年内に譲渡資産の譲渡及び買換資産の取得をする場合に限る。）の適用要件に、納税地の所轄税務署長に本特例の適用を受ける旨の届出をすることが追加されました。	措法37①	個人が令和6年4月1日以後に譲渡資産の譲渡をし、かつ、同日以後に買換資産の取得をする場合における譲渡資産の譲渡について適用し、個人が同日前に譲渡資産の譲渡をした場合及び同日以後に譲渡資産の譲渡をし、かつ、同日前に買換資産の取得をした場合におけるこれらの譲渡については従前どおりです（令5改正法附則32⑦）。

【法人税関係】

項目及び改正内容	関係条項	適用関係
〈令和5年度改正　令和6年1月1日以後適用分〉		
1　森林環境税 　森林環境税の創設に伴う所要の改正が行われました。	法令78の2①一②一、111の4②一	令和6年1月1日から施行することとされています（令5改正法令附則1一）。
2　原子力発電施設解体準備金制度 　制度が廃止されました。	旧措法57の4	脱炭素社会の実現に向けた電気供給体制の確立を図るための電気事業法等の一部を改正する法律の施行の日（令和6年4月1日）前に設置された原子力発電施設については、令和6年4月1日前に終了した事業年度については従来どおり適用できることとされ（令5改正法附則43①）、同日以後に終了する事業年度については、次のとおり取り扱うこととされています。 (1)　令和6年4月1日前に核原料物質、核燃料物質及び原子炉の規制に関する法律第64条の2第1項の規定により指定された原子力発電施設 　　従来どおりです（令5改正法附則43①）。 (2)　上記(1)以外の原子力発電施設 　　青色申告書を提出する法人が令和6年4月1日を含む事業

		年度開始の日において特定原子力発電施設（上記(1)の原子力発電施設を除く。）に係る原子力発電施設解体準備金の金額を有する場合には、同月1日以後に終了する各事業年度において、360月で均等額を取り崩して益金算入することとされています（令5改正法附則43②③）。
3 特定の資産の買換えの場合等の課税の特例 　適用要件に、納税地の所轄税務署長に本制度の適用を受ける旨の届出をすることが追加されました。	措法65の7①⑨	法人が令和6年4月1日以後に譲渡資産の譲渡をして、同日以後に買換資産の取得をする場合のその買換資産について適用し、法人が同日前に譲渡資産の譲渡をした場合における同日前に取得をした買換資産又は同日以後に取得をする買換資産及び法人が同日以後に譲渡資産の譲渡をする場合における同日前に取得をした買換資産については、従前どおりです（令5改正法附則46③）。

【国際課税関係】

項目及び改正内容	関係条項	適用関係
〈令和5年度改正　令和6年1月1日以後適用分〉		
1　外国関係会社に係る所得の課税の特例（外国子会社合算税制）の見直し		(1)及び(2)の改正は、内国法人の令和6年4月1日以後に開始する事業年度に係る課税対象金額、部分課税対象金額及び金融子会社等部分課税対象金額を計算する場合について適用し、内国法人の同日前に開始した事業年度に係る課税対象金額、部分課税対象金額及び金融子会社等部分課税対象金額を計算する場合については、従前どおりです（令5改正法附則48①）。また、(3)の改正のうち、特殊関係株主等である内国法人に係る外国関係法人に係る所得の課税の特例についても同様です（令5改正法附則48②）。
(1)　特定外国関係会社に係る適用免除基準の見直し 　　特定外国関係会社に係る各事業年度の租税負担割合が27％以上（改正前：30％以上）である場合には、会社単位の合算課税を適用しないこととされました。	措法66の6⑤一	
(2)　書類添付義務の見直し等 ①　添付対象外国関係会社の範囲の見直し 　　確定申告書に貸借対照表及び損益計算書その他の一定の書類を添付することとされている外国関係会社（以下「添付対象外国関係会社」という。）の範囲から次のいずれかに該当する事実がある部分対象外国関係会社（以下「添付不要部分対象外国関係会社」という。）が除外されました。 　イ　各事業年度における部分適用対象金額が2,000万円以下であること。 　ロ　各事業年度の決算に基づく所得の金額に相当する金額のうちに当該各事業年度における部分適用対象金額の占める割合が5％以下であること。	措法66の6⑪	
②　書類保存義務の創設 　　上記①の見直しに伴い、添付不要部分対象外国関係会社については、上記①の書類を保存しなければならないこととされました。	措法66の6⑫、措規22の11㊿～㊾	
③　法人税申告書別表に係る改正 　　確定申告書に添付することとされている添付対象外国関係会社に係る株式等の保有割合等に関する明細書の記載方法について、内国法人とその外国関係会社との関係を系統的に図示した書類を添付した場合には、その書類に記載があるものについてはその明細書の記載を要しないこととされました。	法人税申告書別表17㈢付表一	

(3) 居住者に係る外国子会社合算税制、特殊関係株主等である内国法人に係る外国関係法人に係る所得の課税の特例等の関連制度につき、上記の見直しを踏まえた所要の措置が講じられました。	措法40の4、40の7、66の9の2、措規18の20、18の20の2、22の11の3	居住者の令和6年分以後の各年分の課税対象金額、部分課税対象金額及び金融子会社等部分課税対象金額を計算する場合について適用し、居住者の令和5年分以前の各年分の課税対象金額、部分課税対象金額及び金融子会社等部分課税対象金額を計算する場合については、従前どおりです(改正法附則35①)。また、特殊関係株主等である居住者に係る外国関係法人に係る所得の課税の特例についても同様(令5改正法附則35②)。
2 振替国債等の利子の課税の特例等における非課税適用申告書等の電子情報処理組織による申請等の方法の改正 　電子情報処理組織(e-Tax)を使用する方法により振替国債等の利子の課税の特例等の次に掲げる書類を税務署長に対して提出する場合のファイル形式(改正前:PDF形式)を、XML形式又はCSV形式とすることとされました。 ① 非課税適用申告書 ② 特例書類 ③ 異動申告書等	平30.4国税庁告14①二	令和6年7月1日から施行されます(令5.3国税庁告14附則①三)。
3 租税条約等実施特例法の改正 (1) 上場株式等の配当等に係る源泉徴収義務等の特例の適用がある場合における租税条約の適用手続に関する特例の改正 　上場株式等の配当等の支払の取扱者のその配当等に関する事項等の提供について、電子情報処理組織(e-Tax)を使用する方法により提供することができることとされました。 (注) 上記の電子情報処理組織(e-Tax)を使用する方法により提供する場合におけ	実特規2⑰、2の2⑯、2の3⑯、2の4⑯、2の5⑰、9の5⑨、9の6⑨、9の7⑩、9の8⑩、9の9⑩	令和6年7月1日以後に提供する報告事項について適用し、同日前に提供した報告事項については、従前どおりです(令5改正実特規附則②)。

るその提供に関するファイル形式は、CSV 形式とされる。		
(2) 滞納処分免脱罪の適用対象の整備等に伴う徴収共助制度の改正		
イ 滞納処分免脱罪の適用対象の整備 　今般の国税徴収法の改正において、滞納処分免脱罪の適用対象の整備が行われたことに伴い、租税条約等の相手国等の租税の徴収の共助について同法の改正と同様の罰則規定の整備が行われました。	実特法13①	令和6年1月1日以後にした違反行為について適用し、同日前にされた違反行為に対する罰則の適用については、従前どおりです（令5改正法附則1三ハ、78）。
ロ 滞納処分に関する調査手続等の見直し等 　今般の国税徴収法の改正において、滞納処分に関する調査手続等の見直し及び徴収職員の事業者等への協力を求める措置の整備が行われたことに伴い、租税条約等の相手国等の租税の徴収の共助について、同法の改正において整備された規定を準用するとともに、罰則規定についても同法の改正と同様の整備が行われました。	実特法11④柱書、13④七・八、実特令7①柱書、実特規17③	令和6年1月1日から施行されます（令5改正法附則1三ヘ）。

令和4年度及び令和5年度改正における令和6年1月1日後適用項目（国税）

【相続税関係】

項目及び改正内容	関係条項	適用関係
〈令和 4 年度改正　令和 6 年 1 月 1 日以後適用分〉		
1　相続税に係る死亡届の情報等の通知方法の改正 (1)　法務大臣は、死亡等に関する届書に係る届書等情報等の提供を受けたときは、その届書等情報等及びその死亡等をした者の戸籍等の副本に記録されている情報で一定のものを、その提供を受けた日の属する月の翌月末日までに、国税庁長官に通知しなければならないこととされました。 (2)　市町村長は、その市町村長等がその市町村が備える住民基本台帳に記録されている者に係る死亡等に関する届書の受理等をしたときは、その死亡等をした者が有していた土地又は家屋に係る固定資産課税台帳の登録事項等で一定のものを、その届書の受理等をした日の属する月の翌月末日までに、その市町村の事務所の所在地の所轄税務署長に通知しなければならないこととされました。	相法58	令和 6 年 3 月 1 日又は戸籍法等の一部を改正する法律（令和元年法律第17号）附則第 1 条第 5 号に掲げる規定の施行の日（令和元年 5 月31日から 5 年を超えない範囲内の日）のいずれか遅い日以後に法務大臣が届書等情報の提供を受ける場合又は市町村長が死亡等に関する届書の受領等をする場合について適用し、同日前に市町村長が死亡等に関する届書を受理した場合については従前どおりです（令 4 改正法附則 1 八、18）。

項目及び改正内容	関係条項	適用関係
〈令和 5 年度改正　令和 6 年 1 月 1 日以後適用分〉		
1　相続時精算課税制度の見直し (1)　相続時精算課税に係る贈与税について、基礎控除110万円が設けられました。 (2)　贈与時に(1)の相続時精算課税に係る贈与税の基礎控除により控除された額については、特定贈与者の死亡時に特定贈与者の相続税の課税価格に加算しないこととされました。 (3)　相続時精算課税の適用を受けようとする者が特定贈与者から贈与を受けた財産の価額が(1)の相続時精算課税に係る贈与税の基礎控除額以下である場合には、相続時精算課税選択届出書のみを提出することができることとされました。	相法21の11の2、21の15①、21の16③、相令 5 ①、5 の 2 、5 の 6 ①、相規10	令和 6 年 1 月 1 日以後に贈与により取得する財産に係る贈与税又は相続税について適用する（令 5 改正法附則19①④⑥、令 5 改正相令附則 2 、5 ）。

— 320 —

2　相続開始前に贈与があった場合の相続税の課税価格への加算対象期間等の見直し		
(1)　相続又は遺贈により財産を取得した者がその相続に係る被相続人から贈与により財産を取得したことがある場合に、その被相続人に係る相続税の課税価格に加算される生前贈与の加算対象期間が相続開始前7年以内（改正前：3年以内）に延長されました。	相法19	令和6年1月1日以後に贈与により取得する財産に係る相続税について適用し、同日前に贈与により取得した財産に係る相続税については従前どおりです（令5改正法附則19①）。また、令和6年1月1日から令和12年12月31日までの間に相続又は遺贈により財産を取得する者については、この措置の対象となる生前贈与の加算対象期間は、それぞれ次のとおりです。
(2)　(1)により延長された相続開始前3年超7年以内に被相続人から贈与により取得した財産の価額については、総額100万円までは相続税の課税価格に加算しないこととされました。		①　令和6年1月1日から令和8年12月31日までの間に相続又は遺贈により財産を取得する者については、相続開始前3年以内の贈与が加算対象となります（令5改正法附則19②）。
		②　令和9年1月1日から令和12年12月31日までの間に相続又は遺贈により財産を取得する者については、令和6年1月1日からその相続開始の日までの間の贈与が加算対象となります（令5改正法附則19③）。
3　相続時精算課税等に係る贈与税の申告内容の開示等の改正		
上記の改正に伴い、相続時精算課税等に係	相法49	令和6年1月1日以後

る贈与税の申告内容の開示を請求しようとする場合における開示の対象となる金額について、所要の見直しがされました。		に相続又は遺贈により財産を取得する者がする開示の請求について適用し、同日前に相続又は遺贈により財産を取得した者がする開示の請求については従前どおりです（令5改正法附則19⑧～⑪）。
4　特定計画山林についての相続税の課税価格の計算の特例の改正 　　相続時精算課税制度の見直しに伴い、所要の規定の整備がされました。	措法69の5	令和6年1月1日以後に贈与により取得する特定計画山林に係る相続税について適用されます（令5改正法附則51①）。
5　相続時精算課税に係る贈与税の基礎控除の特例の創設 　　相続時精算課税に係る贈与税の基礎控除の金額を110万円とする措置が講じられました。	措法70の3の2、措令40の5の2	令和6年1月1日以後に贈与により取得する財産に係る贈与税について適用されます（令5改正法附則51④）。
6　相続時精算課税に係る土地又は建物の価額の特例の創設 　　特定贈与者からの贈与により取得した土地又は建物がその贈与を受けた日から特定贈与者の死亡に係る相続税の申告書の提出期限までの間に災害によって相当の被害を受けた場合において、相続時精算課税適用者が贈与税の納税地の所轄税務署長の承認を受けたときは、土地又は建物の贈与時における価額からその災害により被害を受けた部分に対応する金額として計算した金額を控除した残額を、特定贈与者の死亡に係る相続税の課税価格に加算をすることとされました。	措法70の3の3、措令40の5の3、措規23の6の2	令和6年1月1日以後に土地又は建物が災害により被害を受ける場合について適用されます（令5改正法附則51⑤）。
7　山林についての相続税の納税猶予制度の改正 　　相続時精算課税制度の見直しに伴い、所要の規定の整備がされました。	措令40の7の6	令和6年1月1日以後に贈与により財産を取得する者に係る相続税

			について適用し、同日前にのみ贈与により財産を取得した者に係る相続税については従前どおりです（令5改正措令附則14⑦）。
8　特定の美術品についての相続税の納税猶予制度の改正 　相続時精算課税制度の見直しに伴い、所要の規定の整備がされました。		措令40の7の7	令和6年1月1日以後に贈与により財産を取得する者に係る相続税について適用し、同日前にのみ贈与により財産を取得した者に係る相続税については従前どおりです（令5改正措令附則14⑦）
9　個人の事業用資産についての納税猶予制度の改正 　相続時精算課税制度の見直しに伴い、所要の規定の整備がされました。		措法70の6の8、措令40の7の10	令和6年1月1日以後の贈与に係る相続税又は贈与税について適用し、同日前の贈与に係る相続税又は贈与税については従前どおりです（令5改正法附則51⑥、令5改正措令附則14⑧）。
10　非上場株式等についての納税猶予制度の改正 　相続時精算課税制度の見直しに伴い、所要の規定の整備がされました。		措法70の7、70の7の5、措令40の8の2、40の8の6	令和6年1月1日以後の贈与に係る相続税又は贈与税について適用し、同日前の遺贈に係る相続税又は贈与税については従前どおりです（令5改正法附則51⑦、令5改正措令附則14⑦）。
11　医業継続に係る贈与税・相続税の納税猶予制度等の改正 　相続時精算課税制度の見直しに伴い、所要			令和6年1月1日以後

の規定の整備がされました。		に贈与により財産を取得する者に係る相続税又は贈与税について適用し、同日前にのみ贈与により財産を取得した者に係る相続税又は贈与税については従前どおりです（令5改正措令附則14⑦）。

【国税通則法関係】

項目及び改正内容	関係条項	適用関係
〈令和 4 年度改正　令和 6 年 1 月 1 日以後適用分〉		
1　記帳水準の向上に資するための過少申告加算税等の加重措置の整備 　　納税者が、一定の帳簿（その電磁的記録を含む。）に記載すべき事項等に関しその修正申告等又は期限後申告等があった時前に、国税庁、国税局又は税務署の当該職員からその帳簿の提示又は提出を求められ、かつ、次に掲げる場合のいずれかに該当するとき（その納税者の責めに帰すべき事由がない場合を除く。）の過少申告加算税の額又は無申告加算税の額は、通常課される過少申告加算税の額又は無申告加算税の額にその修正申告等又は期限後申告等に係る納付すべき税額（その帳簿に記載すべき事項等に係るもの以外の事実に基づく税額を控除した税額に限る。）の10％（次の(2)に掲げる場合に該当する場合には、5 ％）に相当する金額を加算した金額とすることとされました。 (1)　当該職員にその帳簿の提示若しくは提出をしなかった場合又は当該職員にその提示若しくは提出がされたその帳簿に記載すべき事項等のうち、売上げの記載等が著しく不十分である場合として一定の場合 (2)　当該職員にその提示又は提出がされたその帳簿に記載すべき事項等のうち、売上げの記載等が不十分である場合として一定の場合（上記(1)に掲げる場合を除く。）。	通法65④、66④、通令27①⑥、通規11の2	令和 6 年 1 月 1 日以後に法定申告期限等が到来する国税について適用されます（令 4 改正法附則20②）

項目及び改正内容	関係条項	適用関係
〈令和 5 年度改正　令和 6 年 1 月 1 日以後適用分〉		
1　加算税制度の見直し (1)　高額な無申告に対する無申告加算税の割合の引上げ 　　　期限後申告書の提出若しくは決定があった場合又はその期限後申告書の提出若しくは決定があった後に修正申告書の提出若しくは更正があった場合において、加算後累	通法66③、通令27⑥	令和 6 年 1 月 1 日以後に法定申告期限が到来する国税について適用し、同日前に法定申告期限が到来した国税については従前どおりで

積納付税額（その加算後累積納付税額の計算の基礎となった事実のうちにその期限後申告書若しくは修正申告書の提出又は更正若しくは決定前の税額（還付金の額に相当する税額を含む。）の計算の基礎とされていなかったことについてその納税者の責めに帰すべき事由がないと認められるものがあるときは、その事実に基づく税額として一定の計算をした金額を控除した税額）が300万円を超えるときの無申告加算税の額は、加算後累積納付税額を次に掲げる税額に区分してそれぞれの税額に次に定める割合（期限後申告書又は修正申告書の提出が、調査による更正又は決定を予知してされたものでない場合は、その割合から5％を減じた割合。(1)において同じ。）を乗じて計算した金額の合計額から累積納付税額を次に掲げる税額に区分してそれぞれの税額に次に定める割合を乗じて計算した金額の合計額を控除した金額とされました。

① 50万円以下の部分に相当する税額……15％
② 50万円を超え300万円以下の部分に相当する税額……20％
③ 300万円を超える部分に相当する税額……30％

(2) 一定期間繰り返し行われる無申告行為に対する無申告加算税等の加重措置の整備

期限後申告書若しくは修正申告書の提出（調査による更正又は決定を予知してされたものでない場合において、調査通知がある前に行われたものを除く。）又は更正若しくは決定（以下「期限後申告等」という。）に係る国税の課税期間の初日の属する年の前年及び前々年に課税期間が開始したその国税（課税期間のないその国税については、その国税の納税義務が成立した日の属する年の前年及び前々年に納税義務が成立したその国税）の属する税目について、無申告加算税（期限後申告書又は修正申告書の提出が、調査による更正又は決定を予知してされたものでない場合において、調査通知がある前に行われたものであるときに課さ

す（令5改正法附則23③）。

通法66⑥、68④

— 326 —

れたものを除く。）若しくは無申告加算税に代えて課される重加算税（以下「特定無申告加算税等」という。）を課されたことがあり、又は特定無申告加算税等に係る賦課決定をすべきと認める場合におけるその期限後申告等に基づき課する特定無申告加算税等の額は、通常課される無申告加算税の額又は重加算税の額に、その期限後申告等に基づき納付すべき税額に10％の割合を乗じて計算した金額を加算した金額とされました。		
2　ダイレクト納付の利便性の向上 　電子情報処理組織（e-Tax）を使用する方法による国税の納付の手続（ダイレクト納付の手続）が法定納期限に行われた場合（その税額が１億円（令和６年４月１日から令和８年３月31日までの間は1,000万円、同年４月１日から令和10年３月31日までの間は3,000万円）以下である場合に限る。）において、法定納期限の翌日までにその納付がされたときは、その納付は法定納期限においてされたものとみなして、延納及び附帯税（延滞税・不納付加算税）に関する規定を適用することとされました。	通法34②、通令６の３、通規１の３③～⑤、令５改正通規附則②	令和６年４月１日から施行され（令５改正法附則一四ハ、令５改正通令附則ただし書、令５改正通規附則①）、同日以後に行うダイレクト納付の手続について適用されます。
3　納税の猶予の申請に係る事項に関する調査手続等の整備 　納税の猶予の申請に係る事項に関する調査の相手方に対し、帳簿書類その他の物件の提示若しくは提出を求め、又は調査において提出された物件を留め置くことができることとされました。	通法46の２⑩～⑫、通令15の２⑧～⑩、通規10の２	令和６年１月１日以後に申請される納税の猶予について適用し、同日前に申請された納税の猶予については従前どおりです（令５改正法附則23②）。

【国税徴収法関係】

項目及び改正内容	関係条項	適用関係
〈令和5年度改正　令和6年1月1日以後適用分〉		
1　滞納処分免脱罪の適用対象の整備 　　滞納処分免脱罪の適用対象に、納税者が滞納処分の執行等を免れる目的で、その現状を改変して、その財産の価額を減損し、又はその滞納処分に係る滞納処分費等を増大させる行為をした場合が追加されました。	徴法187①〜③	令和6年1月1日以後にした違反行為について適用し、同日前にされた違反行為に対する罰則の適用については従前どおりです（令5改正法附則1三ハ、78）。
2　徴収職員の滞納処分に関する調査手続等の見直し (1)　滞納処分に関する調査に係る質問検査権について、その対象に、帳簿書類以外の物件が追加されるとともに、滞納処分に関する調査の相手方に対し、帳簿書類その他の物件の提示又は提出を求めることができることが法令上明確化されました。	徴法141、147、188三、徴規2①	令和6年1月1日以後に滞納者等に対して行う一定の質問検査等について適用し、同日前に滞納者等に対して行った一定の質問検査については従前どおりです（令5改正法附則24①）。
(2)　滞納処分に関する調査に係る質問検査権の行使先について、滞納者に対して過去に債権又は債務があったと認めるに足りる相当の理由がある者が含まれることが法令上明確化されました。	徴法141三	
(3)　徴収職員は、滞納処分に関する調査について必要があるときは、その調査において提出された物件を留め置くことができること等が法令上明確化されました。	徴法141の2、147②、徴令51の2	令和6年1月1日以後に提出される物件について適用されます（令5改正法附則24②）。
3　徴収職員の事業者等への協力を求める措置の整備 　　徴収職員は、滞納処分に関する調査について必要があるときは、事業者（特別の法律により設立された法人を含む。）に、その調査に関し参考となるべき帳簿書類その他の物件の閲覧又は提供その他の協力を求めることができることが法令上明確化されました。	徴法146の2	令和6年1月1日から施行され（令5改正法附則1三ハ）、同日以後にする協力の求めについて適用されます。

【税理士法関係】

項目及び改正内容	関係条項	適用関係
〈令和4年度改正　令和6年1月1日以後適用分〉		
1　税務代理権限証書の様式の見直し 　　税務代理権限証書の様式について、「税務代理の対象となる書類の受領に関する事項」欄が設けられ、税務官公署から納税者（委嘱者）に対して送付される書類の受領について税務代理を委任する場合には、その書類の名称を記載することとされました。 　　また、税務代理権限証書に係る法令解釈通達上の様式について、税務代理に該当しない行為を委任する場合の委任状の記載欄が設けられるとともに、税務代理の委任が終了した場合にその旨を税務官公署に通知するための様式が新たに設けられる等の見直しが行われました。	税理士規則第8号様式、税理士法関係様式通別添1、別添2	令和6年4月1日から施行されます（令4改正税理士規則附則二）。
2　税理士が申告書に添付することができる計算事項、審査事項等を記載した書面に関する様式の整備 　　計算事項等記載書面及び審査事項等記載書面について、必要があるときは、税目に応じてこれらの様式の各欄の記載事項を変更することができることとされる等の見直しが行われました。	税理士規則第9号様式、第10号様式、税理士法関係様式通別添5、別添6	令和6年4月1日から施行（令4改正税理士規則附則二、令和4年3月31日税理士法関係様式通達）。

項目及び改正内容	関係条項	適用関係
〈令和5年度改正　令和6年1月1日以後適用分〉		
1　税理士に対する懲戒処分等の公告方法の電子化 　　税理士に対する懲戒処分等の公告は、財務大臣が、遅滞なく税理士に対する懲戒処分等をした旨を、相当と認める期間、インターネットに接続された自動公衆送信装置に記録する方法（インターネットを利用する方法）により不特定多数の者が閲覧することができる状態に置く措置をとるとともに、官報をもってしなければならないこととされました。	税理士法47の4、48③、48の20②、税理士規則20の2、20の3、22の2	令和6年4月1日から施行されます（令5改正法附則1四ホ、令5改正税理士規則附則）。

2　税理士試験合格者の公告方法の電子化等 　(1)　税理士試験合格者の公告方法等の電子化 　　　税理士試験合格者の公告等は、国税審議会会長が、公告事項を、相当と認める期間、インターネットに接続された自動公衆送信装置に記録する方法（インターネットを利用する方法）により不特定多数の者が閲覧することができる状態に置く措置をとるとともに、官報をもってしなければならないこととされました。 　　　また、税理士試験合格者等の公告について、上記の公告事項が受験番号（改正前：氏名）とされました。 　(2)　税理士試験全科目免除者の公告の廃止 　　　税理士試験全科目免除者の公告が廃止されました。	理士規則7等	令和6年4月1日から施行されます（令5改正税理士規則附則）。
3　税理士等でない者が税務相談を行った場合の命令制度の創設等 　(1)　税理士等でない者が税務相談を行った場合の命令 　　　財務大臣は、税理士等でない者が税務相談を行った場合（税理士法の別段の定めにより税務相談を行った場合を除く。）において、更に反復してその税務相談が行われることにより、不正に国税若しくは地方税の賦課若しくは徴収を免れさせ、又は不正に国税若しくは地方税の還付を受けさせることによる納税義務の適正な実現に重大な影響を及ぼすことを防止するため緊急に措置をとる必要があると認めるときは、その税理士等でない者に対し、その税務相談の停止その他その停止が実効的に行われることを確保するために必要な措置を講ずることを命ずることができることとされました。 　(2)　上記(1)の命令をした旨の公告 　　　財務大臣は、上記(1)の命令をしたときは、遅滞なくその旨を、相当と認める期間、インターネットに接続された自動公衆送信装置に記録する方法（インターネットを利用する方法）により不特定多数の者が閲覧することができる状態に置く措置をとるとともに、官報をもって公告しなければならな	税理士法54の2、60四、63、税理士規則26の2	令和6年4月1日から施行（令5改正法附則1四ホ、令5改正税理士規則附則）。

いこととされました。		
(3) 税務相談を行った者に対する報告の徴 取、質問又は検査の権限（調査権限） 　　国税庁長官は、上記(1)の命令をすべきか 否かを調査する必要があると認めるとき は、税務相談を行った者から報告を徴し、 又は当該職員をしてその者に質問し、若し くはその業務に関する帳簿書類を検査させ ることができることとされました。	税理士法55③ ④、62二、63	

【内国税の適正な課税の確保を図るための国外送金等に係る調書の提出等に関する法律関係】

項目及び改正内容	関係条項	適用関係
〈令和4年度改正　令和6年1月1日以後適用分〉		
1　提出期限後に国外財産調書又は財産債務調書が提出された場合の宥恕措置の見直し (1)　提出期限後に国外財産調書が提出された場合の宥恕措置の見直し 　　提出期限後に国外財産調書が提出された場合の宥恕措置について、その国外財産調書の提出が、国外財産に係る所得税又は国外財産に対する相続税についての調査通知前にされたものである場合に限り、適用することとされました。 (2)　提出期限後に財産債務調書が提出された場合の宥恕措置の見直し 　　提出期限後に財産債務調書が提出された場合の宥恕措置について、その財産債務調書の提出が、その財産債務に係る所得税又は財産に対する相続税についての調査通知前にされたものである場合に限り、適用することとされました。	国外送金等調書法6⑥、6の3③	国外財産調書又は財産債務調書が令和6年1月1日以後に提出される場合について適用し、国外財産調書又は財産債務調書が同日前に提出された場合については従前どおりです（令4改正法附則72②）

【電子計算機を使用して作成する国税関係帳簿書類の保存方法等の特例に関する省令関係】

項目及び改正内容	関係条項	適用関係
〈令和5年度改正　令和6年1月1日以後適用分〉		
1　優良な電子帳簿に係る過少申告加算税の軽減措置の対象帳簿の範囲の見直し 　優良な電子帳簿に係る過少申告加算税の軽減措置の対象となる仕訳帳及び総勘定元帳以外の必要な帳簿の範囲について、一定の事項の記載に係るものに限定されました。	電子帳簿保存法規則5①、令和5年財務省告示第93号	令和6年1月1日以後に法定申告期限等が到来する国税について適用し、同日前に法定申告期限等が到来した国税については従前どおりです（令5改正電子帳簿保存法規則附則2③）。
2　国税関係書類に係るスキャナ保存制度の見直し （1）読み取った際の解像度等に関する情報の保存の要件の廃止 　国税関係書類のスキャナでの読み取りを行った際の解像度、階調及びその国税関係書類の大きさに関する情報の保存の要件が廃止されました。	旧電子帳簿保存法規則2⑥二ハ	令和6年1月1日以後に保存が行われる国税関係書類について適用し、同日前に保存が行われた国税関係書類については従前どおりです（令5改正電子帳簿保存法規則附則2①）。
（2）入力者等情報の確認の要件の廃止 　国税関係書類に係る記録事項の入力を行う者又はその者を直接監督する者に関する情報の確認の要件が廃止されました。	旧電子帳簿保存法規則2⑥三	
（3）スキャナで読み取りを行った国税関係書類と帳簿との関連性の確保の要件の見直し 　国税関係書類に係る電磁的記録の記録事項とその国税関係書類に関連する国税関係帳簿の記録事項との間において、相互にその関連性を確認することができるようにしておくこととされるその国税関係書類の範囲について、重要書類に限定されました。	電子帳簿保存法規則2⑦	
3　電子取引の取引情報に係る電磁的記録の保存制度の見直し （1）電子取引の取引情報に係る電磁的記録の保存へ移行することができなかったことについて相当の理由がある保存義務者に対する猶予措置の整備 　保存義務者が、電子取引を行った場合に	電子帳簿保存法規則4③	令和6年1月1日以後に行う電子取引の取引情報について適用し、同日前に行った電子取引の取引情報について

おいて、納税地等の所轄税務署長が保存要件に従ってその電子取引の取引情報に係る電磁的記録の保存をすることができなかったことについて相当の理由があると認め、かつ、その保存義務者が国税に関する法律の規定によるその電磁的記録及び出力書面の提示又は提出の要求に応じることができるようにしているときは、その保存要件にかかわらず、その電磁的記録の保存をすることができることとされました。		は従前どおりです（令5改正電子帳簿保存法規則附則2②）。
(2) 保存要件に従って電子取引の取引情報に係る電磁的記録の保存を行おうとする保存義務者に対する対応（検索機能の確保の要件の整備） 　電子取引の取引情報に係る電磁的記録の提示又は提出の要求に応じることができるようにしている場合には検索機能の確保の要件を不要とする措置について、対象が次に掲げる場合とされました。 ① 保存義務者が、その判定期間に係る基準期間における売上高が5,000万円以下（改正前：1,000万円以下）である事業者である場合 ② 保存義務者が、その電子取引の取引情報に係る電磁的記録を出力することにより作成した書面で整然とした形式及び明瞭な状態で出力され、取引年月日その他の日付及び取引先ごとに整理されたものの提示又は提出の要求に応じることができるようにしている場合	電子帳簿保存法規則4①	

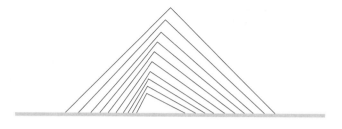

地方税関係

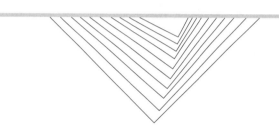

個人住民税

```
╔══════════════════════════════════╗
║                                  ║
║           定額減税               ║
║                                  ║
╚══════════════════════════════════╝
```

1　改正前の制度の概要

　個人住民税（個人の道府県民税及び市町村民税をいう。以下同じ。）の所得割の課税標準は、原則として、前年の所得について算定した総所得金額、退職所得金額及び山林所得金額とされており、地方税法又はこれに基づく政令で特別の定めをする場合を除くほか、それぞれ所得税法その他の所得税に関する法令の規定による所得税法に規定する総所得金額、退職所得金額又は山林所得金額の計算の例により算定するものとするとされています（地法32①②、313①②）。

　また、個人住民税の控除対象配偶者、扶養親族の定義は、地方税法に規定を置いていますが、所得税法における定義と原則として同じです（地法23①八、Ⅸ、292①八、九）。

　個人の市町村民税の徴収方法は、原則として普通徴収とされており（地法319①）、その納期は、原則として、6月、8月、10月及び1月中（税額が均等割額に相当する金額以下である場合にあっては、6月中）において、当該市町村の条例で定めることとされています。なお、

個人の道府県民税は、個人の市町村民税と併せて賦課徴収することとされているので、個人住民税は原則として普通徴収の方法によって徴収されることとなります（地法41）。したがって、個人住民税の徴収に係る規定は市町村民税の規定を確認すればよろしいこととなります。

次の場合は特別徴収の方法によって徴収されます。

(1) 給与所得に係る特別徴収

納税義務者が前年中において給与の支払を受けた者であり、かつ、当該年度の初日（４月１日）において給与の支払を受けている者（支給期間が１月を超える期間により定められている給与のみの支払を受けていることその他これに類する理由があることにより、特別徴収の方法によって徴収することが著しく困難であると認められる者を除く。）である場合においては、当該納税義務者に対して課する個人住民税のうち当該納税義務者の前年中の給与所得に係る所得割額及び均等割額の合算額は、特別徴収の方法によって徴収するものとされています（地法321の３①）。

特別徴収義務者（給与等の支払をする者）は、特別徴収税額の12分の１の額を６月から翌年５月まで、当該期日後に特別徴収税額通知を受け取った場合にあっては当該通知に係る給与所得に係る特別徴収税額を当該通知のあった日の属する月の翌月から翌年５月までの間の月数で除して得た額を当該通知のあった日の属する月の翌月から翌年５月まで、それぞれ給与の支払をする際毎月徴収し、その徴収した月の翌月の10日までに、これを当該市町村に納入する義務を負います。ただし、当該通知に係る給与所得に係る特別徴収税額が均等割額に相当

する金額以下である場合には、当該通知に係る給与所得に係る特別徴収税額を最初に徴収すべき月に給与の支払をする際その全額を徴収し、その徴収した月の翌月の10日までに、これを当該市町村に納入しなければならないとされています（地法321の5①）。

(2) 公的年金等に係る特別徴収

　納税義務者が前年中において公的年金等の支払を受けた者であり、かつ、当該年度の初日（4月1日）において老齢等年金給付の支払を受けている年齢65歳以上の特別徴収対象年金所得者である場合においては、当該納税義務者に対して課する個人の市町村民税のうち当該納税義務者の前年中の公的年金等に係る所得に係る所得割額及び均等割額の合算額の2分の1に相当する額（当該額に100円未満の端数があるときはその端数金額を切り捨て、当該額が100円未満であるときは100円とする。以下「年金所得に係る特別徴収税額」という。）を当該年度の初日（4月1日）の属する年の10月1日から翌年の3月31日までの間に支払われる老齢等年金給付から当該老齢等年金給付の支払の際に特別徴収の方法によって徴収するものとすることとされています（地法321の7の2①）。

2 改正の内容

　令和6年度分の個人住民税について、定額による所得割の額の特別控除が次により実施されます（新地法附則5の8〜5の13）。
　納税義務者の所得割の額から、特別控除の額が控除されます。ただ

し、その者の令和6年度分の個人住民税に係る合計所得金額が1,805万円以下である場合に限られます。

(1) 特別控除の額

特別控除の額は、次の金額の合計額です。ただし、その合計額がその者の所得割の額を超える場合には、所得割の額が限度となります。

① 本人　1万円

② 控除対象配偶者又は扶養親族（国外居住者を除く。）　1人につき1万円

(注) 控除対象配偶者を除く同一生計配偶者（国外居住者を除く。）については、令和7年度分の所得割の額から、1万円が控除されます。

(2) 特別控除の実施方法

イ 給与所得に係る特別徴収の場合

① 特別徴収義務者は、令和6年6月に給与の支払をする際は特別徴収を行わず、特別控除の額を控除した後の個人住民税の額の11分の1の額を令和6年7月から令和7年5月まで、それぞれの給与の支払をする際毎月徴収します。

② 地方公共団体は、令和6年度分の給与所得に係る個人住民税の特別徴収税額通知（納税義務者用）に控除した額等を記載することとします。

③ 特別徴収義務者は、令和6年分の給与支払報告書の摘要の欄に所得税額から控除した額等を記載することとします。

地方税

ロ　公的年金等に係る所得に係る特別徴収の場合

①　令和6年10月1日以後最初に厚生労働大臣等から支払を受ける公的年金等につき特別徴収をされるべき個人住民税の額（以下「各月分特別徴収税額」という。）から特別控除の額に相当する金額（当該金額が各月分特別徴収税額を超える場合には、当該各月分特別徴収税額に相当する金額）を控除します。

②　特別控除の額に相当する金額のうち、上記①及びここに定めるところにより控除をしてもなお控除しきれない部分の金額は、以後令和6年度中に特別徴収される各月分特別徴収税額から、順次控除します。

③　地方公共団体は、令和6年度分の公的年金等に係る所得に係る個人住民税の税額決定通知書に控除した額等を記載することとします。

④　特別徴収義務者は、令和6年分の公的年金等支払報告書の摘要の欄に所得税額から控除した額等を記載することとします。

ハ　普通徴収の場合

①　令和6年度分の個人住民税に係る第1期分の納付額から特別控除の額に相当する金額（当該金額が第1期分の納付額を超える場合には、当該第1期分の納付額に相当する金額）が控除されます。

②　特別控除の額に相当する金額のうち、上記①及び控除をしてもなお控除しきれない部分の金額は、第2期分以降の納付額から、順次控除されます。

③　地方公共団体は、令和6年度分の個人住民税の税額決定通知

書に控除した額等を記載することとします。

(3) 特別控除の額

　道府県民税及び市町村民税における特別控除の額は以下のとおりとされます。

① 　道府県民税における特別控除の額は、特別控除の額に、その者の道府県民税所得割の額をその者の道府県民税所得割の額と市町村民税所得割の額との合計額で除して得た数値を乗じて得た金額とされます。

　　㊟　上記の「道府県民税所得割の額」とは、特別控除の額を控除する前の道府県民税所得割の額をいい、上記の「市町村民税所得割の額」とは、特別控除の額を控除する前の市町村民税所得割の額をいいます。

② 　市町村民税における特別控除の額は、特別控除の額から道府県民税における特別控除の額を控除して得た金額とされます。

③ 　特別控除の額は、他の税額控除の額を控除した後の所得割の額から控除することとされます。

④ 　以下の額の算定の基礎となる令和6年度分の所得割の額は、特別控除の額を控除する前の所得割の額とされます。

　　㈲　都道府県又は市区町村に対する寄附金税額控除（ふるさと納税）の特例控除額の控除上限額

　　㈹　公的年金等に係る所得に係る仮特別徴収税額

⑷　その他

　①　特別控除による個人住民税の減収額は、全額国費で補塡されます。

　②　その他所要の措置が講じられます。

　㊟　今回の特別控除の緊要性に鑑み、これを円滑かつ早急に実施するため、総務省は直ちに必要な準備作業に着手すること。具体的には、地方公共団体や特別徴収義務者が早期に準備に着手できるよう、法案の国会提出前であっても、制度の詳細についてできる限り早急に公表するとともに、関係省庁ともよく連携しながら、制度の趣旨・内容等について、丁寧な周知広報を行うこと。

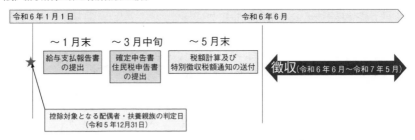

```
┌─────────────────────────────────────────────┐
│           個人住民税の定額減税の概要（案）          │
└─────────────────────────────────────────────┘
```

○　令和６年度分の個人住民税所得割の額から、納税者及び配偶者を含めた扶養家族１人につき、１万円の減税を行う。
○　減税は、特別徴収義務者や市町村の事務負担等も考慮しながら、各徴収方法に応じて、実務上可能な限り早い機会を通じて行う。
○　定額減税による個人住民税の減収額については、全額国費で補塡する。

（例）給与所得に係る特別徴収の場合

（自民党税制調査会資料より）

個人住民税の定額減税の減税額の計算方法（案）

○　全ての控除を行った後の所得割額から減税を実施する。
　　※定額減税額を、道府県民税・市町村民税それぞれの所得割額の割合により按分。

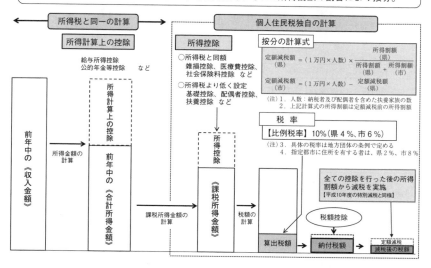

（自民党税制調査会資料より）

地
方
税

給与所得に係る特別徴収

○ 令和6年6月分は徴収せず、
「定額減税「後」の税額」を令和6年7月分〜
令和7年5月分の11か月で均す。
【平成10年度の特別減税と同方式】

普通徴収（事業所得者等）

○ 「定額減税「前」の税額」をもとに算出した
第1期分（令和6年6月分）の税額から控除し、
第1期分から控除しきれない場合は、
第2期分（令和6年8月分）以降の税額から、
順次控除。
【平成10年度の特別減税と同方式】

公的年金等に係る所得に係る特別徴収

○ 「定額減税「前」の税額」をもとに算出した
令和6年10月分の特別徴収税額から控除し、
控除しきれない場合は令和6年12月分以降の
特別徴収税額から、順次控除。

減税の実施方法（イメージ）

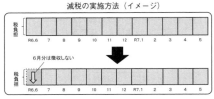

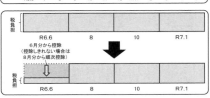

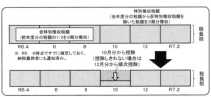

※ 年度の途中で徴収方法が変更される者については、地方団体及び特別徴収義務者の事務負担等を考慮しつつ、適切に
減税が実施されるよう所要の措置を講ずる。

（自民党税制調査会資料より）

3　適用期日

上記2の改正は令和6年4月1日から施行されます（改正地法附則
1）。

```
┌─────────────────────────────────────────────┐
│                                               │
│                  その他                        │
│                                               │
└─────────────────────────────────────────────┘
```

1　改正の内容

(1)　住宅ローン控除

　令和6年限りの措置として、所得税において、以下のとおり、住宅ローン控除の拡充が行われます（35頁参照）。

　　イ　子育て世帯及び若者夫婦世帯における借入限度額について、上乗せが行われます。

　　ロ　新築住宅の床面積要件について、合計所得金額1,000万円以下の者に限り40㎡に緩和されます。

　　ハ　被災地向けの措置についても、上記同様に借入限度額の子育て世帯等への上乗せを行うほか、床面積要件の緩和が継続されます。

＜改正案＞

　所得税額から控除しきれない額については、現行制度と同じ控除限度額の範囲内で個人住民税額から控除されます。この措置による個人住民税の減収額は、全額国費で補填されます（新地法附則5の4の2）。

(2)　国民健康保険税

　　イ　国民健康保険税の後期高齢者支援金等課税額に係る課税限度額が24万円（現行：22万円）に引き上げられます（政令改正）。

ロ　国民健康保険税の減額の対象となる所得の基準について、次の
とおりとされます（政令改正）。

①　5割軽減の対象となる世帯の軽減判定所得の算定において被
保険者等の数に乗ずべき金額が29.5万円（現行：29万円）に引
き上げられます。

②　2割軽減の対象となる世帯の軽減判定所得の算定において被
保険者等の数に乗ずべき金額が54.5万円（現行：53.5万円）に
引き上げられます。

ハ　感染症の予防及び感染症の患者に対する医療に関する法律の改
正に伴い、同法に規定する流行初期医療確保拠出金等の納付に要
する費用を含めて国民健康保険税を課する措置が講じられます。

2　適用時期

(1)　上記1(1)の改正は令和6年4月1日から適用されます（改正地法
附則1）。

(2)　上記1(2)の改正の適用時期は、改正地令附則において定められま
す。

法人事業税

外形標準課税の適用対象法人の改正

1 改正前の制度の概要

　法人事業税の外形標準課税対象法人は、資本金の額若しくは出資金の額が1億円超の法人で、付加価値割額、資本割額及び所得割額の合算額によって課税することとされています（地法72の2①イ）。

　この場合において、資本金の額又は出資金の額が1億円超の法人であるかどうかの判定は、原則として各事業年度終了の日の現況によるものとされています（地法72の2②）。

地
方
税

減資の主なパターン

○ 減資の主なパターンは以下のとおり。
①項目振替（資本金から資本剰余金への振替え）
②損失の処理（その他資本剰余金からその他利益剰余金への振替え）
③株主への払戻し（項目振替＋資本剰余金の配当）

【株式会社の貸借対照表における減資とその後】

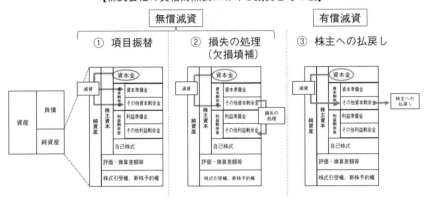

（自民党税制調査会資料より）

2 改正の内容

(1) 減資への対応

① 外形標準課税の対象法人について、現行基準（資本金又は出資金（以下単に「資本金」という。）1億円超）を維持しますが、当分の間、当該事業年度の前事業年度に外形標準課税の対象であった法人であって、当該事業年度に資本金1億円以下で、資本金と資本剰余金（これに類するものを含む。以下単に「資本剰余金」という。）の合計額（以下「資本金と資本剰余金の合計額」という。）が10億円を超えるものは、外形標準課税の対象となり

ます（新地法附則8の3の3）。

② 　公布日前に外形標準課税の対象であった法人が、施行日以後最
　初に開始する事業年度の前事業年度の末日までの間に資本金1億
　円以下となった場合であって、施行日以後最初に開始する事業年
　度の末日に資本金と資本剰余金の合計額が10億円を超える場合に
　は、外形標準課税の対象とする等の所要の措置が講じられます。

③ 　その他所要の措置が講じられます（改正地法附則7）。

減資への対応に係る対象法人の考え方①

○ 　「資本金と資本剰余金の合計額」と「資本金等の額」は、いずれも株主からの払込資本を
　表す類似の概念。
○ 　資本金等の額（≒資本金と資本剰余金の合計額。以下同じ。）は、<u>平均的に資本金の2.1
　倍～2.5倍</u>。
　・ 　<u>資本金1億円</u>に対する資本金等の額の水準は、<u>平均で約2～3億円</u>
　・ 　<u>「中堅企業等」</u>※（≒資本金10億円以下）の資本金等の額は、<u>平均で約10億円</u>
　・ 　<u>資本金1億円超～50億円以下の法人</u>の資本金等の額は、<u>平均で約20億円</u>
　・ 　<u>「中堅企業等」を上回る規模（資本金10億円超～50億円以下）の大企業</u>の資本金等の額は、
　　<u>平均で約50億円</u>
　　※ 　事業再構築補助金（経産省）においては、資本金10億円未満の法人等を「中堅企業等」
　　　と定義

資本金と資本金等の額の関係性

	資本金 区分	資本金(1社あたり)a	資本金等の額(1社あたり)b	倍率b/a
中堅企業等	1億円超～10億円以下	3.5億円	8.5億円	2.5倍
	1億円超～50億円以下	7.0億円	15.7億円	2.2倍
中堅を除く大企業	10億円超～50億円以下	23.3億円	約50億円 (48.6億円)	2.1倍
	50億円超～	401.8億円	991.1億円	2.5倍

（出所）総務省「道府県税の課税状況等に関する調」（平成24年度～令和3年度）より
（注）地方税法上の資本金等の額をいう。

資本金1億円→ 資本金等の額 約2～3億円

（自民党税制調査会資料より）

地
方
税

— 349 —

減資への対応に係る対象法人の考え方②

- ○ 資本金１億円以下で、<u>資本金等の額10億円超の法人は約5,400法人</u>（資本金１億円以下272万法人の0.2%）。
- ○ 資本金１億円以下で、<u>資本金等の額50億円超の法人は約1,500法人</u>（同0.05%）。
- ○ なお、東証プライム市場の新規上場基準（財政状態）は「純資産額が50億円以上」とされており、純資産より狭い概念である<u>「資本金と資本剰余金の合計額」50億円は、原則、東証プライム上場基準を上回る水準。</u>

資本金等の額の階層別の法人数

	資本金等の額 区分	法人数	うち 資本金１億円以下
中堅企業等	10億円超〜	14,816法人	5,424法人 (0.20%) ※
中堅を除く大企業 〔プライム基準を 原則上回る規模〕	50億円超〜	5,938法人	1,487法人 (0.05%) ※

※ ()内は、資本金1億円以下
272万法人に占める割合

(出所) 総務省「道府県税の課税状況等に関する調」（令和４年度速報値）及び都道府県への追加調査より

(参考) 東証プライム市場・スタンダード市場の上場基準(財政状態)

	新規上場基準	上場維持基準
プライム市場 〔安定的かつ優れた財政状態 を有する銘柄を選定〕	純資産額 50億円以上	純資産額が 正であること
スタンダード市場 〔安定的な財政状態を 有する銘柄を選定〕	純資産額が 正であること	純資産額が 正であること

[貸借対照表の純資産の部]

純資産	株主資本	資本金	
		資本 剰余金	資本準備金
			その他資本剰余金
		利益 剰余金	利益準備金
			その他利益剰余金
		自己株式	
	評価・換算差額等		
	株式引受権、新株予約権		

（自民党税制調査会資料より）

（法人住民税均等割の最高税率が適用される資本金等の額50億円超の法人の内訳）

　資本金１億円以下の法人のうち、法人住民税均等割の最高税率が適用される
資本金等の額50億円超の法人 約1,500社^(※)の内訳は次のとおり。※資本金１億円以下272万法人の0.05%

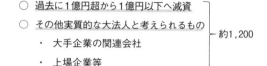

＜約1,500社の主な内訳＞

○ 過去に１億円超から１億円以下へ減資
○ その他実質的な大法人と考えられるもの　　　　　　約1,200
　　・ 大手企業の関連会社
　　・ 上場企業等
○ その他
　　・ 純粋持株会社等　　　　　　　　　　　　　　　約150
　　・ 合併等により既に閉鎖

計1,400（93％）

（参考）法人県民税均等割の税率区分

資本金等の額	税　額
1,000万円以下	2万円
1,000万円超 1 億円以下	5万円
1 億円超10億円以下	13万円
10億円超50億円以下	54万円
50億円超	80万円

※ 残余の７％は、ホームページを確認できず事業の実態が不明な会社等が多くを占める。

（出所）都道府県からの回答を総務省において集計

（自民党税制調査会資料より）

⑵　100％子法人等への対応

①　資本金と資本剰余金の合計額が50億円を超える法人（当該法人
　が非課税又は所得割のみで課税される法人等である場合を除く。）
　又は相互会社・外国相互会社（以下「特定法人」という。）の100
　％子法人等㊟のうち、当該事業年度末日の資本金が１億円以下で、
　資本金と資本剰余金の合計額（公布日以後に、当該100％子法人
　等がその100％親法人等に対して資本剰余金から配当を行った場
　合においては、当該配当に相当する額を加算した金額）が２億円
　を超えるものは、外形標準課税の対象とされます（新地法72の２、

地
方
税

72の26)。

　　㊟　上記の「100％子法人等」とは、特定法人との間に当該特定法人による法人税法に規定する完全支配関係がある法人及び100％グループ内の複数の特定法人に発行済株式等の全部を保有されている法人をいう。

②　上記(2)①により、新たに外形標準課税の対象となる法人について、外形標準課税の対象となったことにより、従来の課税方式で計算した税額を超えることとなる額のうち、次に定める額を、当該事業年度に係る法人事業税額から控除する措置が講じられます（改正地法附則８）。

　　イ　令和８年４月１日から令和９年３月31日までの間に開始する事業年度　当該超える額に３分の２の割合を乗じた額

　　ロ　令和９年４月１日から令和10年３月31日までの間に開始する事業年度　当該超える額に３分の１の割合を乗じた額

③　産業競争力強化法の改正を前提に、令和９年３月31日までの間に同法の特別事業再編計画（仮称）の認定を受けた認定特別事業再編事業者（仮称）が、当該認定を受けた計画に従って行う一定の特別事業再編（仮称）のための措置として他の法人の株式等の取得、株式交付又は株式交換を通じて当該他の法人を買収し、その買収（一定のものに限る。）の日以降も引き続き株式等を有している場合には、当該他の法人（当該認定特別事業再編事業者（仮称）が当該計画の認定を受ける前５年以内に買収した法人を含む。以下「他の法人等」という。）が行う事業に対する法人事業税については、当該買収の日の属する事業年度からその買収の

日以後5年を経過する日の属する事業年度までの各事業年度においては、外形標準課税の対象外とされます。ただし、当該他の法人等が、現行基準（資本金1億円超）又は上記1により外形標準課税の対象である場合は、特例措置の対象から除外されます（新地法附則8の3の4）。

④　その他所要の措置を講じられます。

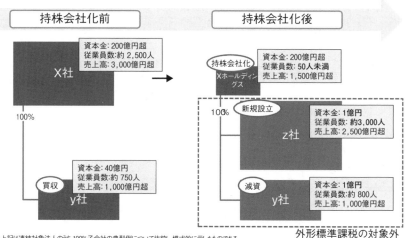

組織再編と外形標準課税の対象範囲の関係

○　事業部門の分社化や持株会社化、外部の企業の子会社化などの組織再編の際に、子会社の資本金を1億円以下に設定すること等により、外形標準課税の対象となる部分が大幅に縮小している事例も見られる。

| 持株会社化前 | 持株会社化後 |

X社
資本金：200億円超
従業員数：約2,500人
売上高：3,000億円超

持株会社化
Xホールディングス
資本金：200億円超
従業員数：50人未満
売上高：1,500億円超

100%

100%

新規設立
z社
資本金：1億円
従業員数：約3,000人
売上高：2,500億円超

買収
y社
資本金：40億円
従業員数：約750人
売上高：1,000億円超

減資
y社
資本金：1億円
従業員数：約800人
売上高：1,000億円超

外形標準課税の対象外

※上記は連結対象法人のうち、100%子会社の典型例について抜粋し、模式的に示したものである。
(出典)東洋経済新報社「会社四季報」及び「会社四季報未上場会社版」並びに有価証券報告書より総務省作成

（自民党税制調査会資料より）

地
方
税

3 適用時期

(1) 上記2(1)の改正は、令和7年4月1日に施行し、同日以後に開始する事業年度から適用されます（改正地法附則1）。

(2) 上記2(2)の改正は、令和8年4月1日に施行し、同日以後に開始する事業年度から適用されます（改正地法附則1）。

R5.11 地方法人課税に関する検討会　組織再編に対応するための追加基準

○　親会社の信用力等を背景に企業グループで一体的に事業活動を行っている点に着目して検討すべきであり、同様の趣旨から講じられた法人税の制度を参考として、一定規模以上の法人（親会社）の100％子会社等を外形標準課税の対象に追加することが考えられる。

○　対象となる親会社の事業規模を測る指標は、減資に対応するための追加的な基準との整合性にも配慮し、「資本金と資本剰余金の合計額」とすることが適当。

○　具体的には、資本金が1億円以下の法人であっても、「資本金と資本剰余金の合計額」が一定水準を上回る法人の100％子会社等を外形標準課税の対象として追加することが適当。

<法人税> 現行制度
資本金1億円以下であっても、資本金5億円以上の法人の100％子会社等（※）は、一律非中小法人として取り扱う。

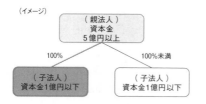

<外形標準課税> 対応策として適当な追加基準
資本金1億円以下であっても、［資本金＋資本剰余金］が一定水準を上回る法人の100％子会社等を外形標準課税の対象とする。

※　①大法人（資本金5億円以上の法人、相互会社・外国相互会社、受託法人）との間に当該大法人による法人税法に規定する完全支配関係がある法人
　　②100％グループ内の複数の大法人に発行済株式等の全部を保有されている法人

（自民党税制調査会資料より）

組織再編への対応に係る対象法人の考え方

（親法人に係る視点）　親法人の信用力等を背景に企業グループで一体的に事業活動を行っている点に着目して検討するものであり、<u>親法人の規模要件について検討が必要</u>。

資本金等の額の階層別の法人数

	資本金等の額 区分	法人数
中堅企業等	10億円超〜	14,816法人
中堅を除く大企業 プライム基準を 原則上回る規模	50億円超〜	5,938法人

（出所）総務省「道府県税の課税状況等に関する調」（令和4年度速報値）より

（子法人に係る視点）　大規模な法人の100％子法人であっても、<u>その事業規模は様々であり、小規模な子法人の事務負担等への配慮が必要</u>。

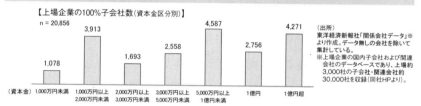

【上場企業の100％子会社数(資本金区分別)】
n = 20,856

| 1,078 | 3,913 | 1,693 | 2,558 | 4,587 | 2,756 | 4,271 |

（資本金）1,000万円未満　1,000万円以上2,000万円未満　2,000万円以上3,000万円未満　3,000万円以上5,000万円未満　5,000万円以上1億円未満　1億円　1億円超

（出所）
東洋経済新報社「関係会社データ」※より作成。データ無しの会社を除いて集計している。
※上場企業の国内子会社および関連会社のデータベースであり、上場約3,000社の子会社・関連会社約30,000社を収録（同社HPより）。

（自民党税制調査会資料より）

付加価値割における賃上げの環境整備

1 改正前の制度の概要

　外形標準課税対象法人に対する事業税の付加価値割の課税標準の算定については、令和4年4月1日から令和6年3月31日までの間に開始する各事業年度分の事業税に限り、当該法人の継続雇用者給与等支給額から当該法人継続雇用者比較給与等支給額を控除した金額の当該継続雇用者比較給与等支給額に対する割合が100分の3以上である場合（当該事業年度終了の時において、当該法人の資本金の額又は出資金の額が10億円以上であり、かつ、常時使用する従業員の数が1,000人以上である場合には、給与等の支給額の引上げの方針、下請事業者その他の取引先との適切な関係の構築の方針等を公表している場合に限る。）には、各事業年度の付加価値額から、控除対象雇用者給与等支給増加額に、各事業年度の報酬給与額から雇用安定控除額を控除した額を当該報酬給与額で除して計算した割合を乗じて計算した金額を控除することとされています（地法附則9⑬）。

法人事業税付加価値割における報酬給与額の取扱い

① 付加価値割の課税標準である「付加価値額」は、他の条件が同じであれば、報酬給与額が増加しても税額が増加しない仕組み。

② その上でさらに、雇用に配慮し、報酬給与額の比率が高い法人については、付加価値額から一定額を控除し負担を軽減。
（雇用安定控除）※恒久措置として毎年度適用

③ 継続雇用者の給与総額を一定割合以上増加させた法人に対して、雇用者全体の給与総額の増加額を付加価値額から控除。（賃上げ促進税制）

※令和6年度税制改正で延長等を議論

〔雇用安定控除〕報酬給与額が収益配分額の70%を超える場合、付加価値額から雇用安定控除額を控除する。

※ 雇用安定控除額 ＝ 「報酬給与額」－「収益配分額」×70 %　　　（外形対象法人の約8割が適用を受けている。）

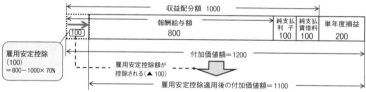

（自民党税制調査会資料より）

地方税

┌──┐
│ **法人事業税付加価値割における賃上げへの対応等（令和４年度税制改正）** │
└──┘

┌──┐
│ ○　法人税における賃上げ促進税制に合わせ、<u>継続雇用者の給与総額を一定割合以上増加さ</u> │
│ <u>せた法人</u>に対して、<u>雇用者全体の給与総額の増加額を付加価値額から控除する措置</u>を講ず │
│ る。 │
│ （令和６年３月31日開始事業年度まで。今回延長要望あり） │
└──┘

＜法人事業税付加価値割の算定（イメージ）＞

＜適用要件・控除額＞

　【要件】（法人税と同様）

　　　<u>継続雇用者の給与総額</u>：対前年度<u>増加率３％以上</u>（※）

　【控除額】

　　　<u>雇用者全体の給与総額</u>の対前年度<u>増加額</u>

　（※）資本金10億円以上、かつ、常時使用従業員数1,000人以上の大企業については、従業員への還元や取引先への配慮を
　　行うことを宣言していることを要件とする。

（自民党税制調査会資料より）

2　改正の内容

　給与等の支給額が増加した場合の付加価値割の課税標準からの控除
制度について、次の措置が講じられます。

⑴　法人が、令和６年４月１日から令和９年３月31日までの間に開始
　する各事業年度において国内雇用者に対して給与等を支給する場合
　において、継続雇用者給与等支給額の継続雇用者比較給与等支給額
　に対する増加割合が３％以上である等の要件を満たすときは、控除
　対象雇用者給与等支給増加額が付加価値割の課税標準から控除でき
　ることとされます（新地法附則９⑬）。

(2) 中小企業者等が、令和7年4月1日から令和9年3月31日までの間に開始する各事業年度において国内雇用者に対して給与等を支給する場合において、雇用者給与等支給額の比較雇用者給与等支給額に対する増加割合が1.5%以上である等の要件を満たすときは、控除対象雇用者給与等支給増加額が付加価値割の課税標準から控除できることとされます（新地法附則9⑭）。

(注) 雇用安定控除との調整等所要の措置を講ずる。

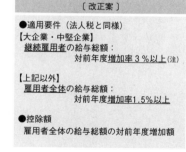

法人事業税付加価値割における賃上げの環境整備（案）

○ 法人税における賃上げ促進税制の見直しに合わせ、次のとおり適用要件を見直した上で、雇用者全体の給与総額の増加額を付加価値額から控除する措置を講ずる。（3年間の措置）

<適用要件・控除額>

〔現 行〕

●適用要件（法人税と同様）
継続雇用者の給与総額：
　　　　　　対前年度増加率3％以上(注)

●控除額
雇用者全体の給与総額の対前年度増加額

(注) マルチステークホルダー方針に係る要件は法人税と同様。

〔改正案〕

●適用要件（法人税と同様）
【大企業・中堅企業】
継続雇用者の給与総額：
　　　　　　対前年度増加率3％以上(注)

【上記以外】
雇用者全体の給与総額：
　　　　　　対前年度増加率1.5%以上

●控除額
雇用者全体の給与総額の対前年度増加額

(注) マルチステークホルダー方針に係る要件は法人税と同様。

（自民党税制調査会資料より）

3 適用時期

(1) 上記2(1)の改正については、令和6年4月1日から施行されます

（改正地法附則1）。

(2)　上記2(2)の改正については、令和7年4月1日から施行されます

（改正地法附則1③、7①）。

固定資産税

```
┌─────────────────────────────────────┐
│                                     │
│      土地に係る固定資産税・          │
│    都市計画税の負担調整措置          │
│                                     │
└─────────────────────────────────────┘
```

1 改正前の制度の概要

(1) 評価替え

イ 土地に係る固定資産税は、3年に1度、課税標準である固定資産価格の評価替えを行います。固定資産税の基準年度は、昭和31年度及び昭和33年度並びに昭和33年度から起算して3年度又は3の倍数の年度を経過したごとの年度をいうとされており、令和6年は2024年であり昭和99年になりますので、基準年度ということになります。また、第2年度は基準年度の翌年度、第3年度は第2年度の翌年度（昭和33年度を除く。）をいうとされています（地法341六、七、八、401）。

ロ 基準年度に係る賦課期日に所在する土地又は家屋（以下「基準年度の土地又は家屋」という。）に対して課する基準年度の固定資産税の課税標準は、当該土地又は家屋の基準年度に係る賦課期日における価格（以下「基準年度の価格」という。）で土地課税台帳若しくは土地補充課税台帳（以下「土地課税台帳等」とい

う。）又は家屋課税台帳若しくは家屋補充課税台帳（以下「家屋課税台帳等」という。）に登録されたものとすることとされています（地法349①）。

ハ　基準年度の土地又は家屋に対して課する第2年度の固定資産税の課税標準は、当該土地又は家屋に係る基準年度の固定資産税の課税標準の基礎となった価格で土地課税台帳等又は家屋課税台帳等に登録されたものとすることとされています。ただし、基準年度の土地又は家屋について第2年度の固定資産税の賦課期日において次に掲げる事情があるため、基準年度の固定資産税の課税標準の基礎となった価格によることが不適当であるか又は当該市町村を通じて固定資産税の課税上著しく均衡を失すると市町村長が認める場合においては、当該土地又は家屋に対して課する第2年度の固定資産税の課税標準は、当該土地又は家屋に類似する土地又は家屋の基準年度の価格に比準する価格で土地課税台帳等又は家屋課税台帳等に登録されたものとすることとされています（地法349②）。

①　地目の変換、家屋の改築又は損壊その他これらに類する特別の事情

②　市町村の廃置分合又は境界変更

ニ　基準年度の土地又は家屋に対して課する第3年度の固定資産税の課税標準は、当該土地又は家屋に係る基準年度の固定資産税の課税標準の基礎となった価格（第2年度において3に掲げる事情があったため、当該土地又は家屋に対して課する第2年度の固定資産税の課税標準とされた価格がある場合においては、当該価格

とされます。）で土地課税台帳等又は家屋課税台帳等に登録され
たものとされています。ただし、基準年度の土地又は家屋につい
て第3年度の固定資産税の賦課期日においてハの①又は②に掲げ
る事情があるため、基準年度の固定資産税の課税標準の基礎とな
った価格によることが不適当であるか又は当該市町村を通じて固
定資産税の課税上著しく均衡を失すると市町村長が認める場合に
おいては、当該土地又は家屋に対して課する第3年度の固定資産
税の課税標準は、当該土地又は家屋に類似する土地又は家屋の基
準年度の価格に比準する価格で土地課税台帳等又は家屋課税台帳
等に登録されたものとすることとされています（地法349③）。

(2)　負担調整措置の仕組み（地法附則18、21、21の2、25等）

　イ　令和3年度

　　課税標準額は、次の（①又は②のいずれか小さい方の額となり
ます。

　①　本来の課税標準額

　　　当該年度の価格。ただし、住宅用地・市街化区域農地に対す
る課税標準の特例措置の適用がある土地については、課税標準
の特例措置を適用した後の額となります。

　②　負担調整措置を適用した課税標準額

　　㈠　商業地等　事務所・店舗・工場の敷地等の非住宅用地のほ
か、駐車場等、宅地に比準して価格を求める雑種地等をいい
ます。

　　　・　負担水準（＝前年度課税標準額÷当該年度の価格。以下

地
方
税

同じ。）が0.7を超える場合　令和3年度価格×0.7

・　負担水準が0.6以上0.7以下の場合　令和2年度固定失算
税課税標準額が据え置き

・　負担水準が0.6未満の場合　令和2年度固定資産税課税
標準が据え置き

(ロ)　住宅用地又は農地　令和2年度固定資産税課税標準が据
え置き

(注)　令和3年度の評価替えでは、新型コロナウイルス感染症に
より、社会経済活動や国民生活全般が大きく変化したことを
踏まえ、令和3年度に限って令和3年度の課税標準額を令和
2年度の課税標準額に据え置く特別な措置が講じられていま
す。

ロ　令和4年度・令和5年度

課税標準額は、次の①又は②のいずれか小さい方の額となりま
す。

①　本来の課税標準額　当該年度の価格。ただし、住宅用地・市
街化区域農地に対する課税標準の特例措置の適用がある土地に
ついては、課税標準の特例措置を適用した後の額となります。

②　負担調整措置を適用した課税標準額

(イ)　商業地等

・　負担水準0.7超の場合　当該年度の価格（課税標準の特
例の適用がある場合は、特例適用後の額となります。以下
同じ）×0.7

・　負担水準0.6超0.7未満の場合　前年度課税標準が据え置
き

- 負担水準が0.6未満の場合　前年度課税標準額＋当該年度価格×5％（令和4年度に限り2.5％）

    ただし、課税標準額が当該年度の価格の60％を上回る場合は当該価格の60％となり、20％を下回る場合には20％となります。

(ロ)　住宅用地

- 前年度課税標準額＋当該年度価格×5％

    ただし、課税標準額が当該年度の価格を20％を下回る場合には20％となります。

(ハ)　農地等

- 前年度課税標準額×負担調整率

    負担水準0.9以上の場合　負担調整率1.025

    負担水準0.8以上0.9未満の場合　負担調整率1.05

    負担水準0.7以上0.8未満の場合　負担調整率1.075

    負担水準0.7未満の場合　負担調整率1.1

    (注)　ただし、勧告遊休農地（耕作されていない農地で、農業委員会からの農地中間管理機構との協議勧告を受けたもの）には適用されません。

地
方
税

固定資産税の課税の仕組み（令和3年度〜令和5年度）（案）

○ 土地に係る負担調整措置の適用期限を3年延長する。

○ その上で、令和3年度限りの措置として、宅地等（商業地等は負担水準が60％未満の土地に限り、商業地等以外の宅地等は負担水準が100％未満の土地に限る。）及び農地（負担水準が100％未満の土地に限る。）については、令和3年度の課税標準額を令和2年度の課税標準額と同額とする。

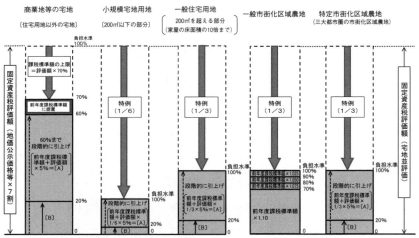

※ 「雑種地・一般山林等」及び「一般農地」についても同様

※ 負担水準：評価額に対してどの程度負担しているかの割合（負担水準＝前年度課税標準額/当該年度評価額（×住宅用地特例率））

※ 〔A〕が「評価額（×住宅用地特例率）×20％」を下回る場合は、「評価額（×住宅用地特例率）×20％」に引上げ（＝〔B〕）

（自民党税制調査会資料より）

負担調整措置のイメージ（商業地等）

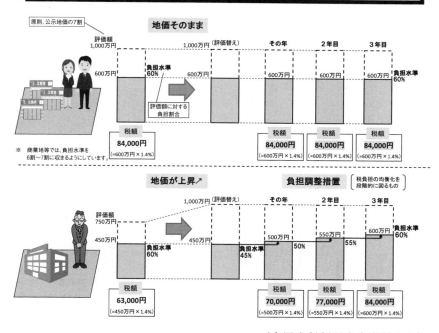

（自民党税制調査会資料より）

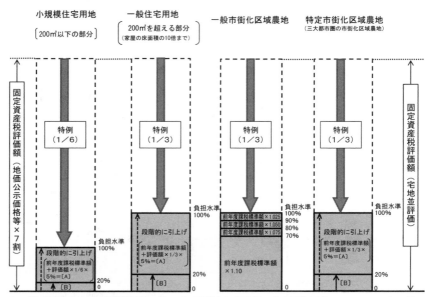

（参考）固定資産税の課税の仕組み（商業地等以外）（令和 5 年度）

※1 〔A〕が「評価額（×住宅用地特例率等）×20％」を下回る場合は、「評価額（×住宅用地特例率等）×20％」に引上げ（＝〔B〕）
※2 負担水準＝前年度課税標準額／当該年度評価額

（自民党税制調査会資料より）

(3) 条例減額制度

　地方自治体が条例により土地に係る固定資産税が減額できる制度として、以下の2つが設けられています。

イ　商業地等に係る条例減額制度（地法附則27の4）

　　商業地等に係る固定資産税額が、特例税額（評価額×60〜70％の範囲で条例で定める率×税率）を上回る場合、当該上回る税額を減額することができる条例減額制度が設けられています。令和3年度における導入団体は東京都のみであり、特例率は65％に設

定されています（資産評価センター「令和５年３月　地方税における資産課税のあり方に関する調査研究」より）。

ロ　税負担急増土地に係る条例減額制度（地法附則27の４の２）

　住宅用地、商業地等及び特定市街化区域農地に係る固定資産税額が、特例税額（前年度課税標準額×1.1以上㊟で条例で定める率×税率）を上回る場合、当該上回る税額を減額できる条例減額制度が設けられています。

㊟　令和３年度税制改正において、負担調整措置等により税額が増加する土地について前年度の税額に据え置く特別な措置が講じられたため、令和３年度に限り、前年度課税標準額×1.0以上で条例で定める率とされています。

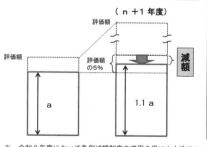
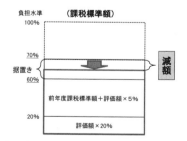
（自民党税制調査会資料より）

地方税

2　改正の内容

⑴　宅地等及び農地の負担調整措置については、令和6年度から令和
　8年度までの間、商業地等に係る条例減額制度及び税負担急増土地
　に係る条例減額制度を含め、現行の負担調整措置の仕組みが継続さ
　れます。

⑵　据置年度において簡易な方法により価格の下落修正ができる特例
　措置が継続されます。

⑶　その他所要の措置が講じられます。

3　適用期日

　上記2の改正は令和6年度以後の固定資産税について適用されます
（改正地法附則1、20①、21）。

納税環境整備

地方税特有の円滑な申告・納税のための環境整備等

1 改正の内容

(1) 地方公金に係る eLTAX 経由での納付

eLTAX（地方税のオンライン手続のためのシステム）を通じた電子納付の対象に地方税以外の地方公金を追加することとし、地方自治法の改正に併せて、地方税共同機構の業務に公金収納事務を追加する措置が講じられます（省令改正）。

(2) 新築の認定長期優良住宅に係る固定資産税の税額の減額措置における申告の見直し

新築の認定長期優良住宅に係る固定資産税の税額の減額措置について、マンション管理組合の管理者等から市町村長に必要書類等の提出があり、減額措置の要件に該当すると認められるときは、当該認定長期優良住宅の区分所有者から減額措置に係る申告書の提出がなかった場合においても、当該減額措置を適用することができることとされます（新地法附則15の7）。

地方税

2　適用時期

(1)　上記1(1)の改正は、地方自治法の一部を改正する法律（仮称）の施行の日から適用されます。

(2)　上記1(2)の改正は令和6年4月1日から適用されます（改正地法附則1）。

国税に準じて見直しを行う項目

1 改正の内容

⑴ 災害損失欠損金額の繰越控除の適用に係る所要の措置

　国税の改正に併せて、災害が発生した日から６月を経過する日までの間に終了する中間期間において生じた災害損失欠損金額につき当該中間期間に係る仮決算の中間申告書の提出により法人税額の還付を受けた場合における法人住民税の法人税割及び法人事業税の所得割について、次の措置が講じられます（新地法72の23①）。

① 　当該中間期間の属する事業年度の法人住民税の法人税割の課税標準となる法人税額から当該災害損失欠損金額につき還付を受けた法人税額を控除し、控除しきれない額については翌事業年度以降に控除することとされます。

② 　当該中間期間の属する事業年度の法人事業税の所得の計算上、当該還付を受けた金額の計算の基礎となった災害損失欠損金額に相当する金額は益金算入せず、当該事業年度に生じた欠損金額について、繰越控除制度が適用されます。

③ 　その他所要の措置が講じられます。

地方税

(2) 隠蔽し、又は仮装された事実に基づき更正請求を提出していた場合の重加算金制度の整備

国税の改正に併せて、過少申告加算金又は不申告加算金に代えて課される重加算金の適用対象に、隠蔽し、又は仮装された事実に基づき更正請求書を提出していた場合が加えられます（新地法71の15、71の36等）。

(3) 偽りその他不正の行為により地方団体の徴収金を免れた株式会社の役員等の第二次納税義務の整備

国税の改正に併せて、偽りその他不正の行為により地方団体の徴収金を免れ、又は地方団体の徴収金の還付を受けた株式会社、合資会社又は合同会社がその地方団体の徴収金を納付し、又は納入していない場合において、徴収不足であると認められるときは、その偽りその他不正の行為をしたその株式会社の役員又はその合資会社若しくは合同会社の業務を執行する有限責任社員（その役員等を判定の基礎となる株主等として選定した場合にその株式会社、合資会社又は合同会社が被支配会社㈲に該当する場合におけるその役員等に限る。）は、その偽りその他不正の行為により免れ、若しくは還付を受けた地方団体の徴収金の額又はその株式会社、合資会社若しくは合同会社の財産のうち、その役員等が移転を受けたもの及びその役員等が移転をしたもの（通常の取引の条件に従って行われたと認められる一定の取引として移転をしたものを除く。）の価額のいずれか低い額を限度として、その滞納に係る地方団体の徴収金の第二次納税義務を負うこととされます（新地法11の9）。

（注）　上記の「被支配会社」とは、1株主グループの所有株式数が会社の発行済株式の50％を超える場合等におけるその会社をいいます。

⑷　保全差押え等を解除しなければならない期限の整備

　国税の改正に併せて、納付又は納入の義務があると認められる者が不正に地方団体の徴収金を免れたことの嫌疑等に基づき一定の処分を受けた場合における地方団体の長が決定する金額（以下「保全差押金額」という。）を限度とした差押え又はその保全差押金額について提供されている担保に係る地方団体の徴収金について、その納付し、又は納入すべき額の確定がない場合における当該差押え又は担保を解除しなければならない期限がその保全差押金額をその者に通知をした日から1年（現行：6月）を経過した日までとされます（新地法16の4）。

2　適用時期

⑴　上記1⑴の改正は、令和6年4月1日以後に終了する事業年度から適用されます（政令改正、新地法72の23①）。

⑵　上記1⑵の改正は、令和7年1月1日以後に申告書の提出期限が到来する地方税について適用されます（新地法71の15他）。

⑶　上記1⑶の改正は、令和7年1月1日以後に滞納となった一定の地方団体の徴収金について適用されます（新地法11の9）。

⑷　上記1⑷の改正は、令和7年1月1日以後にされる保全差押金額の決定について適用されます（新地法16の4）。

地
方
税

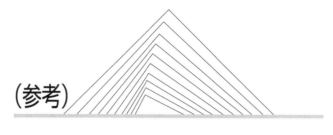

（参考）

令和4年度及び令和5年度改正における
令和6年1月1日以後適用項目（地方税）

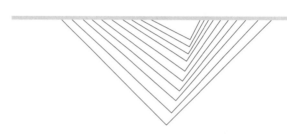

（注）　その後の改正により項目及び関係条項等が変わっている場合があります。

【地方税関係】

項目及び改正内容	関係条項	適用関係
<令和4年度改正分>		
1　個人住民税		
(1)　上場株式等の配当所得等に係る課税方式の一致	地法32⑬⑮、313⑬⑮、地法附則33の②⑥	令和6年度分の個人住民税から適用し、令和5年度分以前の個人住民税については従前どおりです（令4改正地法附則4①、11①）。
①　所得税において総合課税又は申告分離課税の適用を受けようとする旨の記載のある確定申告書が提出された場合に限り、個人住民税においてもこれらの課税方式を適用ることとされました。		
②　上場株式等の譲渡損失の損益通算及び繰越控除について、所得税の確定申告書を提出し、これらの措置の適用を受ける場合に限り、個人住民税においても適用することとされました。	地法附則35の2の6	令和6年度から令和8年度までの各年度分の個人住民税については、譲渡損失の発生した年が令和2年から令和4年までの各年である場合には、改正前の規定による住民税申告書を連続して提出していた場合に繰越控除が適用されます（令4改正地法附則4②、11②）。
③　確定申告書の付記事項から個人住民税における課税方式に係る事項が削除されました。	旧地規2の3②十	令和6年1月1日から施行し、住民税申告書とみなされる令和4年分までの確定申告書を提出した場合については、従前どおりです（令4改正地規附則2②）。
(2)　納税義務者又は配偶者等が退職手当等を有する場合における個人住民税の合計所得金額に係る規定の整備等		
①　給与所得者又は公的年金等受給者が退職手当等を有する一定の配偶者等を有する場合について、配偶者特別控除の適用を受けようとする公的年金等受給者の住民税申告書の提出義務の範囲について、	地法45の2①	令和6年度分以後の個人住民税について適用されます（令4改正地法附則4①）。

所要の整備が行われました。		
2 固定資産税・都市計画税 (1) 登記所が土地又は建物の表示に関する登記をした場合等の市町村への通知に関して、登記所は、次に掲げる場合について、市町村への通知をしなければならないこととされました。		
① 登記簿の表題部に記録した所有者又は所有権、質権若しくは100年より長い存続期間の定めのある地上権の登記名義人その他の者から、不動産登記法の規よる DV 被害者等である旨の申出を受けた場合	地法382②	民法等の一部を改正する法律（令和3年法律第24号）附則第1条第2号に掲げる規定の施行の日（令和6年4月1日））から施行されます（令4改正地法附則1十）。
② 不動産登記法の規定による相続人申告登記に係る付記をした場合 ③ 不動産登記法の規定により登記名義人の死亡の符号の表示をした場合	地法382②	民法等の一部を改正する法律（令和3年法律第24号）附則第1条第2号に掲げる規定の施行の日（令和6年4月1日）から施行（改正地法附則1十一）。(2)については、施行日以後にされる不動産登記法の規定による付記について適用されます（令4改正地法附則15）。
(2) 固定資産課税台帳等の閲覧及び記載事項証明書の交付について、市町村長は、固定資産課税台帳等に記載された事項を閲覧させ、又は固定資産課税台帳に記載されている事項についての証明書を交付する場合において、固定資産課税台帳等に記載されている住所が上記2(1)の場合における登記所から市町村長への通知に係る者の住所であるときは、その住所代わる事項を記載した固定資産課税台帳等を閲覧させ、又はその住所に代わる事項を記載した証明書を交付しなければならないこととされました。	地法382の4	民法等の一部を改正する法律（令和3年法律第24号）附則第1条第2号に掲げる規定の施行の日（令和6年4月1日）から施行し、同日以後にされる固定資産課税台帳等若しくはその写しの閲覧又は納税証明書若しくは固定資産課税台帳の記載事項の証明書の交付について適用されます（令4改正地法附則14）。

項目及び改正内容	関係条項	適用関係
＜令和5年度改正分＞		
1 法人住民税・法人事業税 　法人税割の課税標準である法人税額について、各対象会計年度の国際最低課税額に対する法人税の額を含まないこととされました。	地法23①四イ、292①四イ	令和6年4月1日から施行されます（令4改正地法附則①二）。
2 不動産取得税 　不動産取得税に係る質問検査権について、納税義務者にその者の取得に係る家屋を引き渡したと認められる者が対象となることを明確化することとされました。	地法73の8①	令和6年4月1日以後に行われる質問、検査又は提示若しくは提出の要求について適用し、施行日前に行われた質問、検査又は提示若しくは提出の要求については、従前のとおりです（令4改正地法附則1①二、7②）。
2 固定資産税・都市計画税 （1）　固定資産税に係る質問検査権について、納税義務者にその者の所有に係る家屋を引き渡したと認められる者が対象となることを明確化することとされました。	地法353①、396①	令和6年4月1日以後に行われる質問・検査若しくは提出の要求について適用し、施行日前に行われた質問等についてはなお従前のとおりです（令4改正地法附則16②）。
（2）　市町村長が相続税法第58条第2項の規定により税務署長に対して行う通知について、地方税関係手続用電子情報処理組織を使用して行うことができることとされました。	地法747の5①	令和6年3月1日から施行されます（令4改正地法附則1十一）。
（3）　国立研究開発法人量子科学技術研究開発機構の一定の固定資産に係る課税標準の特例措置等について、所要の措置を講ずることとされました。	地法348②四十四、349の3㉜、地令51の15の10	令和6年4月1日から施行されます（令4改正地法附則1二）。
3 納税環境整備 （1）　国税の無申告加算税及び無申告重加算税に係る加重措置の見直しを踏まえ、地方税においても、不申告加算金及び重加算金について、国税と同様に所要の措置を講ずることとされました。	地法71の14、71の15、71の35、71の36、71の55、71の56、72の46、72の47、74の	令和6年1月1日から施行されます（令4改正地法附則1二）。

		23、74の24、90、91、144の47、144の48、171、172、278、279、328の11、328の12、463の3、463の4、463の4、483、484、536、537、609、610、688、689、701の12、701の13、701の61、701の62、721、722733の18、733の19	
(2) 国税の公示送達制度の見直しを踏まえ、地方税においても、国税と同様に所要の措置を講ずることとされました。		地法20の2②	公布の日から起算して3年3月を超えない範囲内において政令で定める日から施行されます（令4改正地法附則十二）。
(3) 国税の滞納処分免脱罪の適用対象の整備を踏まえ、地方税においても、国税と同様に所要の措置を講ずることとされました。		地法69、71の20、71の41、71の61、72の69、73の37、74の28、95、144の52、176、177の22、201、286、332、374、463の8、463の28、485の4、542、614、696、700の67、701の19、701の66、729、733の25	令和6年1月1日から施行されます（令4改正地法附則1二）。

令和4年度及び令和5年度改正における令和6年1月1日以後適用項目〔地方税〕

(4) 国税の納税の猶予に関する調査手続の見直しを踏まえ、地方税においても、徴収の猶予の申請に関する調査手続について、国税と同様に所要の措置を講ずることとされました。	地法15の2⑨⑩	令和6年1月1日から施行されます（令4改正地法附則1二）。

〔著者紹介〕

中村慈美 （なかむら　よしみ）

昭和30年福岡県生まれ。平成10年7月国税庁を退官、平成10年8月税理士登録、平成15年4月事業再生実務家協会常務理事、平成17年4月中央大学専門職大学院国際会計研究科特任教授（平成20年3月まで）、平成20年5月全国事業再生・事業承継税理士ネットワーク代表幹事、平成22年4月一橋大学法科大学院非常勤講師、中央大学大学院戦略経営研究科兼任講師（平成30年3月まで）、平成24年7月整理回収機構企業再生検討委員会委員、平成27年4月文京学院大学大学院経営学研究科特任教授

主な著書　平成16〜令和5年度「税制改正早わかり」（いずれも共著・大蔵財務協会）、「企業倒産・事業再生の上手な対処法」（共著・民事法研究会・2011）、「不良債権処理と再生の税務」（著・2012）、「法人税務重要事例集」（編・2012）、「貸倒損失をめぐる税務処理　専門家からのアドバイス30選」（共著・2019）、「グループ通算制度早わかり」（著・2020）、「企業の保険をめぐる税務」（共著・2022）・「図解　組織再編税制」（著・2023）、「図解　グループ法人課税」（著・2023）、「図解　中小企業税制」（監修・2023）、「貸倒損失・債権譲渡の税務処理早わかり」（著・2023）（いずれも大蔵財務協会）

松岡章夫 （まつおか　あきお）

昭和33年東京都生まれ。早稲田大学商学部卒業、筑波大学大学院企業法学専攻修士課程修了。平成5年3月国税庁資料調査室を退職。平成7年8月税理士登録、平成16〜18年度税理士試験試験委員。早稲田大学大学院（会計研究科）非常勤講師、東京国際大学大学院（商学研究科）客員教授、全国事業再生税理士ネットワーク副代表幹事

主な著書　平成16〜令和5年度「税制改正早わかり」、「4訂版不動産オーナーのための会社活用と税務」、「令和4年版　図解　事業承継税制」、「令和5年12月改訂所得税・個人住民税ガイドブック」、「法務・税務からみた配偶者居住権のポイント」、「令和5年からはじめる計画的生前贈与のシミュレーション」、「令和6年版Q&A相続税　小規模宅地等の特例」（いずれも共著・大蔵財務協会）

秋山友宏 （あきやま　ともひろ）

昭和33年東京都生まれ。明治大学商学部卒業。筑波大学大学院ビジネス科学研究科（博士前期課程）企業法学専攻修了。東京国税局企画課・国税訟務官室等を経て、平成17年7月課税第一部審理課を最後に退職。平成17年9月税理士登録。税理士法人エーティーオー財産相談室顧問。平成20〜23年度中央大学兼任講師

主な著書　平成18〜令和5年度「税制改正早わかり」（いずれも共著・大蔵財務協会）、「改正減価償却の実務重要点解説」（共編著・大蔵財務協会）、「キーワードで読み解く所得税の急所」（著・大蔵財務協会）、「令和5年12月改訂所得税・個人住民税ガイドブック」（共著・大蔵財務協会）、「上場株式等に係る利子・配当・譲渡所得等の課税方式選択を踏まえた申告実務」（著・大蔵財務協会）

渡邉正則 （わたなべ　まさのり）

昭和36年福島県生まれ。昭和58年学習院大学経済学部卒業、東京国税局税務相談室、同課税第一部調査部門（地価税担当）等の主に資産課税に係る審理事務に従事した後、品川税務署資産課税部門上席国税調査官を最後に退職。平成9年8月税理士登録、中小企業診断士、CFP®、青山学院大学大学院（会計研究科）客員教授、全国事業再生税理士ネットワーク幹事

主な著書　平成16〜令和5年度「税制改正早わかり」（共著・大蔵財務協会）、「あなたのための相続税対策」、「オーナー社長のための税金と事業承継対策」、「中小企業のための税金対策」、「広大地評価の実務」、「不動産・非上場株式の税務上の時価の考え方と実務への応用」、「Q&A相続税・贈与税実務家必携ハンドブック」、「財産債務調書・国外財産調書・国外転出時課税の実務」、「地積規模の大きな宅地の評価のポイント」、「Q&A遺言・遺産分割の形態と課税関係」、「判断に迷う財産評価」（いずれも大蔵財務協会）、編集参加著書に「税務相談事例集」（大蔵財務協会）等

〔執筆協力〕

内田光俊 （うちだ　みつとし）

昭和28年神奈川県生まれ。昭和52年３月慶應義塾大学経済学部卒業。昭和52年４月横浜市役所。昭和55年４月旧自治省。昭和57年10月旧自治省税務局市町村税課、平成４年４月旧自治省税務局都道府県税課、平成10年４月自治体国際化協会ニューヨーク事務所（トロント駐在）、平成15年４月総務省自治税務局都道府県税課税務管理官、平成18年４月自治医科大学附属病院事務部長、平成22年８月地方競馬全国協会監事、平成25年６月（株）（～令和５年５月）ＴＫＣ税務研究所特別研究員

望月文夫 （もちづき　ふみお）

昭和32年神奈川県生まれ。明治大学法学部卒業、明治大学大学院経営学研究科博士後期課程修了、博士（経営学）。
国税庁、上武大学ビジネス情報学部教授などを経て、現在、税理士（松岡・大江税理士法人）、青山学院大学大学院会計プロフェッション研究科特任教授、企業税務研究部会研究協力委員
主な著書　「令和３年版タックス・ヘイブン税制の実務と申告」、「図解 国際税務（平成20年～）」、「日米移転価格税制の制度と適用―無形資産取引を中心に―」（第17回租税資料館賞受賞）、「国際税務基本500語辞典」（いずれも単著・大蔵財務協会）

大蔵財務協会は、財務・税務行政の改良、発達およびこれらに関する知識の啓蒙普及を目的とする公益法人として、昭和十一年に発足しました。爾来、ひろく読者の皆様からのご支持をいただいて、出版事業の充実に努めてきたところであります。

今日、国の財政や税務行政は、私たちの日々のくらしと密接に関連しており、そのため多種多様な施策の情報をできる限り速く、広く、正確にかつ分かり易く国民の皆様にお伝えすることの必要性、重要性はますます大きくなっております。

このような状況のもとで、当協会は現在、「税のしるべ」（週刊）、「国税速報」（週刊）の定期刊行物をはじめ、各種書籍の刊行を通じて、財政や税務行政についての情報の伝達と知識の普及につとめております。また、日本の将来を担う児童・生徒を対象とした租税教育活動にも、力を注いでいるところであります。

今後とも、国民・納税者の方々のニーズを的確に把握し、より質の高い情報を提供するとともに、各種の活動を通じてその使命を果たしてまいりたいと考えておりますので、ご叱正・ご指導を賜りますよう、宜しくお願い申し上げます。

一般財団法人　大蔵財務協会
理事長　木村　幸俊

令和6年度　税制改正早わかり

令和6年3月13日　初版印刷
令和6年3月28日　初版発行

不　許
複　製

著　者　　美　夫　宏　則
　　　　　慈　章　友　正
　　　　　村　岡　山　邉
　　　　　中　松　秋　渡

（一財）大蔵財務協会　理事長
発行者　　木　村　幸　俊

発行所　一般財団法人　大蔵財務協会
〔郵便番号　130-8585〕
東京都墨田区東駒形1丁目14番1号
（販　売　部）TEL03（3829）4141・FAX03（3829）4001
（出版編集部）TEL03（3829）4142・FAX03（3829）4005
https://www.zaikyo.or.jp

乱丁・落丁はお取替えいたします。　　　　　印刷　恵友社
ISBN978-4-7547-3218-9